_____인도
100문 100답

____인도
100문 100답

이광수 지음

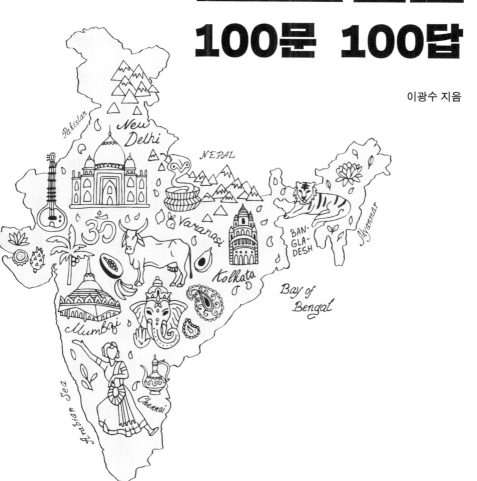

앨
ㄹ피

　나는 인도사를 전공하는 교수다. 그런데 나 이외에 인도사를 전공으로 하는 교수는 한국 대학에 단 한 명도 없다. 인도사를 전공으로 하는 시간강사 선생님들만 몇 분 계실 뿐, 소위 자리는 하나도 없다. 그러니 좋은 의미든 좋지 않은 의미든 인도사에 관한 외부 강연 기회는 물론이고 학술 연구에 대한 부담도 대부분 내가 진다. 강사 선생님들께는 그런 기회가 잘 가지 않을뿐더러, 그들이 학술적인 연구나 번역에 진득하게 몰두할 수 있게끔 여러 상황이 허용해 주질 않는다. 강의 청탁이나 연구 부담이 내 전공인 고대사로만 국한된 것도 아니다. 그러다 보니 난 근현대사도 해야 하고, 정치나 사회나 문화 등 여러 분야도 공부해야 한다. 더군다나 30년 가까이 인도를 전공하는 대학생을 가르치다 보니 내 전공인 역사는 물론이고, 힌디어도 가르치고, 사회 문화는 물론 예술에 스포츠에 영화까지 모든 걸 다 가르쳐야 한다. 뿐만 아니다. '인도'라는 이름을 달고 있는 학과의 교수로 있다 보니 '인도'와 이런저런 관련을 맺거나 맺고자 하는 여러 종류의 기업인이나 예술인 혹은 종교인 등을 많이 만난다. 한 마디로, 내가 서 있는 위치는 나로 하여금 인도에 관한 모든 것을 연구하고, 알려 주며, 가르쳐야 하는 의무를 지게 했다. 지난 28년

간 그렇게 살아 왔다. 그러다 보니 깊이는 없지만 백과사전이나 '선데이 서울'처럼 온갖 것을 다 다루는, 한편으로는 부끄럽고 다른 한편으로는 자랑스러운 교수로 살아왔다.

나 어릴 때 서수남 하청일이란 가수 둘이 부른 팔도유람인가 하는 노래가 있었다. 그 노래 가사처럼 전국 각지로 많이도 다녔다. 주로 박물관이나 대학 또는 무슨 무슨 과정 하는 것들이었다. 서울은 물론이고, 인천, 청주, 대전, 전주, 광주, 제주, 대구, 창원, 진주… 전국에 안 가 본 데가 없을 정도로 많이 다녔다. 나를 기다리는 건 인도를 잘 모르는 일반 시민들이었다. 그들은 인도에 대해 관심이 많고 목이 말라 있었다. 그런데 그들 앞에는 꼭 정규직 교수만 서야 한다. 꼭 '교수' 타이틀이 있어야 한국 사회에선 전문가로 인정해 주니까. 강의 주제는 주로 인도의 문화나 역사 혹은 종교나 카스트 등에 관한 개관이지만, 질문은 강의 내용과 관계없이 인도에 관한 모든 것이었다. 수박 겉핥기 수준이라도 다양하게 아는 게 더 필요했다.

그런데 사람들의 질문을 수십 년 동안 받다 보니 그들의 질문

5

에 몇 가지 중요한 공통점이 있음을 발견했다. 사람들은 인도에 대해 모르는 것이라기보다는 잘못 아는 것을 물었다. 언제 어디서 어떻게 그리 알게 되었는지는 몰라도, 하여간 희한하게 그랬다. 크게 봐서는 우리 사회에 만연한 오리엔탈리즘, 기업인이나 외교관들이 인도에 몇 년 살고 유포한 경험칙, 불교 승려나 기독교 선교사들의 의도적인 왜곡, 일반 관광객들의 짧지만 강렬한 기억…. 그 안에는 저명한 시인이나 소설가도 있고, 기자도 있고, 방송 프로그램이나 영화도 있다. 전문성 없는 교수들이 쓴 인도 관련 책도 있다. 그들이 잘못 본 혹은 왜곡한 인도는 생각보다 훨씬 넓고 깊게 우리 사고에 들어와 있다.

셰익스피어 문학이 훌륭한 줄은 다 안다. 아무리 그래도 셰익스피어를 인도와도 바꾸지 않겠다는 말로 그 안에 사는 수억 명의 사람들이 졸지에 투명인간이 되었다. 사람보다 더 중한 것은 없다는 말을 입에 달고 사는 사람으로서 13억 인도 사람들의 삶과 세계가 제멋대로 재단되고 곡해되는 것이 참기 어려웠다. 예전에는 누가 부르면 가서 그들이 아는 인도가 얼마나 잘못된 것인지를 알려 주는 데 급급했지만, 최근에는 태도를 바꿨다. 좀 더 적극적으로 인도에 관한 진실을 알리기로 한 것이다. 대중적 글쓰기는 바로 그래서 시작한 거다.

　인도에 관한 바른 지식 안에는 단지 인도의 카스트나 힌두교, 식민 지배나 분단 혹은 의식주나 스포츠, 영화 같은 단편적 지식과 정보만 있는 것이 아니다. 거기에는 분명히 우리와는 전혀 다른 세계관이 있다. 이성과 과학과 체계로만은 규정하고 판단하기 어려운 감성과 비非실체의 일원론 세계가 그곳에 있다. 그 세계를 이해하고 이해를 실천한다면 같이 사는 것도 어렵지 않으리라. 결국 인도를 이해하는 것 역시 다른 사람, 다른 세계를 이해하는 것이므로.
　오랜 세월 나에게 끝없이 질문해 준 제자, 수강생, 동학, 인도를 매개로 만난 지인들, 그리고 이 책의 내용을 매일 연재하게 해 준 페이스북, 그 포스팅을 '좋아요'와 댓글로 지지, 찬양, 고무, 격려해 준 페북 친구들에게 무한 감사 드린다.

언제나 그 자리, 부산 망미 주공아파트 서재에서

이광수

차례

인도가 어떻다고?

1

지지리도 가난한 나라?

굳이 대답하자면, 대체로 그렇다. 굳이 이런저런 설명을 덧붙일 것 없이 인도는 가난한 나라다. 가난한 사람들이 훨씬 많으니까 분명 가난한 나라는 맞다. 그런데 인도를 그냥 가난한 나라라고만 하는 것은, 인도라는 나라가 갖는 남다른 특성을 모조리 무시하는 처사다.

인도 사람들이 가난한 이유는 여러 가지다. 우선, 200년 정도 영국의 식민지였다는 사실을 무시할 수 없다. 콜럼버스가 가고자 했던 나라가 바로 인도였다는 사실을 상기해 보자. 그는 왜 인도에 가려고 했는가? 인도의 부富가 탐나서다. 콜럼버스뿐만 아니라 역사적으로 수많은 나라들이 인도를 침략했다. 모두 인도의 부를 빼앗으려는 목적이었다. 중국, 유럽과 더불어 인도는 유라시아 대륙에 셋밖에 없는 거대 농경 지대를 가지고 있는 나라다. 근대가 되기 전까지만 해도 인도의 국력은 대부분의 유럽 나라들과 비교할 수 없을 만큼 컸고 사람들은 잘살았다. 영국 동인도회사가 벵갈, 지금의 웨스트 벵갈 주와 방글라데시 땅에 처음 발을 디딜 때만 해도 벵갈은 아시아에서 가장 부유한 지역 중

하나였다. 그런데 200년간 영국의 지배를 받은 후 벵갈은 세계에서 가장 가난한 곳이 되었다. 메뚜기 떼처럼 제국주의자들이 휩쓸고 지나간 자리에는 폐허만 남았다. 오죽했으면 영국인들 스스로 "갠지스강물을 스펀지로 빨아들여 템즈강에 짜 놓았다"고 했을까?

그렇다고 가난의 모든 원인을 제국주의 탓으로 돌릴 수는 없다. 영국으로부터 독립한 지 벌써 70년이나 됐기 때문이다. 네루 이후 여러 정부가 정치를 잘못한 것도 주된 이유가 된다. 네루Jawahar Lal Nehru부터 인디라 간디Indira Gandhi에 이르기까지 인도의 정치 지도자들은 제국주의의 유산을 뿌리뽑기 위해 사회주의적 색채가 강한 관 주도의 경제정책을 실시했다. 인허가 권력을 가진 공무원들의 부패는 엄청났고, 경제는 힌두 성장률이라는 비아냥을 들을 정도로 2퍼센트 대 성장을 기록하며 수십 년간 거의 빈사 상태에 있었다.

그런데 이 대목에서 편견과 고정관념 다 빼고 인도라는 나라 자체가 안고 있는 조건을 상기해 보자. 우선 인구가 13억이 넘는다. 여기서 소위 중산층의 비율이 10퍼센트쯤 되니 1억 3천만 명의 잘사는 사람들이 존재한다. 선풍기, TV, 냉장고, 오토바이를 보유한 인구가 그 정도라는 얘기다. 스마트폰을 사용하는 인구는 당연히 이를 훨씬 웃돈다. 게다가 인도는 세계에서 거의 유일하게 15~45세 노동력이 충분한 나라다. 그들 대부분이 영어를 유창하게 구사하고, 그 가운데 상당수는 이공계 출신이다. 그런데도 인도가 '그냥' 가난한 나라일까? 경제 전문가들의 예상대로 인도가 중국을 대체하거나 더불어 세계의 생산 기지가 되고, 중산층의 소비가 폭발하면서 중국 다음가는 소비 시장으로 성장한다면 인도 경제가 한국과 세계 경제에 끼칠 영향은 굳이 말하지 않아도 예측 가능하다. 꼭 거대 시장의 관점에서, 그들에게 뭘 팔아먹을지를 고민하자는 얘기가 아니다. 내가 말하려 하는 것은, 인도라는 나라를 꼭 1인당 국민소득을 기준으로 '미화 2천 달러국' 범주에 집어넣어 볼 필요가 있느냐는 것이다. 통계와 수치가 놓치는 부분이 많다는 것이다.

엄밀히 말하자면, 인도와 이런저런 관련을 맺고 있는 한국 사람들의 대부분은 인도를 보거나 인도를 아는 것이 아니라 인도 도시를 보거나 아는 것일 가능성이 크다. 자동차를 타고 지나면서 보는 인도는 대부분의 제3세계 대도시가 안고 있는 문제들을 똑같이 품은, 복잡하고 천박한 겉모습이다. 그들의 문화나 전통, 네트워크와는 아무런 관련이 없는 꾀죄죄한 외양과 초라한 통계 숫자의 인도일 뿐이다. 그런 주제에 까탈스럽기는 또 얼마나 까탈스러운지, 저러니까 못사는 거야. 이런 시각으로 인도를 그 가난하고만 연결짓는 건 참으로 우매한 짓이다. 여기서 한 술 더 떠, 인도의 풍부한 자원과 우리의 기술력 운운하며 '윈윈'을 입에 올리는 경솔한 사람들도 적지 않다. 우리의 기술력을 인도 앞에서 감히? 자체적으로 핵을 개발해서 보유하고, 달나라 가는 로켓을 발사하고 직접 화성 탐사에 나서는 나라다. 국민소득이 낮다고 우리가 마음대로 할 수 있는 나라가 아닌 것이다.

2

왜 '나'를 찾아 인도로 갈까?

　류시화 돌풍은 사그라졌지만, 한국인들에게 인도는 여전히 사색과 명상의 나라, 물질을 버린 정신의 나라로 알려져 있다. 그런데 막상 인도에 사는 교민들이나 외교관, 학생, 상사 주재원들은 대부분이 돈 벌고 공부하며 처세하느라 아등바등 산다. 어쩌다 마음속의 인도와 실제 인도 사이에 이 같은 괴리가 생겨났을까?

　인도는 아마 세계에서 유일하게 세상에 대한 몹시 다른 두 가지 가치관이 공존하는 나라일 것이다. 무슨 말인고 하니, 우리가 사는 이 세계를 물질적으로 긍정하면서 그 안에서 '잘' 사는 것을 목표로 사는 세계관이 하나 있고, 물질적인 세계를 부정하면서 그 안에서는 어떤 궁극도 이룰 수 없다고 여겨 세계 밖으로 떠나야 한다는 세계관이 또 하나 있다. 힌두의 세계관은 기원전 1,500년경부터 시작된 베다 시대에는 전자로만 구성되어 있다가, 베다 시대가 끝나면서 후자의 요소가 첨가돼 지금의 조화를 이루게 되었다. 전자에 속하는 가치는 세상살이에 지켜야 할 도리, 즉 다르마dharma, 돈을 비롯한 실리, 즉 아르타artha 그리고 육체적 욕망인 섹스, 즉 까마kama의 셋이고, 후자의 가치는 해탈이나 해방으로 번역되는 목샤moksha이다. 이 셋 플러스 하나가 뒤섞인 세계관에 사는 사회는 누구나 쉽게 짐작하듯 세상 중심의 사회가 된다. 남자면 남자 여자면 여자 그리고 각 카스트는 각자의 본분에 맞춰 살아야 하고, 일을 열심히 해서 돈도 벌고 세상살이에 필요한 여러 실리를 챙겨야 하며, 나이가 차면 결혼하고 자기 배우자와 성관계를 가져 아이 낳고 가족 꾸려서 살아야 하는 것이다. 이렇게 사는 것이 모든 힌두의 이상적 세상살이다. 그 중심에 카스트 세계가 있다.

그런데 네 번째 가치관, 즉 목샤는 세상 중심의 세계관과 사뭇 다르다. 기원전 6세기에 붓다가 그랬듯이, 이 세상에 궁극의 가치는 존재하지 않는다는 것이다. 모든 것은 변하니 그 어떤 행위에도 영원한 것은 없다. 그래서 누구든 세계의 본질을 추구하는 사람은 부모고 자식이고 학문이고 명예고 지위고 간에 다 버리고 세상 바깥으로 나가야 한다. 이른바 '나를 찾아 떠나는' 일이 되는 것이다. 물론 세상을 버리고 밖으로 나간다 한들 무엇을 어떻게 해야 할지는 딱히 정해진 바가 없다. 각자 자신이 알아서 해야 한다. 이렇게 세상을 포기하고 떠난 사람을 인도 고유어로 '사두sadhu' 혹은 '산냐신sannyasin', 우리말로는 세상 포기자라는 의미로 '기세자棄世者'라고 쓴다. 카스트 세계로부터 벗어난 사람들이다. 이들의 수는 매우 적지만 힌두 세계의 당당한 한 부분으로 인정받는다.

인도가 서양 식민주의자들에게 처음 알려진 18세기에 서구인

세상을 포기하고 떠난 사람 '사두'

들은 인도의 이 기세棄世 문화에 깜짝 놀랐다. 그들은 당시 서구
에서 유행한 낭만주의에 크게 매료되어 이 세상 어딘가에 무궁
한 본질이 있는 유토피아가 있을 것으로 믿었는데, 인도의 기세
문화와 그 원천이 되는 베다를 비롯한 힌두교 경전에서 그 모습
을 본 것이다. 더욱이 인도의 산스끄리뜨어가 서양 언어와 뿌리
가 같다는 사실이 발견되면서 인도는 서양 식민주의자들에 의해
일약 인류 문명의 '잃어버린 왼쪽 날개'로 떠올랐다. 이 자의적
이분법에 따라 서양은 물질적인 곳, 인도는 정신적인 곳이 되었
다. 정신에 치중하여 물질문명을 발달시키지 못하고 있으니 인
도는 서양의 지배를 받아 마땅했다. 식민 지배의 정당화였다.

이후 인도는 오랫동안 인류 정신문화의 보고로 자리 잡았고 힌두교가 서양 여러 나라로 확산되면서, 1960년대 이후 이 '만들어진 힌두교'에 매료된 서양 젊은이들이 인도로 인도로 달려왔다. 그 대표적인 예가 1968년 히말라야의 한 힌두교 성지를 찾은 대중가수 비틀즈Beatles였다. 이 '나를 찾아 떠나는' 여행 열풍이 한국에 상륙한 건 1980년대 이후로, 그 선봉에 섰던 사람이 시인 류시화다. 그가 쓴《하늘 호수로 떠난 여행》은 일약 인도에 관한 최고의 책이 되었으며, 그가 그린 인도의 이미지는 바로 인도의 실제 모습이 되었다. 사실 그의 책은 이것이 인도라고 한 것이 아니라 나는 인도를 이렇게 보았다고 한 것이다. 시인으로서 할 수 있는 말이다. 하지만 너무나 많은 사람들이 그의 의도와 관계 없이 그의 인도에 스스로 속아 넘어갔다. 실제 인도는 하늘 호수가 아니라, 사람들이 아등바등 사는 척박한 땅이다.

3

영어로 인디아?

우리나라 이름은 우리말로는 한국이고 영어로는 코리아다. 인도는 인도어로 바라뜨Bharat이고, 영어로는 인디아India다. 인디아라는 이름은 어디에서 왔을까? 우리나라 이름은 한국이라 부르기 전에는 '조선'이었고, 옛날에는 '해동'이라고도 했다. 모두 우리 선조들이 지은 것이 아니라 외부인, 즉 주로 중국 사람들이 지어 준 이름이다. '조선'은 인위적인 의미를 담아 지은 것이고, '해동'은 '발해의 동쪽'이라는 뜻이니 지리적 위치에 따른 이름이다.

영어로 '인디아'라는 명칭 역시 이러한 지리적 위치에서 나온 이름이다. 인도는 위로 히말라야산맥과 아래로는 3면이 바다로 둘러 싸여 있어서 예로부터 바깥세상과의 교류가 그리 활발하지 않았다. 그나마 서아시아 지역을 통째로 장악한 페르시아 제국과의 교류가 가장 큰 몫을 차지했다. 페르시아 제국은 인도아대륙을 부를 때 지리적으로 경계가 되는 신두Sindhu강을 기준으로 삼았다. 즉, 신두강 유역을 인도아대륙으로 본 것이다. 그런데 페르시아어로는 's' 발음이 어려워 'h' 음가로 대치되는 바람

22

에 '신두'가 '힌두'가 되었다고 한다. 그리고 기원전 330년 알렉산드로스가 페르시아를 멸망시키고 더 큰 제국을 형성하면서 인도아대륙도 그 영향을 받게 되었다. 예로부터 인도는 황금이 많은 땅으로 알려져 있어 서아시아 제국들은 항상 인도에 눈독을 들였다. 그런데 그리스어를 사용한 알렉산드로스 제국의 사람들은 'h' 발음을 잘하지 못했다. '신두'가 '힌두'가 되었다가 다시 '인두'가 된 경위다. 그 '인두'가 영어로 'India'가 되고, 중국어로 '印度'가 되었다. 혜초가 다녀온 '천축天竺'도 같은 음가를 가차한 것이다. '天竺'을 중국어로 읽으면 '신두' 비슷해진다. 여기서 한 가지 공통점이 드러난다. 서구 사람이든 동아시아 사람이든 인도라는 나라를 대략 히말라야 남쪽, 서쪽으로 인더스강을 경계로 나머지 3면은 바다인 땅으로 여겼다는 점이다.

한참 나중인 15세기 말, 콜럼버스는 인도로 간다면서 난데없는 아메리카 대륙으로 갔다. 그는 카리브해에 흩어져 있는 여러 섬나라들을 인도의 일부로 알고 인디아라고 불렀다. 그런데 나중에 보니 진짜 인디아가 아시아의 남쪽에 있었다. 그래서 서구인들은 카리브해 쪽 나라들을 '서인도', 진짜 인도를 '동인도'라고 불렀다. 참 뻔뻔한 명명법이 아닐 수 없다. 잘못된 걸 알았으면 고쳐 불러야지 엄연히 존재하는 인도를 느닷없이 동인도로 나눠 부르다니. 그렇게 따지면 통일신라 시대 사람들도 마찬가지다. 자기들의 위상을 높이려고 '천축'을 둘로 쪼개어 자기들을 '동축', 진짜 인도를 '서축'이라 부른 것이다. '천축'이란 어휘는 음차어라서 둘로 쪼갤 수 없는데도 지식이 없으니 그렇게 해 버린 것이다. 하여간 인도는 가만히 있는데, 한 번은 동아시아 사람들에 의해 서인도가 되었다가, 한 번은 서구 사람들에 의해 동인도가 되었다.

　모두 인도라는 나라가 잘나가다 보니 생긴 일이다. 그만큼 자원과 물산이 풍부하여 여러 나라의 관심을 받았다. 여기서 흥미로운 점은, 중국이나 동아시아 사람들은 종교나 학문 등에서 인도의 풍요로움을 찾아 교류를 통해 인류의 유산을 발전시킨 반면, 서구 사람들은 그 풍요를 오로지 물질적 차원에서만 추구하여 착취했다는 것이다. 21세기의 우리는 어떤 태도를 취할 것인가? 인도라는 나라가 갖는 비非서구적이고 비非이분법적인 세계관도 배우고, 비즈니스도 잘했으면 좋겠다. 못사는 나라라고 무시하지 말고 많이들 배워 오기를.

4

왜 거지가 많을까?

   인도에서 조금만 살아 본 사람이면 반드시 당하는 일이 있다. 멀쩡히 지나가다가 느닷없이 다가와 손을 벌리는 사람들이다. 행색을 보면 거지가 아닌데 왜 저럴까? 갑자기 구걸하는 사람뿐일까. 도시 곳곳에 본격적으로 구걸하는 사람들이 너무나 많다. 관광지로 가면, 과장 좀 섞어서 온통 거지 천지다. 도대체 이 나라에는 왜 이렇게 거지가 많을까? 가난한 사람이 많아서? 아니면 이것도 문화의 한 부분?

   인도에는 다른 나라에서 찾아볼 수 없는 두 가지 세계관이 공존한다. 하나는 세상을 긍정하면서 그 안에서 공부하고 돈 벌고 결혼해서 자식 낳고 부모 모시고 사는 세상 중심의 삶이고, 또 하나는 세상에는 궁극적인 가치가 없다고 생각해서 세상을 버리고 세상 밖으로 나가는 삶이다. 후자는 세상의 물질적 이치를 부인하는데, 그 핵심은 세상을 유지하는 근본 중의 근본을 생산 행위라고 여기는 것이다. 그래서 그들에게 세상을 버린다는 것은 곧 생산 행위를 하지 않는다는 것을 의미한다. 그렇다면 그들은 무엇으로 연명하는가? 일차적으로 자연 속에 풍부하게 널려 있는 여러 과일 등을 따 먹는 것이다. 인도는 워낙에 더운 나라이다 보니 잠자리는 큰 나무나 동굴 같은 데서 쉽게 해결할 수 있고, 입는 것 역시 크게 신경 쓰지 않아도 된다. 같은 차원에서 먹는 것도 그리 걱정하지 않아도 된다. 게다가 이런 탈脫세속 문화를 어엿한 삶의 한 방편으로 간주하기 때문에 세상 안에 사는 사람들은 그들을 존중한다. 그들을 산스끄리뜨어로 '빅슈bhikshu', 빨리어Pali로 '빅꾸bhikku'라 부른다. 우리말로 음역해 '비구'이다. 불교에서 남자 중을 일컫는 비구, 여자 중을 일컫는 비구니('비구'에 여성을 뜻하는 '니'를 붙여)가 바로 그것이다.

인도에서는 비구라고 불리는 이들을 사회 속에 사는 사람들이 존중해 주는 문화가 오랫동안 널리 형성되어 왔다. 그래서 그들에게 먹을 것이나 입을 것, 잠자리를 제공해 주는 경우가 많다. 그들을 세상 속에 사는 자신들이 추구하지 못하는 세계의 본질을 좇는 사람으로 여기기 때문이다. 고대의 여러 왕이나 돈이 많은 부자들은 그들을 한결같이 스승으로 모시고 물질을 바치는 것이 인도의 오랜 전통이다. 그런데 속세를 영원히 떠났던 그 비구들 중에 세월이 흐르면서 다시 속세로 돌아와 탈속과 재가의 삶을 적당히 섞어서 사는 사람이 많아졌다. 그들은 가정을 꾸리고 살다가 몇 개월에서 몇 년씩 집을 비우고 세상을 떠돈다. 그런 사람들은 주로 깊은 산속이나 힌두 신앙에서 성스러운 장소로 여겨지는 큰 강을 오르내리며 생활하지만, 필요에 따라 연명하기 위해 도시로 내려오기도 한다. 먹을 것이 없으면 구걸해야 하고, 도시가 아니면 구걸하기가 어렵기 때문이다.

문제는 도시에 사는 사람들은 그런 사람들을 존중해 왔기 때문에 일반적인 '거지'도 우호적으로 대한다는 것이다. 궁극적으로 그 둘의 차이를 생각하지 않는 것이 인도의 세계관이고, 실제로 그 둘을 분명하게 구분하기도 쉽지 않다. 결국 인도인들은 자신이 가지고 있는 것을 없는 사람, 특히 자신에게 그 일부를 요구하는 사람에게 나눠 주면서 더불어 사는 문화에 익숙하다. 주는 사람이 있으니 받는 사람이 있다. 세상 안에 사는 사람들은 구걸을 청하는 사람이 있으면 그가 누구든지 간에 무언가를 건네어 적선積善, 즉 선한 과보를 쌓았다고 생각한다. 그래서 구걸을 청하는 입장에선 그에게 고맙다는 말을 할 필요가 없다. 그가 자신 덕분에 다음 생에 좋은 세상을 갈 수 있게 되었으므로.

그런데 이 아름다운 공존 공생의 문화가 근대화 이후 영국의 식민화가 본격적으로 진행되면서 변질되었다. 농촌 공동체가 파괴되고, 도시만 변태적으로 커지면서 수많은 농촌 사람들이 대책 없이 도시로 이주했다. 그러면서 중국, 멕시코, 브라질, 인도네시아와 같은 소위 제3세계의 대도시들에서 거지와 슬럼 문제가 중요한 사회문제로 떠올랐다. 역사적으로는 제국주의와 자본주의의 착취에서 비롯된 국가적 문제지만, 신생 정부가 이에 효율적으로 대처하지 못하면서 빈곤과 거지 문제가 한 틀로 묶이게 되었다. 인도에서 오랜 세월 전해 내려온 서로 나누는 아름다운 문화가 골치 아픈 사회문제가 된 것이다.

5

인도에는 카레가 없다?

문화적으로 인도의 경계는 어디까지일까? 이 질문에 대한 학자들의 답은 여러 가지다. 그 가운데 가장 합리적인 답은 "카스트가 존재하는 곳"이라 하겠다. 이를 다른 방향에서 조금 더 대중적으로 푼다면 "커리가 있는 곳!"이 아닐까. 커리의 다양성이야 두말할 필요가 없겠지만, 그 모든 종류의 커리를 관통하는 공통점은 인도를 규정하는 중요한 문화적 특질이라 하겠다.

커리는 채소나 고기를 고추, 강황, 생강, 계피, 후추 등 여러 가지 향신료와 함께 섞어 식용유를 넣고 볶아 만드는 음식이다. 우리의 죽 정도로 걸쭉한 것도 있고, 그보다 더 되직한 것도 있다. 그런데 이 음식들에 공통되게 붙여진 '커리'라는 메뉴는 사실 인도 전통 음식에 없다. 총칭은 없고, 각 음식에 따라 이름이 다르다. '커리'라는 명칭은 포르투갈 사람들이 남부 인도에 들어가서 이 음식을 처음 접했을 때, 그 걸쭉한 죽 같은 상태를 가리키는 그쪽 말을 잘못 이해하면서 유럽에 알려진 이름이다. 원래 이름은 그 안에 들어간 재료에 따라 다르게 부른다. 시금치와 빠니르로 만들면 빨락 빠니르, 닭고기를 잘게 잘라서 향신료를 넣어 걸쭉하게 만들면 치킨 띡까 맛살라, 감자에 컬리플라워를 넣고 향신료를 넣어 만들면 알루 고비 맛살라 하는 식이다. 커리라는 말이 널리 퍼지면서 이 복잡한 음식명들이 커리로 통칭된 것이다. 치킨 커리, 머튼 커리 등은 그렇게 만들어졌다.

북부 인도의 '커리'는 걸쭉한 정도가 조금 덜하고, 남부 인도로 갈수록 더 걸쭉해진다. 북부 인도는 주로 밀가루로 만든 짜빠띠chapathi와 같은 빵을 주식으로 먹지만, 남부 인도는 쌀밥을 주로 먹기 때문이다. 빵은 손으로 뜯어서 커리에 찍어서 먹고, 밥은 커리에 비벼 먹는다. 그런데 이 밥을 짓는 쌀이 우리도 아는 인디카(일명 '안남미') 쌀이라서 점도가 약해 걸쭉한 커리를 부어야만 손가락으로 으깨어 뭉쳐서 먹을 수 있다.

인도 음식의 종류는 지역과 카스트에 따라 크게 달라진다. 브라만 문화가 강한 농촌, 특히 비하르Bihar나 웃따르 쁘라데시Uttar Pradesh 같은 북부 지방에서는 채식이 많고, 예로부터 라즈뿌뜨Rajput 문화(무사 기질과 왕의 문화)가 강한 뻔잡Punjab이나 라자스탄Rajasthan이나 카시미르 같은 곳에서는 육식이 상대적으로 많다. 벵갈 같은 바닷가에서는 브라만도 생선을 먹으니, 여러 가지 생선으로 만든 커리가 많다. 커리의 맛을 결정짓는 것은 식용유다. 식용유는 크게 남과 북 그리고 동과 서에 따라 다르다. 북부 특히 서북부에서는 우유 정제 버터인 기ghee가 압도적으로 많이 쓰이고, 동부 지역에서는 겨자유가 널리 쓰이며, 남부는 참깨유가, 마하라슈뜨라Maharashtra · 까르나따까Karnataka 등 서부에서는 땅콩유가 널리 쓰인다. 이외에도 수도 없이 많은 식용유가 쓰이고,

손으로 밥 먹는 인도 남성들. 이마 가운데 그려진 줄이 힌두 남성들이 의례 때 찍는 띨락이다.

그에 따라 커리의 맛은 미묘하게 달라진다.

　그럼 커리는 언제 처음 만들어졌을까? 기원전 2500년경 인더스 문명 때로 추정된다. 이것이 17세기 영국으로 건너가 유럽 전역에 빠른 속도로 전파되었다. 우리가 커리라는 걸 처음 접한 일본산 기성품 커리는 내가 유학 생활을 하던 30년 전만 해도 인도에서 찾아볼 수 없었다. 유학을 마치고 귀국한 후에는 인도 커리를 맛보기 위해 식용유와 허브 등속까지 다 현지에서 조달해다가 일일이 만들어 먹어야 했다. 그런데 최근에는 인도도 도시화가 급격히 진행되어 전통적으로 요리를 담당했던 젊은 여성들이 직장에 다니는 경우가 많아져 간단히 끓는 물에 데워 먹는 레디 메이드 커리가 많이 생겼다.

커리의 역사를 보면 핏자의 운명과 비슷하다. 핏자도 원래는 이탈리아 사람들이 간단히 먹는 빵이었는데, 이게 미국으로 건너가 화려한 토핑으로 재탄생하고, 이것이 다시 이탈리아로 역수입돼 본고장의 전통 핏자를 물리치고 대세로 자리 잡았다. 아직 핏자 정도까지는 아니지만, 인도의 커리도 이와 비슷한 경로를 밟고 있다. 현재 인도에서도 일본 사람들이 만든 '카레'가 역수입되어 커리를 대체하는 중이다. 몇 년 전만 해도 "인도에는 커리가 있을 뿐 카레는 없다"고들 했는데, 이젠 상황이 바뀌었다. 이러다간 인도 사람들이 한국 기업에서 만든 ○○표 카레를 먹을 날이 올지도 모르겠다.

6

갠지스가 어머니라고?

지금은 많이 다양해졌지만, 불과 10년 전까지만 해도 TV에 나오는 인도 풍경의 태반은 바라나시Varanasi의 갠지스강이었다. 모든 것에 합리적 의심을 품는 사람이라면 이런 의문을 가질 만하다. 왜 갠지스강인가? 인도 최고最古의 문명 발상지는 인더스강이라면서? 갠지스강이 왜 중요하지?

힌두 세계관에서는 모든 강이 숭배의 대상이지만, 갠지스강은 그 가운데서도 최고로 숭배받는다. 갠지스 숭배의 출발은 그들이 인도라는 거대한 땅덩어리를 하나의 여신으로 간주하기 시작하면서 출발한다. 인도 사람들은 인도를 '어머니 바라뜨Bharat Mata'라고 부르는데, 그 어머니의 젖줄이 갠지스강이다. 그 젖이 원천인 히말라야의 강고뜨리Gangotri에서 출발하여 '갠지스의 문'이라는 뜻의 강가드와라Gangadvara로 불리는 하리드와르Haridvar, 힌두에게는 갠지스와 더불어 최고의 성스러운 강인 야무나Yamuna와 만나는 쁘라야그Prayag, 쉬바의 성도 까쉬Kashi, 즉 바라나시를 거쳐 강가 사가라Ganga Sagara에서 바다로 들어간다고 믿는다. 그러니 힌두교의 대표적인 성지들이 대부분 갠지스강을

32

[아리야인의 이동 방향과 갠지스강의 위치]

끼고 몰려 있는 것이다.

　힌두인들은 그들의 종교를 통해 물질과 정신을 모두 갈구한
다. 물질을 추구하는 기복 신앙을 무시하거나 수준 떨어지는 것
으로 취급하지 않는다. 다만, 이 물질과 정신을 갠지스를 통해
추구한다. 돈 많이 벌게 해 주시라, 건강하게 해 주시라, 아들 낳
게 해 주시라, 귀신을 쫓아내 주시라, 씻을 수 없는 오염을 덮어
썼으니 그것을 씻어 주시라…. 암소를 실수로 죽인 것도 관습법

상 너무나 큰 죄이므로 반드시 갠지스에서 갖은 의례를 통해 그 오염과 죄를 씻어야 한다. 죄를 용서받고, 천상을 기원하고, 영원한 해탈을 기구하는 등 물질과 정신의 모든 갈망을 갠지스에서 추구한다. 갠지스는 삶의 시작이요 끝이다.

강을 성스럽게 여기는 전통은 아리야인들이 인도 땅에 처음 들어오던 때인 리그 베다 시대부터 시작되었다. 유목민이던 그들은 갠지스강을 비롯한 모든 자연환경을 신으로 숭배했다. 그런데 강 중상류 유역에서 '갠지스 문명'이 일어나면서 갠지스는 다른 강들과는 다른 강이 되었다. 기원전 6세기의 일이다. 유목민들은 철기를 제작하면서 서서히 정착하기 시작해 도시 문명을 이루었다. 정기적으로 범람하는 갠지스는 주변 지역에 영양분이 풍부한 충적토를 가져다주었고, 철제 농기구를 바탕으로 하는 관개·파종·수확·운송 등의 기술이 발전하면서 농경 생산이 크게 확대되어 사람들의 삶이 윤택해졌다. 윤택해진 삶을 토대로 카스트를 기반으로 하는 사회 체계가 성립하고, 그 위에서 열여섯 영역국가의 시대가 서서히 개막되었다. 중국으로 치면 춘추전국시대다. 이 시대를 열고 지탱한 것이 농업 생산력이고, 이 생산력의 근간이 바로 갠지스였다. 그때 지금의 힌두교와 힌두 세계의 모태가 만들어졌다. 그러니 갠지스강은 힌두 문화의 토대를 낳은 곳이 되고, 어머니 중의 어머니로 숭배 받게 된 것이다. 처음에는 생산이라고 하는 물질문명의 근원에서 출발하였으나, 나중에는 정신으로 종교의 영역이 확대되면서 갠지스는 정신문화의 원천이 되었다.

힌두 세계에서는 구복求福에서부터 해탈에 이르기까지의 모든 종교적 갈망이 정화로부터 시작된다. 사람들은 갠지스강물에 몸을 담금으로써 모든 죄와 오염, 불길한 징조, 질병 등을 정화한다고 믿는다. 갠지스의 정화욕 의례는 단순한 오염과 죄를 씻어내는 차원을 넘어, 속죄하고 궁극적으로 해탈하는 경지로 연결된다. 이렇게 되면서 인도 사람들에게 '까쉬얌 마라남 묵띠kashyam maranam mukti', 즉 '갠지스에서의 죽음은 해탈'이 되었다. 죽은 사람을 화장하여 뿌리는 최고의 장소. 그래서 지금도 갠지스에는 죽음을 기다리는 사람들을 위한 장소가 따로 마련되어 있다.

관광지로 변해 가는 갠지스강

그러다 보니 갠지스의 오염이 극심해졌다. 사람들이 모여 목욕하고, 똥 싸고 오줌 싸고, 쓰레기를 버려서만은 아니다. 죽은 사람을 화장해 유골을 뿌리기 때문도 아니다. 2,500킬로미터에 이르는 이 긴 강의 주변이 온통 도시에다 공장이기 때문이다. 사람들이 갠지스를 어머니로 숭배한다고 해서 그 강을 더럽히지 않는다고 생각하면 큰 착각이다. 인간은 소중한 것을 착취하고, 마음껏 착취할 수 있기 때문에 소중한 존재가 되는 것이다. 그래서 갠지스는 이제 거의 죽은 강이 되었다. 모디 정부가 갠지스에 인격권을 부여한 일이나, 인도에서 가장 큰 주州인 웃따르 쁘라데시의 주 수상이 '갠지스강 정화사업'을 2017~18년 예산에 주요하게 반영한 것은 이 때문이다. 양수겸장이다. 성스러운 강을 보호함으로써 지지표를 확보하고, 강을 살려 경제도 살리려는 목적이다.

7

길거리에 돌아다니는 소의 주인은?

　인도에 가 본 한국인들이 가장 많이 궁금해하는 거리 풍경 가운데 하나가 도시를 활보하는 소들에게 주인이 있느냐 없느냐일 것이다. 힌두는 소를 어머니로 숭배한다. 물론 암소다. 이 말은 소를 진짜 어머니로 '숭배'한다기보다 어머니처럼 우리에게 모든 것을 내주니 그만큼 소중하다 정도의 의미다. 다 알다시피 소는 우선 농사를 짓는 데 크게 쓰인다. 거기에 우유도 준다. 거기에 똥과 오줌까지 준다. 소는 채식 동물이라 그 용변이 과히 냄새도 나지 않고 말려 쓰면 똥은 나름 괜찮은 연료가 되고, 오줌은 그런대로 소독제로 쓸 만하다. 게다가 인도 소는 혹 달린 소라서 가뭄에 강하고, 사료도 그리 많이 들지 않는다. 어디에 갖다 놓아도 잘 먹고 잘 산다. 그리고 무엇보다도 우유를 생산한다. 그 우유만 있으면 웬만한 먹거리가 다 해결된다. 우유에 요거트에 버터에…. 나중에 소가 늙으면 자기들은 안 먹겠지만 고기도 주고(소고기를 먹는 불가촉천민도 있다) 그 가죽도 사용할 수 있으니 일석오조쯤 될까?

　그런데 이렇게 소중한 소가 길거리에 돌아다닌다. 그 모습을 보면 소를 어머니로 숭배한다면서 소가 저렇게 더러운 쓰레기통을 뒤지도록 놔두느냐고 볼멘소리를 할 수 있다. 그런데 사실 일반 힌두인들은 종교의 이치를 깊게 생각하지 않는다. 어머니를 저렇게 놔두느냐가 아니고, 저렇게 놔둬도 잘 먹고 우리를 먹여 살리는 존재라서 어머니로 여긴다는 편이 맞을 것이다.

도시에 돌아다니는 소는 대부분 주인이 있다. 도시 곳곳에 있는 사원의 소유거나 때로는 개인이 그 주인이기도 하다. 주인은 소들을 일종의 방목 차원에서 풀어 놓는 것이다. 인도의 도시를 다녀 본 사람은 알겠지만, 인도 도시는 길거리 시장을 끼고 있는 경우가 많고 그래서 온갖 잡다한 쓰레기가 널려 있다. 그러니 소 주인으로서는 특별히 먹을 것을 챙겨 주면서 키울 필요가 없다. 물론 도심 한복판으로까지 진출하거나 관공서나 학교 등으로는 들어가지 못하게 미리 조처해 놓는다. 게다가 소는 집으로 찾아오는 길을 본능적으로 익히는 동물이다. 그래서 저녁 무렵 날이 어두워지면 소들은 모두 집으로 돌아간다.

그런데 집으로 돌아가지 않고 길거리에 머무는 소들도 있다. 이런 소는 대부분 주인이 없는 소다. 자세히 보면 황소인 경우가 많은데, 모두 늙어서 일을 하지 못하는 소들이다. 소가 농사는 물론이고 수레 하나조차 끌지 못하게 되면, 인도 사람들은 소를 버리는 데 주저함이 없다. 소가 우선이 아니고 사람이 우선이기 때문이다. 소를 숭배하는 것도 사람의 이익을 위해서고, 소를 버리는 것도 사람의 이익을 위해서인 것이다. 버려진 소 가운데 암소도 상당수 있다. 이 역시 아무 효용성이 없기 때문이다. 더 이상 우유를 생산하지 못하기 때문에 용도 폐기하는 것이다. 자기를 낳고 길러 준 친어미도 이득이 되지 않으면 버리는 세상사인데 소를 그렇게 한다는 것이 새삼 놀라울 것이 없다.

　그렇다고 용도 폐기된 소를 언제까지나 도시에 방치할 수는 없는 노릇이다. 시 당국은 하루가 멀다 하고 이른 아침이면 거리에 방치된 소들을 트럭에 싣고 도심 외곽 지역에 갖다 버린다. 시청의 소 관련 불편 관리 부서에 신고가 들어오면, 당국은 소극적으로 아침마다 소들을 싣고 외곽에 버리는 수밖에 없다. 제대로 된 해결책은 아니지만, 소를 마음대로 도살하지 못하는 인도에서는 현실적으로 어쩔 수 없다. 그런데 최근에 작은 변화가 생기고 있다. 구자라뜨Gujarat 아흐메다바드Ahmedabad에서는 경찰이 처음으로 소를 도로에 방치한 소 주인을 차량 통행자의 생명을 위협한다는 혐의로 입건했다. 작지만 의미 있는 변화가 될 것이다.

　인도에서는 소를 도살하는 절차도 매우 복잡하다. 소를 도살하려면 허가증이 있는 업체에, 경찰 입회 하에, 의료 진단을 거친 다음에야 죽일 수 있다. 도시에서도 그렇고 농촌에서도 그렇다. 바쁜 도시인이나 해당 업체와 너무 멀리 떨어진 지역에 사는 농촌 사람이 어떻게 그런 절차를 거칠 수 있겠는가? 하물며 시에서 일하는 공무원이라면? 그런 힘든 일을 굳이 사서 하지 않을 것이다. 그래서 일부 소 도축이 허용된 주에서는 도축한 소를 통조림으로 가공하여 전 세계로 수출하고, 소 도축이 법적으로 금지된 곳에서는 멀리 밖으로 내다버리는 게 가장 속 편한 조치다.

사람 사는 이치는 다 똑같다. 종교적으로 숭배한다고 해서 그 짐승을 실제로 숭배하는 것은 아니다. 어떤 나라 어떤 정부에서든 종교는 사람들의 이익을 위해 만들어지고 활용될 뿐이다. 2014년 힌두 민족주의 정당인 인도국민당Bharatya Janata Party 소속 나렌드라 모디Narendra Modi가 연방 정부 수상이 된 이후 갈수록 소 도축을 금하고 소고기를 먹지 못하게 하는 법을 제정하는 주가 늘고 있다. 그들은 소를 이용하는 정치에 밑밥을 깔고 있을 뿐 다른 이유는 없다. 종교를 이용한 정치 놀음에 우매한 인민들만 놀아날 뿐이다.

8

왜 통일국가가 별로 없지?

인도사 전공자로서 진지하게 받은 질문 가운데 "왜 인도사에는 통일국가가 거의 없느냐"는 것이 있다. 근대로 접어들기 전까지 인도아대륙 전체를 통일했던 나라는 기원전 4세기에 세워진 마우리아Maurya 제국과 서기 16세기의 무갈Mughal 제국밖에 없다. 그 둘 가운데서도 무갈의 경우, 말이 제국이지 데칸 이남에 실질적으로 독립된 봉건 왕국이 많이 생겨 이를 하나의 통일 제국으로 봐야 할지 의문이다. 기원전후의 꾸샨이나 4세기부터 6세기까지의 굽따나 7세기의 하르샤 같은 경우는 약간의 차이는 있지만 주로 인도 북부를 통치했고, 13세기의 델리술탄조는 아대륙을 거의 차지한 때가 짧게나마 있었지만 실질적인 독립 상태를 유지하던 곳이 여럿 있어서 전형적인 통일 제국이라 보기 어렵다. 그나마 깊이 들어가면 약간의 이론은 있지만 그래도 통일 제국으로 인정할 만한 국가는 마우리아 제국뿐이다.

왜 인도는 이렇게 나라 전체가 통일된 예가 적은 것일까? 유라시아 대륙에서 거대한 농경 지역이 있는 지역은 단 세 곳이다. 유럽, 인도, 중국. 이 셋 중에 영토를 통일한 제국이 빈번이 일어난 곳은 중국뿐이다. 그래서 차라리 질문을 바꾸는 편이 더 합리적일 수 있다. 왜 중국은 그렇게 자주 통일 제국을 세울 수 있었을까? 나는 중국사 전공자가 아니라서 이에 대한 대답은 할 수 없고, 중국사와 인도사를 비교해 볼 수는 있겠다. 우선 인도는 중국에 비해 지리적으로 통일 제국을 유지하기가 더 어렵다. 인도아대륙은 중간에 데칸고원이라는 거대한 지형이 돌출되어 있어 근대 이전에는 양쪽 지역을 쉽게 오가기 어려웠고, 하나의 행정 권력으로 영토를 유지하기도 어려웠다. 실제로 굽따 제국의 사무드라굽따Samudragupta 왕은 데칸 이남 깊숙이까지 군사 정벌을 감행하여 성공했으나, 나중에 데칸 지역을 독립시켜 주고 이 지역의 왕과 자신의 딸을 결혼시키는 정책을 펴는 식으로 실질적인 영향력을 유지했다. 데칸고원 말고도 인도는 중국에 비해 지리적으로 매우 다양하다. 여기에 계절풍의 영향으로 우기와 건기가 갈리는 몬순 기후 때문에 말보다는 코끼리에 대한 의존도가 높은 점도 하나의 이유가 될 수 있다. 그러다 보니 기동력이 떨어져 지방의 반란을 신속하게 진압하기 어려웠다.

다음으로 인도에는 중국의 천자天子 같은 정치적으로 통일 국가의 구심점이 될 만한 개념이 없다. 중국의 '천하 평정'과 같은 개념이 인도 고대사에는 존재하지 않았다. 국가 자체를 유한한 것으로 생각하는 힌두 세계관에 따라 정치권력이 모든 가치의 정점에 서지 못했다. 그래서 각 지역의 모든 권력을 하나로 통일시켜 거대한 제국을 이루어야 한다는 욕망 자체가 중국에 비해 약했다. 중국처럼 통일된 문자와 언어가 존재하고, 한족 중심이지만 하나의 민족 개념이 있지도 않았다. 언어나 종족 다양성 면에서 인도는 중국과 비교할 수 없을 정도이다.

　그럼 인도 역사를 움직인 생각은 무엇이었을까? 정치적으로 천하를 통일해야 한다는 것보다는 차라리 사회적으로 하나의 체계 안에 들어오도록 해야 한다는 개념이 더 강했다. 왕은 유한하지만 카스트 체계의 다르마 법도는 무한하다고 여기는 나라가 인도다. 그들은 모든 사람을 카스트 체계 안에서 그 법도에 따라 조직하는, 그래서 아주 먼 지역까지 카스트 체계를 보급해서 사회화를 주도하는 일을 우선시했다. 카스트 체계 또한 통일보다는 다양성, 세분화를 더 강조하는 체계로 발전해 왔다. 카스트 사회 체계는 동남아시아까지 전파되었다. 그러나 해당 지역이 인도 정치권력의 영향을 받은 적은 중세 일부 남인도 국가를 제외하고는 별로 없다. 동남아는 한국이 오랫동안 중국의 정치권력 영향권 안에 있었던 것과는 다르다. 불교의 전파 또한 마찬가지로 볼 수 있으니, 아프가니스탄과 중앙아시아를 지나 중국과 동아시아 전역이 인도 제국의 정치권력에 좌우된 적은 없지만 그 문화의 영향권 아래 있는 것이다.

　이제 알았을 것이다. 어떤 나라가 하나이냐 둘이냐는 통일 제국을 몇 번이나 이루었느냐의 문제가 아님을 말이다. 정치적으로 하나의 나라여야 한다는 개념이 없었고, 하나의 민족이라는 의식도 실질적으로는 없었지만, 카스트 체계 안에서 인도는 분명한 하나의 사회를 오랫동안 이루어 왔다.

9

우주인이 만든 인더스 문명?

　인더스 문명은 소위 '세계 4대 문명' 가운데 유일하게 우연히 발굴된 문명이다. 1921년 영국 식민주의자들이 철로를 부설할 때이다. 공사를 하던 인부들이 새 벽돌을 쓰는 게 아니고 어딘가에서 벽돌을 가져 와 사용하는 것이었다. 이 사실을 알게 된 영국인들이 공사를 중지시키고 발굴 조사를 벌여 10여 년 만에 이곳이 세계 최고最古의 고대 문명 유적지임을 밝혔다. 그런데 문명을 세운 주인공이 누군지, 어떻게 몰락해서 땅속으로 묻혔는지 알 수 없었다. 단서가 될 만한 유물들 중에는 문자가 새겨진 손바닥만 한 물건이 있었다. 영어로 그냥 '씰seal', 우리말로 '인장' 정도로 번역하는 이 물건 안에는 문자가 새겨져 있어 이 문자를 해독하면 문명의 비밀이 풀릴 것이라 기대되지만 아직도 해독하지 못하고 있다. 그래서 인더스 문명의 기원과 소멸의 수수께끼는 여전히 풀리지 않고 있다.

　학자들에 따르면 인더스 문명은 대체로 기원전 2,500년경에 시작되어 기원전 약 1,750년경 쇠퇴하다가 기원전 1,500년경에 완전히 소멸되었다고 한다. 그사이에 도대체 무슨 일이 벌어진 것일까? 어떻게 하다가 감쪽같이 땅속으로 묻혀 버렸을까? 아리야인의 침입, 대규모 홍수, 토양의 염해鹽害, 사막의 확장… 학자들이 추정하는 멸망 원인은 다양하다. 아리야인 침입설은 그들이 멸망한 당시와 거의 비슷한 시기인 기원전 1,500년경에 현재 인도인의 다수를 구성하는 아리야어를 사용하는 아리야인이 몇 차례에 걸쳐 물밀 듯 인도 땅으로 들어온 사실에 근거한다. 아리야인은 말을 타고 다니는 유목민이었다. 그들이 남긴 리그 베다에도 아리야인이 어떤 원주민들과 싸워 그들을 복속시켰다고 되어 있다. 그래서 많은 학자들이 아리야인이 싸우고 복속시킨 대상이 인더스 문명의 주인공일 것이라고 추정했다. 그런데 대규모 문명이 전쟁으로 멸망당할 정도라면, 파괴된 성채나 전투로 신체가 손상당한 유골이 대거 발굴되어야 하는데 전혀 그렇지 않았다. 대규모 전쟁의 흔적은 없었다. 고고학은 거짓말을 하지 않는다. 아리야인의 침략으로 인한 몰락설은 폐기되었다.

이후 새롭게 제기된 학설이 강 범람으로 인한 몰락설이다. 인더스강은 다른 4대 문명과 마찬가지로 범람이 잦은 곳이다. 그래서 그 유적지를 가 보면 잦은 범람 때문에 주민들이 다른 곳으로 피신했다가 돌아와 우물을 다시 축조하고 도시를 정돈한 흔적이 많이 발견된다. 당시 사람들은 지역끼리 뭍은 물론이고 강을 통해 활발히 교역했다. 지금의 인도양 연안을 통해 메소포타미아 지역과도 무역을 벌일 정도였다. 그래서 설사 엄청난 규모의 범람이 일어났다고 해도 문명을 다른 곳으로 이식하거나 강에서 떨어진 곳으로 이동하지 못했을 리 없다는 게 학계의 전반적인 의견이다.

이후 환경 변화로 인한 몰락설이 제기되었다. 인더스 문명의 벽돌 건축은 이집트나 메소포타미아를 능가하는 수준이었다. 이집트와 메소포타미아 문명 사람들은 흙을 태양에 말려 벽돌을 만들었지만, 인더스 사람들은 불에 구운 벽돌을 사용했기 때문이다. 그렇다면 당연히 이 지역에 땔감으로 쓸 나무가 많아야 하고 그만 한 숲이 있어야 한다. 그런데 현재 숲은커녕 나무도 없다. 정확히 언제였는지는 알 수 없지만 이 지역의 환경이 크게 바뀐 것이다. 현재로서는 그나마 이 이론이 가장 납득할 만한 것으로 받아들여지고 있다. 그러나 어디까지나 가설이다.

문제는, 결정적인 증거가 없으면 신비론으로 몰고 가는 사람들의 습성이다. 과거 《리더스 다이제스트》류에서 양산되던 신비론이 요즘에는 인터넷으로 무한 확산되고 있다. 그 신비론 가운데 대표적인 것이 바로 인더스 문명의 주인공이 우주인이라는 것이다. 우주인이 건설해 놓고 그냥 돌아가 버려 폐허가 되었다는 것이다. 모르면 더 공부해서 논리적으로 파헤쳐 볼 일이지, '우주인'으로 퉁치는 건 곤란하다. 클릭 한 번이면 모든 정보를 다 얻을 수 있는 인터넷 시대지만, 그 정보라는 것의 상당수가 쓰레기일 수 있다는 사실을 새겨야 한다. 가설이란 결정적 증거를 댈 수 없을 뿐이지 헛된 주장이 아니다.

인도 사람이 어떻다고?

10

인도 사람이 게으르다고?

인도에서 유학 생활을 할 때다. 한국에서 어떤 장관 일행이 무슨 회의차 인도에 왔다. 2,3일인가 머물렀다고 하는데, 그러면서 델리의 이곳저곳을 둘러 다닌 모양이었다. 마지막 날, 인도에서 공부하는 한인 학생들과 저녁을 먹자고 해서 갔다. 보통은 그런 자리에 가면 공부에 지장을 줄 정도로 스트레스를 받거나 말도 안 되는 논쟁이 나거나 해서 잘 가지 않는데, 그날은 대사관 직원 중 친하게 지낸 분이 통사정을 해서 갔다. 아니나 다를까, 결국 사고를 치고 말았다.

30년도 더 된 일이지만, 그때나 지금이나 인도를 바라보는 우리의 의식은 별로 달라진 게 없어 보인다. 그 장관님은 대뜸 이렇게 말했다. "인도 사람은 가난하고, 더럽고, 게으르다." 나도 대뜸 장관님에게 한 가지만 묻자고 했다. 가난한 거야 1인당 국민소득으로 치면 가난하니까 가난한 것이고, 더러운 것도 입고 다니는 옷이나 집이 더러우니까 더러운 건데, 왜 인도 사람들이 게으르다고 생각하느냐고. 가난하고 더럽다고 하는 사실이 갖는 사회문화적 맥락까지 대기는 어려울 테니, 게으르다는 평가의 근거만이라도 대라고.

장관님은 인도에는 나무 밑에서 잠만 자는 사람 천지 아니냐고 반문했다. 나는 물었다. 저 더위에 길거리에서 천막 치고 사는 사람들이나 아침부터 에어컨은커녕 선풍기조차 없는 일터로 출근한 사람들이 낮잠을 자는 게 뭐냐 이상하냐(나는 여름에 47도까지 겪어 봤다. 아침 최저 기온이 30도가 넘는 걸 보고 더위로 사람이 죽을 수도 있겠다는 생각이 들었다). 공원이 많으니 점심 먹고 공원에 가서 짜이 한 잔 마시고 낮잠을 청하는 게 왜 게으름의 표상이 되느냐? 이 나라 관공서의 점심시간이 실질적으로 두 시간인 것은 아니냐? 그 두 시간의 휴식 시간에도 잠 안 자고 일해야 한다는 말이냐 물었더니, 장관님은 상가는 왜 그리 빨리 문을 닫느냐고 불평했다. 일을 해야 돈을 벌고 그래야 잘사는데, 인도 사람들이 '영국 노동당병'이 들어 저녁 7시만 되면 가게 문을 닫는다는 것이다. 그러면서 한국의 예를 들었다. 세계에서 가장 열심히 일하는 사람들이라 이렇게 잘살게 된 것 아니냐고. 그래서 그랬다. "말은 바로 합시다. 세계에서 가장 열심히 일을 하는 건 맞는데, 잘살게 된 건 한국인이 아니라 장관님 같은 사람들입니다."

그 장관이 파악한 것과 달리, 세계적으로 인도인들의 부지런함hard-working은 정평이 나 있다. 영국 사람들이 남아프리카 공화국을 개척할 때의 일이다. 영국인들은 처음에 중국인들을 계약 노동자로 사 왔다. 그런데 그들은 영국인들이 요구하는 노동 수준에 맞추지 못했다. 그래서 인도에서 노동력을 수입해 갔다. 그들은 엄청 열심히 일했다. 그래서 그들이 계약 기간을 마치고 본국으로 돌아간다고 할 때 영국 사람들은 그들을 못 가게 말렸다.

그러면서 훨씬 더 좋은 조건의 계약을 맺었다. 그 결과, 인도 사람들 중에도 부유층이 생겼다. 하지만 인간적인 대접은 받지 못했다. 이런 상황에서 마하뜨마 간디가 남아프리카 공화국에 가서 비폭력운동을 성공시킨 것이다.

지금도 인도에는 말도 안 되는 낮은 임금을 받으며 하루에 열두 시간 이상을 길거리에서 노역하는 사람들 천지고, 그 일자리마저 부족해서 난리다. 그런데도 인도 사람들이 게으르다고? 그렇게 보이는 것은 인도의 도시에 공원이 많고, 거기 가면 항상 자는 사람들이 많기 때문이다. 덥고 고단해서 잠시 눈 붙이는 걸 속도 모르는 이방인들이 보고서 혀를 차는 것이다. 물론 거지가 많은 건 사실이다. 그런데 왜 거지가 있는지, 그들이 게을러서 거지 짓을 하는 건지 아니면 다른 이유가 있는 건지 생각도 해 보지 않으면서 혀를 찬다.

중요한 것은, 한국에는 그 장관처럼 박정희 개발독재론에 빠져 있는 사람들이 여전히 많다는 점이다. 쉬는 꼴을 못 보는 사람들 말이다. 그럼 왜 점심 먹고 잠이나 자지, 옹기종기 모여 앉아 카드놀이를 하느냐고? 카드놀이를 하면 이후 업무에 지장을 줄 게 아니냐고? 쉬는 것도 일을 위해 쉬어야 한다는 그 무섭고 비인간적인 생각들. 그 일로부터 30년이 훌쩍 지난 지금도 인도와 인도 사람을 그렇게 보는 사람들이 적지 않아 슬프다.

11

인도 사람은 모두 거짓말쟁이?

인도 사람들과 비즈니스를 하거나 인도에 얼마 동안 살아 본적이 있는 한국 사람들이 이구동성으로 하는 말이, 인도 사람들은 거짓말을 잘한다는 것이다. 왜 그럴까? 인도 사람들은 정말 거짓말을 잘할까? 이를 이해하려면 인도 사람들 대부분이 믿고 따르는 힌두 세계관을 이해해야 한다.

힌두교는 조금 어려운 말로 비非실체적 세계관을 바탕으로 하고 있다. 세상 만물의 본질은 변화한다는 믿음이다. 그들은 참이 거짓이고 거짓이 참이 되는 힌두 특유의 상대주의적 세계관 속에서 살기 때문에 특정한 상황만을 유일한 것으로 규정하고, 그외의 것은 배제하는 것을 잘 받아들이지 않는다. 그래서 "한 번 해병이면 영원한 해병" 같은 말은 인도 문화에 통하지 않는다. 굳이 우리 속담에 비유하자면, 부엌에서 들으면 며느리 말이 맞고 안방에서 들으면 시어미 말이 맞달까.

이 일원론적 세계관 안에서는 낮이 밤이고, 밤이 낮이다. 산이 물이고 물이 산이다. 사람이 동물이고 동물이 사람이다. 영원한 본질이라는 것이 없으니 상황에 따라 바뀌는 것이 너무나 당연하다. 그러다 보니 상황이 바뀌면 생각을 바꿀 수 있고, 생각이 바뀌면 말을 바꿀 수 있다. 그것이 이원론적 세계관, 즉 근대 문명권 사람들 눈에는 말을 너무 잘 바꾸고 거짓말을 잘하는 것으로 보이는 것이다.

약속을 했다가 바꾸는 것도 마찬가지 논리로 이해할 수 있다. 비즈니스 계약을 하는 경우, 전날 밤까지는 이렇게 하기로 합의해 놓고 다음 날 만나면 그렇게 못 하겠다고 한다. 화를 내며 따지면, 그냥 생각이 바뀌었다고 말한다. 생각이 바뀌었는데도 약속을 지켜야 하느냐고 되묻는 건 그나마 친절한 사람이다. 대부분은 어떤 논리적 답변 없이 거짓말이나 오리발로 일관한다. 중요한 것은, 많은 인도인들이 이를 별로 나쁘게 여기지 않는다는 것이다.

그래서인지 인도 사람들은 협상에 뛰어나다. 소위 밀당에 능해 장사고 정치고 놀이고 흥정하는 문화가 발달해 있다. 그래서 매우 정치적이다. 정치의 본질이 양쪽의 갈등을 조정하고 중재하는 것이라면, 이 정의에 천성적으로 잘 어울리는 사람들이다. 우리같이 옳고 그름을 한 칼에 베듯 규정하고, 이쪽저쪽의 여러 사정을 일일이 고려해 주지 않는 행동은 잘 하지 않는다. 말하자면 "이 몸이 죽고 죽어 일백 번 고쳐 죽어"의 정몽주가 우리라면, 인도인들은 "이런들 어떠하리 저런들 어떠하리"의 이방원인 것이다. 이러한 상대주의적 상황 논리를 존중하는 인도인들이기 때문에 많은 수의 사람들이 대체로 중립적이다. 다이나믹 코리아, 정중동 인도인 것이다.

인도 사람들 사이에서도 거짓말이나 변명으로 피해를 본 쪽은 기분이 나쁜 게 사실이다. 우리와 다른 점은, 그런 경우에 인도인들은 한국인들처럼 상대방을 심하게 혐오하지 않는다는 것이다. 상황이 바뀌면 얼마든지 양해를 구할 수 있고 그것을 받아들여야 한다는 것을, 그래야 더불어 같이 살 수 있다는 것을, 세상이란 그런 곳이라는 것을 어릴 적부터 보고 배워 왔기 때문이다. 물론 도시에 살면서 외국물을 많이 먹은, 근대화나 서구화 영향을 많이 받은 인도인들은 그런 식으로 거짓말하고 변명하지 않는다. 그들은 힌두적 세계관이 아니라 서구적 세계관을 상대적으로 더 많이 가지고 사는 사람들이기 때문이다.

이제 내가 무슨 말을 하려는지 알 것이다. 서로 다를 뿐 그 사이에 우열은 없다. 이원론적 세계관이 일원론적 세계관보다 참이고 우수하다고 말할 수 있는가. 다만 그것이 근대 문명에 더 가깝고, 현재 발휘하는 힘이 더 클 뿐이다. 인도 사람들과 함께 살아가려면 그들에게 맞춰야 한다. 문화의 존중이 삶의 지혜다. 그들의 문화가 그러하니 거기에 맞게 대비하면 된다. 인도에서 일을 하든 여행을 하든 공부를 하든, 매사 거듭 확인하고 그 증거를 남겨야 한다. 사전에 미리 문서로 일정을 잡고, 모든 절차는 전화가 아닌 문서로 해야 하며, 친필 사인을 받아야 한다. 사실 인도 사람들은 영국 문화를 받아들인 탓에 문서에 강한 반면, 우리는 문서 문화에 약하다. 그러니 맨날 속였다고 분개하며 비난을 한다. 우리 입장에서 거짓말은 분명 나쁘지만, 어리석게 당하기만 하는 쪽에도 문제는 있다.

12

무슨 말이 그리도 많을까?

과거에 '장학퀴즈'라는 TV 프로그램이 있었다. 거기서 월 장원인가만 해도 집안 경사라고 했다. 지금도 형식만 약간 달라졌을 뿐 퀴즈 프로그램이 인기가 좋다. 살아가는 데 큰 도움은 되지 않아도 알아 두면 써먹기 좋은 잡다한 지식을 겨루는 성인 프로그램도 끊임없이 전파를 탄다. 일반화하긴 어렵지만, 한국 사람들은 단편적인 지식에 대한 욕구가 강해 보인다. 이에 반해 인도 학생들은 토론에 강하다. 그 큰 나라에서 각 지역마다 기업이 후원하는 토론debate 대회가 다양하게 열린다. 중고등학교 학생은 물론이고, 대학생들이 참여하는 토론 대회도 숱하다.

인도 사람들을 폭넓게 접해 본 사람은 알 것이다. 그들은 정말로 말이 많다. 정말 토커티브talkative다. 대학 캠퍼스에 가 보면 온종일 잔디밭에 앉아 짜이 한 잔에 비스킷 몇 개 놓고 무슨 할 말이 그리 많은지 깔깔거리며 몇 시간씩 이야기를 나누는데, 싸움이 안 일어나는 게 신기할 정도다. 그에 비해 한국의 대학 캠퍼스는? 잔디밭에는 들어가지 말라고 하니 잔디 보호 차원에서 그런다고 치자. 여럿이 앉아서 토론하는 문화를 눈 씻고 찾아봐도 없다. 과거 80~90년대 학교 곳곳에서 치열하게 벌어지던 논쟁은 자취를 감췄다. 주로 운동권이라 불리던 학생들이 주도한 문화였으나, 서열이나 이해관계에서 벗어난 건강한 토론문화였던 것만은 분명하다. 토론이 사라진 자리에 남은 것은 고작 PPT 발표 대회 정도다. 그러나 좋은 점수를 받으려, 윗사람에게 얼마나 효율적으로 보고하는지를 겨루는 것은 자유로운 토론이나 논쟁과 다를 것이다.

인도인들이 토론을 좋아하는 것은 그들 특유의 상대주의적 세계관에서 나온 것이다. 힌두철학이나 불교철학을 접해 본 사람이라면 인도 사람들의 사변적인 논리 전개가 얼마나 깊은지, 얼마나 궤변적인지를 알 것이다. 달이 흔들리는 것을 보고 달 자체가 흔들린다고 하는 사람도 맞고, 구름이 움직이니 달이 흔들려 보인다는 사람도 맞고, 보는 당신이 움직이니 달이 흔들린다고 하는 것도 맞고, 보는 사람의 마음이 흔들리니 달이 흔들린다고 하는 사람도 맞고, 아무것도 흔들리지 않으니 달이 흔들린다는 사람도 맞다. 이외에도 비非실체성에 대한 논리는 얼마든지 있을 수 있다.

이런 문화를 인도인들은 존중한다. 그러다 보니 문화 속에 이야기가 아주 다양하고 깊은 수준으로 발달해 있다. 이야기꾼은 보이는 것만 전해 주는 자가 아니라, 안 보아도 상상하고 지어낸 것까지 전하는 사람이다. 사실과 허구의 경계가 있을 수 없으니 무엇이 사실이고 무엇이 거짓인지를 따지는 게 무의미하다는 세계관이다. 그래서 인도인들은 세계 최고의 신화와 연극을 발전시켰고, 그 안에는 인간이 상상할 수 있는 모든 종류의 이야기가 등장한다. 그러다 보니 모든 인간관계의 중심에는 확인할 수 없는, 아니 확인할 필요 없는, 무엇이 사실이고 무엇이 거짓인지 규명할 수 없는 음모론이 난무한다. 그 이야기들은 끝도 한도 없는 윤회의 시간 세계에서 나온 것으로, 신과 인간, 인간과 동물 등이 복잡하고 미묘한 관계를 끝없이 이어 가다 결국 권선징악의 해피엔딩으로 종결된다. 그래서 인도 사람들은 낙관적이고 항상 노 프라블럼No problem이다. 이런 세계관 안에서 이야기하는 것을 좋아하고 나름의 논리를 설파하는 걸 즐긴다. 이것이 인도 토론문화의 저변이다.

토론을 좋아한다는 것은 여러 가지를 내포한다. 우선, 토론이 물리적 싸움으로 연결되지 않는다는 것인데, 실제로 인도인들은 그런 싸움을 즐기지 않는다. 동시에 토론이 이어질 수 있다는 것은 그만큼 상대에게 관용적이라는 의미다. 이는 다르게 보면 그들이 행동보다는 말을 앞세운다는 의미도 되고, 불의에 분노하지 않는다는 말도 된다. 원칙이라는 게 없다는 말도 되고, 창의적이라는 말도 된다. 무엇보다 중요한 점은, 토론을 좋아한다는 것은 사고가 깊고 넓어 살아가는 데 필요한 지혜를 찾는 데 적극적이고 유능하다는 뜻이다. 토론과 논쟁은 결국 삶을 대하는 태도와 관련이 있지 않을까.

13

왜 아무데나 드러누울까?

한국 사람들이 인도 사람들을 가장 많이 흉보는 것이 '더럽다, 공공질서가 없다'일 것이다. 더럽다/깨끗하다는 원초적인 문제이므로 나중에 살피기로 하고, 인도인들의 질서 감각부터 살펴보자. 실제로 사람과 소, 각종 탈것들이 네 방향으로 엉킨 인도의 도로를 보면 질서가 없다는 말이 절로 나온다. 무단횡단, 쓰레기 투기, 새치기, 소매치기… 대체로 '후진국병'으로 일컬어지는 무질서가 세계에서 가장 빨리 경제성장을 이루고 있다는 나라에서 펼쳐진다는 사실이 납득하기 어려울 수 있다. 그런데 한발 뒤로 물러나서 생각해 보면 불과 30,40년 전 우리도 그랬다. 우리도 그랬는데, 하물며 맞고 그르고가 불분명한 사람들이 그러하다는데 충분히 이해할 수 있는 것 아닐까.

인도를 들락거리고 인도 땅을 여행하려면 누구나 거쳐야 할 곳이 버스 터미널과 기차역, 공항 같은 곳이다. 그런데 어디를 가든 사람들이 하나같이 털썩 주저앉거나 심지어 드러누워 있다. 여기가 자기들 안방인가? 그렇다, 인도인들은 그곳을 안방처럼 여긴다. 그렇다면 인도 사람들은 왜 엄연한 바깥 공간을 자기들 안방처럼 여길까?

힌두의 공간적 세계관을 보면 안과 밖의 경계가 분명치 않다. 그러니 우리처럼 신발을 벗고 마루를 건너 방으로 들어가는 개념이 없다. 인도 시골에 있는 전통 가옥을 보면 마당과 방의 경계가 불분명하다. 위에 천장이 있으면 방이고 없으면 마당으로 구분되는 거야 당연하지만, 그 공간을 활용하는 모양을 보면 안과 밖이 여러 지점에서 불분명하다. 인도에서 유래된 '베란다'라는 공간을 생각해 보자. '베란다'라는 말은 산스끄리뜨어로서 안과 밖이 공존하는, 즉 안도 아니고 밖도 아닌 그런 공간을 말한다. 열려 있는데 위로는 닫혀 있고, 위로는 닫혔는데 옆으로는 열려 있는 인도 특유의 공간이다. 집 가운데 있는 마당이나 베란다 같은 공간에서는 집 안에서 하는 일을 마음껏 하는 게 자연스럽다. 거기에서 밥도 먹고, 평상 끌고 와 낮잠도 자고, 아이들은 공부도 하고…. 안방에서 하는 일이 모두 다 허용되는 공간이다.

인도 사람들은 소위 사적 행위를 위한 공간과 공적 행위를 위한 공간, 즉 사생활과 공생활을 공간 차원에서 딱히 구분하지 않고 사는 사람들이다. 더군다나 여전히 대가족 제도 안에서 산다. 그러다 보니 밖에서 하는 일에 많은 식구들이 동행하는 경우가 많다. 식구들이 기차역이나 공항 같은 데서 바닥에 앉아 차 마시고, 이야기하고, 아이들 밥도 먹이고, 카드놀이도 하고, 피곤한 어르신은 눕고 하는 일이 자연스럽다. 물론 사람들이 아주 많이 다니는 길목에서는 자제하기도 한다. 그러니 '인도에서 공항을 이용할 정도면 배울 만큼 배웠을 테고 알 만큼 알만 한 사람들일 텐데'라며 혀를 끌끌 차는 것은 오만한 태도일 수 있다. 여기서 한 술 더 떠, 저 사람들을 빨리 교육시켜 문화인으로 만들어야 한다고 생각하는 사람들도 있는데, 그런 발상 자체가 문화적이지 못하다.

한국 사람들은 안과 밖의 경계 개념이 매우 뚜렷하다. 그것을 기준으로 공중 질서를 유지한다. 그러니 깔끔하고 정리정돈이 잘 된다. 같은 이유로 동질감이 강해서 이질적인 것과 공존하는 법을 잘 모른다. 우리나라만 그런 것은 아니지만, 우리같이 님비 nimby 현상이 심한 곳도 별로 없다. 공공장소에서 드러눕지를 않으니 남 보기에는 깔끔하고 질서 있는 것처럼 보이지만, "그러면 아파트 값 떨어진다"는 어이없는 이유를 대는 곳이 이 나라 대한민국이다. 이런 기준에서 보면 경계가 불분명한, 그래서 집 안과 집 밖의 행위가 뒤섞여 있는 인도인들의 문화를 이해하기는 무척 어려울 것이다. 문화는 다를 뿐, 좋고 나쁨이 있을 수 없다.

14

터부의 왕국?

인도에서 큰일을 앞둔 한국인들은 인도 사람들을 만나는 게 매우 조심스럽다고 말한다. 인도 사람과 문화가 서구 문화와 많이 달라서 혹 실례를 범하지 않을까 염려된다는 것이다. 해서는 안 될 일을 하는 것은 어디에서나 큰 실례다. 특히 그것이 종교와 연관되어 심하게 터부시하는 일이라면 더욱 그렇다. 인도 사람들이 가장 터부시하는 게 뭘까? 힌두를 중심으로 살펴보자.

힌두 사회에서 많은 터부의 뿌리는 카스트의 '오염' 의식과 관계가 있다고 생각하면 쉽게 이해할 수 있다. 즉, 살아 있는 생물의 몸에서 떨어져 나오는 모든 것이 오염을 방사한다고 생각한다. 그래서 매우 더럽게 여기고, 기피한다. 가장 기피하는 것이 시체다. 육식을 기피하는 이유이다. 마찬가지로 피도 기피 대상이 된다. 그래서 여성의 월경이 큰 터부다. 생리가 있는 여성이 사원에 들어가지 못하게 하는 일은 흔하고, 여성들 대부분이 이를 자발적으로 지킨다. 사람의 몸 가운데서 발이 가장 더러운 것은, 세상의 모든 더러운 것을 다 밟고 지나가기 때문이다. 따라서 상서로운 물건이나 장식을 발로 대거나 그것이 발에 닿아서는 절대로 안 된다. 발로 책을 밀치거나 밟는 일은 생각할 수도 없다. 특히 그 책이나 물건이 고도의 정淨을 유지해야 하는 것이라면 더욱 그렇다. 그 발이 신고 다니는 신발을 손으로 만지는 일도 기피한다. 어쩔 수 없이 만지면 반드시 손을 씻어야 한다.

목욕을 할 때 옷을 다 벗고 하는 것도 터부시한다. 목욕이라는 게 샤워를 말하는 것이니, 인도인들은 대개 사각팬티를 입은 채 샤워를 한다. 우리처럼 목욕탕의 탕 속에 들어가는 것을 꺼리는 것은 두말할 필요도 없다. 바다 또한 매우 큰 터부의 대상이다. 지체 높은 브라만은 군대를 가더라도 절대 해군에는 가지 않는 건 널리 알려진 사실이다. 술을 먹는 것도 터부시되는 행동이다. 마하뜨마 간디가 술을 절대로 먹지 못하게 한 것도 이 맥락에서 나온 것이다. 마약을 하는 거야 새삼 말할 필요가 없고, 혼전 섹스도 터부시한다. 방향에도 터부가 있다. 왼 쪽은 오염된 방향이다. 그래서 선물을 주거나 받을 때 왼손을 사용하는 것은 매우 큰 실례다. 가게에서 돈을 왼손으로 주면 안 받기도 한다.

인도인들과 함께하는 일상 가운데 가장 조심해야 할 것을 하나만 고르라면, 나는 주저 않고 물컵의 사용을 든다. 물론 델리나 뭄바이 같은 큰 도시에서는 좋은 레스토랑이나 커피숍에서 만나기 때문에 그럴 일이 없지만, 그 외의 장소에는 조심해야 한다. 컵이 없어서 다른 사람이 사용한 컵을 재사용하는 것은 인도에서 큰 실례다. 컵이 없으면 그냥 손에 받아서 먹는다. 남의 침이 입에 묻으면 오염된다고 생각하기 때문이다. 그럼 물을 마시고 싶은데 내 컵이 없다면 어찌 해야 할까? 우선 손을 깨끗이 씻

목욕하는 사람들. 인도인들은 대개 사각팬티를 입은 채 몸을 씻는다.

고 손으로 물을 받아 마셔야 한다. 만약 페트병 따위에 들어 있는 물이나 음료를 나눠 마신다면, 절대로 그 주둥이에 입을 대지 말고 마셔야 한다. 실수로라도 입구에 입에 닿으면 그 음료는 나만 마시거나 버려야 한다. 하물며 찌개를 같이 퍼 먹는다는 건!

남이 사용한 그릇은 버리든지 아니면 흐르는 물로 씻어야 한다. 이제 도시에서는 대부분 사라졌지만 시골에서는 짜이를 파는 가게에서 아직도 질그릇을 쓰는 경우가 많다. 과거에는 기차에서도 일회용 플라스틱컵이 아니라 질그릇을 사용했다. 아주 작은 질그릇에 짜이를 마시고 그 그릇은 버렸다. 다른 사람이 사용한 컵을 대충 씻어서 재사용한다는 것은 상상도 못할 일이다.

질그릇이야 버려도 곧 흙이 되니 환경적으로도 문제가 없다. 숟가락과 젓가락도 남이 사용한 것을 씻어서 쓰는 걸 꺼림칙해한다. 위생 관념이 철저해서라기보다는 오염을 극도로 꺼리는 카스트 문화의 영향이다.

카스트 문화에서 카스트가 다른 사람과 절대로 함께 나눌 수 없는 것이 물이다. 물이 오염에 가장 취약하다고 여기기 때문이다. 그런데 물이 가능한 한 오래 공기를 통과하면 정화된다고 믿는다. 레스토랑에서 손님에게 물을 따라 줄 때 물주전자를 높이 쳐들어 마치 폭포수처럼 따르는 것도 이런 믿음에서 비롯되었다. 아직도 시골에서는 불가촉천민이나 무슬림 등 낮은 카스트가 높은 카스트 집에 들어가 그 집 우물물을 마실 수 없다. 안주인에게 청하면 주전자를 들고 나와 따라 주는데, 이때 손으로 물을 받아 마셔야 한다. 물로 만든 짜빠띠(일종의 밀가루빵)를 주는 경우도 마찬가지다. 불가촉천민이나 무슬림에게 짜빠띠를 손으로 주는 경우는 거의 없다. 손과 손 사이에 반드시 공기가 있어야 한다. 그래서 짜빠띠도 물처럼 '던져 주는' 것이 보통이다. 그런데 자기가 기르는 개에게는 손으로 직접 짜빠띠를 먹이니, 무슬림이 힌두들에게 치를 떨 만하다. 하지만 힌두 입장에서는 억울할 수 있다.

이런 터부 문화의 가장 큰 희생자는 과부이다. 과부는 평생 남편의 죽음을 안고 사는 사람이므로. 그래서 그 자체가 사회에서 격리시켜야 할 정도의 터부다. 그런데 상처한 남자는 그렇게까지 터부시되지 않는다. 왜? 남자니까! 상대적으로 여성은 매우 오염되기 쉬운 존재이지만 남성은 그렇지 않다. 지참금이나 여성의 낯을 가리는 관습도 애초에는 여성을 보호하기 위해 만들어진 개념이니 이 또한 같은 맥락의 산물이다. 갓 시집온 여성은 함부로 고개를 들고 다녀서도 안 되고, 특히 외간 남자와 접촉하지 말아야 한다. 집 안에서 시아버지에게 민낯을 보이는 것조차 터부시되는데, 특히 농촌에서 그렇다. 그래서 농촌에서는 젊은 남녀가 연애하는 것이 아직도 많은 집에서 금기시되는 일이다. 물론 도시의 근대화된 사람들에게는 관계없는 일이지만. 그래서 여성에게 먼저 악수를 청하는 행동도 결례일 수 있다. 하물며 여성과 포옹을 하는 것은 피해야 한다. 상대가 아무리 개방된 여성이라고 해도 여성에게 같이 술을 마시자거나 스킨십을 한다거나 하는 건 심각한 문제를 야기할 수 있다.

터부라고까지는 할 수 없지만, 인도 사람들과 대화할 때 가능한 한 피해야 할 주제가 종교 이야기다. 특히 힌두교와 이슬람을 비교하거나 분석·규정하는 것은 그 사람들을 매우 불편하게 만들 수 있다. 카스트에 관한 것도 마찬가지다. 당신의 카스트가 뭐냐? 누가 더 높으냐? 이런 식의 질문은 상대방을 곤혹스럽게 만든다. 인도 사람들은 한국 사람들과 달리 정치 이야기를 과히 즐기지 않는다. 그래서 모디 수상이 어떻니, 회의당The Congress Party은 이렇고 인도국민당은 이렇고 하는 말은 별로 좋은 화제가 아니다. 특히 마하뜨마 간디 이야기는 절대 하지 말라. 지금까지 간디에 관한 농담을 들어 본 적이 없다.

15

아리야인이 백인이 아니라고?

같은 아리야인이라면서 왜 인도 사람들은 유럽 사람들처럼 피부가 하얗지 않냐는 질문을 많이 받는다. 우선 '아리야'라는 말부터 뜯어 보자. 아리야인Aryans는 '아리야'에 영어에서 '사람들'을 뜻하는 'n'과 복수의 의미인 's'를 섞어 만든 조어다. 그래서 음역을 하자면 아리야인 혹은 아리야족, 아리야 사람들이라고 하는 게 맞다. '아리안족'이라고 하는 건 잘못이다. Koreans를 번역하면 코리아인이지 코리안인은 아닌 것과 같은 이치다. 그러면 아리야는 뭔가? '아리야'는 그 사람들이 인도 땅으로 들어온 기원전 1500년 이후로 남긴 베다의 여러 경전에 자신들을 가리켜 부른 말이다. 유목 생활을 하는 자기들이 아닌, 정착 생활을 하는 자기들의 적과 비교해 자기들을 '고상하고 품위 있는' 사람들로 부르면서 사용한 말이다. 그렇다고 자기들을 하나의 종족 집단으로 분류했다는 뜻이 아니고, 그냥 자기들을 그렇게 규정해 불렀다는 말이다.

19세기 말 막스 뮐러Max Müller라는 동양학 학자가 산스끄리뜨, 그리스어, 라틴어 그리고 다른 유럽의 여러 언어들 사이에 친연성이 존재함을 발견했다. 언어들 사이에 공통된 조어祖語가 있다는 것인데, 이를 부를 명칭이 마땅치 않자 이 언어의 가장 오래된 형태가 텍스트로 남아 있는 산스끄리뜨어로 된 베다에 그들을 가리켜 부른 '아리야'라는 어휘를 가져와 사용했다. 그래서 그 가상의 공통 조어를 '아리야어'라고 부르게 된 것이다. 그후 나치의 히틀러가 이 '아리야인'의 정체를 심하게 왜곡하면서 인류사에 커다란 불행을 야기해, 결국 학계에서는 '인도–아리야어족'이라는 말은 더 이상 쓰지 않고 '인도–유럽어족'이라고 쓴다. 그런데 '인'보다 '족'이 인종이라는 의미가 강해서 나는 '아리야인'이라 쓴다. 이 아리야인은 기원전 1800년경 이전에 중앙아시아 부근 어딘가에 살고 있다가 다른 곳으로 이주하여 지금은 유럽 북부에서 남부 그리고 서아시아와 이란, 아프가니스탄 그리고 인도 북부에 걸쳐 흩어져 살고 있다. 즉, '아리야인'이란 하나의 공통 조어를 사용하는 사람들이라는 의미인데, 그것이 마치 동일한 형질적 인종 개념인 양 이해되면서 인도 사람들의 피부색에 의아함을 갖게 된 것이다.

막스 뮐러의 언어적 발견 이후 처음에는 다른 사람들도 인도인과 유럽인을 하나의 인종으로 생각했다. 인종으로서의 아리야인 개념은 다윈의 진화론과 함께 기독교 성서에 근거한 인류 연대기가 갖고 있던 권위를 흔들었고, 유럽을 중심으로 생물학적 인종 우월주의로 발전했다. 인종 우월주의는 유럽의 인종은 아리야인과 셈족으로 나뉘는데 노아의 후손이며 백인종이고 더 우월한 인종인 아리야인의 순수 혈통이 훼손되고 있다는 주장으로 발전했다. 이러한 과정을 거치면서 급기야 막스 뮐러는 유럽으로 건너간 북방 아리야인은 활동적이고 전투적인 데 반해, 이란을 거쳐 인도로 들어간 남방 아리야인은 소극적이고 명상적이라고 규정하기에 이른다. 이는 자연스럽게 오리엔탈리즘으로 연결되고, 결국 인도는 유럽의 아리야인이 어쩔 수 없이 짊어져야 하는 소위 '백인의 짐'이 되었다. 잃어버린 형제를 위해 기도하고 지배한다는 것이다.

인도는 다민족, 다종족, 다문화의 나라다. 피부색도 몹시 하얀 사람부터 매우 까만 사람까지 천차만별이다. 소위 아리야인에도 다양한 인종이 섞여 있다. 한국과 비교해 보면, 한국인에게도 여러 혈통이 섞여 있지만 단일적인 성격이 강하다. 게다가 피부가 하얀 서구 사람들을 숭모하는 경향까지 있어, 인도까지 와서 괜히 너는 왜 피부가 하얀데 쟤는 왜 더 까맣냐 따위의 쓸데없는 질문을 한다. 심지어 피부색이 하얀 사람들은 존대하고 까만 사람들은 괜히 무시하는 웃지 못할 일까지 벌어진다. 피부색이 흰 인도 북부 사람들은 까만 인도 남부 사람들과 같은 민족이 아니다, 그 사람들은 차라리 이란 사람들과 인종적으로 더 가깝다 같은 허황된 소리를 지껄이는 이들도 있다. 모르는 말을 혼자 생각하고 말하면 그러려니 하는데, 그것을 자꾸 남에게 가르치려 드니 문제다. 여기에 자신이 겪은 사소한 개인적 경험까지 덧입혀지면 그런 이야기를 듣고 고개를 끄덕이게 된다. 잘 모르면 혼잣말로 하라. 그런 말도 안 되는 사소한 생각들이 모여 오리엔탈리즘과 식민주의, 나치의 인종 학살까지 갔다는 사실을 잊지 말자.

16

왜 손으로 똥을 닦지?

인도에서 유학을 마치고 귀국해서 교수가 된 1990년, 사람들은 나만 보면 붙잡고 물었다. 왜 인도 사람들은 손으로 밥을 먹고 똥까지 닦는가? 만나는 사람마다 물어 대니, 처음에는 상세히 그 이유를 설명하다가 나중에는 한 마디로 무찔러 버리곤 했다. "너는 상추쌈을 수저로 싸 먹냐?" "너는 똥을 발로 닦냐?" 인도인들의 음식 문화와 용변 문화는 이상한 것이 아니라 우리와 다를 뿐이다.

인도 사람들의 의식주 문화 저변에 깔린 가장 중요한 개념은 '오염'이다. 생물의 살아 있는 몸에서 떨어져 나간 것이 주변을 오염시키고, 그것이 사방으로 뻗쳐 전염을 일으킨다는 사고다. 그러니 그것을 다루는 일을 하는 사람들은 천한 카스트고, 일시적으로 그것과 접촉하는 일조차 피해야 한다. 우리 몸에서 나온 것이면, 머리카락과 손톱, 침, 오줌과 똥, 정액, 피 등이 있고 그 가운데 가장 강력한 것이 시체다. 그러니 동물 시체를 치우거나 죽은 사람을 화장하는 일을 하는 사람이 최하위 카스트에 속하고, 남이 마신 컵으로 물을 마시면 안 되는 것이다. 육식 자체가 시체를 먹는 것이니 오염된 행위다. 그래서 지체 높은 브라만은 육식을 하지 않는다. 지위가 높을수록 오염된 일을 하지 않으려 한다. 브라만 여성이 제사용 음식을 장만하다가 배가 아파 똥을 누고 오면 다시 목욕재계부터 해야 한다. 물론 낮은 카스트는 그렇게 하지 않는다. 어차피 태생적으로 항구적으로 오염된 일을 하는 오염된 자이니까.

  숟가락이나 젓가락을 사용하지 않는 이유? 바로 남이 그것을 사용했기 때문이다. 아무리 씻어 내어도 그것은 물리적인 깨끗함일 뿐, 관념적으로는 오염된 것이다. 그래서 비록 내 손이 더러울지라도 손을 물로 씻어 물리적으로나 관념적으로 깨끗하게 만든 후 그 손으로 밥을 먹는 것이다. 게다가 인도 음식은 우리 호떡 같은 빵 종류가 많다. 물론 남부로 가면 쌀밥이 많지만, 전체적으로 보면 짜빠띠, 난nan, 빠라타paratha, 뿌리puri 같은 빵 종류가 많다. 그 빵을 뜯어서 여러 가지 커리에 찍어 먹거나 싸 먹는데 숟가락이나 포크보다는 손이 편하지 않은가? 단, 왼손으로 먹으면 안 된다. 오른쪽은 바른 쪽이고, 왼쪽은 그른 쪽이라는 방향 개념 때문이다.
  우리도 한때 오른손을 '바른손'으로 부른 적이 있다. 연필도 왼손으로는 못 쓰게 했고, 지금도 악수나 경례할 때에는 오른손만 사용해야 한다. 그 정확한 이유는 모르겠지만, 많은 나라에서 오른쪽이 정正이고 왼쪽이 부정不正의 방향이다. 그래서 오른손으로 밥을 먹는 것이 일반적이다. 심한 경우, 인도에서는 왼손으로 돈을 주면 받지 않기도 한다. 그 사실을 모르는 외국인은 당

70

황할 수밖에 없다. 그런데 요즘에는 밥 먹을 때 왼손도 함께 사용하는 인도 젊은이들도 보인다. 문화의 상대성과 문화적 차이를 존중하는 분위기가 퍼지고, 어디고 젊은 세대는 그런 것을 별로 개의치 않기 때문이다.

똥을 닦는 경우도 마찬가지다. 우선 똥은 오염을 방사하는 오염원源이다. 그 오염원을 없애는 것은 여러 가지가 있는데, 그 가운데 가장 쉽고 가까이에서 구할 수 있는 것이 물이다. 그래서 똥이 나온 항문을 물로 닦아야 한다. 물로 닦지 않고 종이로 닦으면 덜 닦이는 것으로, 즉 오염이 다 제거되지 않는 것으로 간주한다. 기계가 아닌 손으로 하는 비데라고 생각하면 쉽게 이해할 수 있다. 손으로 항문을 닦으면 손이 더러워지는 것 아니냐고 생각할 수 있지만, 손을 몇 차례 물로 닦기 때문에 더럽지 않다고 본다. 화장지로 닦는 것보다 더 깨끗하고 상쾌한 것이 사실이다. 게다가 먹을 땐 오른손, 밑 닦을 땐 왼손으로 하는 것이 원칙이니 그렇게 인상 찌푸릴 일은 아니다.

문화란 서로 다를 뿐, 어느 것이 더 높고 낮은 것은 없다. 그들 문화 안에 우리 문화의 이치가 있고, 우리 문화 안에 그들 문화의 이치가 있는 것 아닌가. 문화를 만들어 내는 여러 환경이 달라서 그 모양이 다르게 나타날 뿐이다. 문화인이란 우리와 다른 남의 문화를 이해하고 납득하는 사람이다. 나와 같이 식사를 하는 사람이 손으로 밥을 먹으면 나도 그렇게 하고, 내가 수저를 사용하면 그도 그렇게 해 주는 것이 문화인의 매너가 아닐까.

17

인도 사람은 타고난 이야기꾼?

히말라야의 작은 왕국 부탄에는 파로Paro라는 곳이 있는데, 계곡이 넓게 펼쳐져 있어 부탄 유일의 국제공항이 있다. 파로 계곡에서 멀지 않은 곳에 탁상Takshang 사원이 있다. 마추픽추 다음으로 높은 곳에 자리한, 세계에서 두 번째로 높은 구조물이다. 해발 3천 미터가 넘는 이 깎아지른 절벽에, 인도 사람들이 붓다 다음으로 숭배하는 스승 린포체Linpoche가 암호랑이 등을 타고 와서 굴에서 수도를 마친 후 여기에 사원을 지으면 자손만대 그 사원과 모든 자손이 번성할 거라고 예언을 해서 지어진 사원이 탁상이다. 어느 모로 보나 허무맹랑한 이야기다. 하지만 이 이야기 속에 담긴 생각을 읽어 내면 마음이 훨씬 풍요로워진다.

한국에 널리 알려진 이야기의 상당수가 원래 인도에서 나와 문화적인 변이를 거쳐 우리에게 전해졌다고 해도 과언이 아니다. 토끼가 거북이에게 속아 용궁 갔다 온 이야기가 대표적이다. 원래 《자따까》라고 붓다의 전생 이야기를 모아 놓은 이야기집에는 토끼가 원숭이고, 거북이가 악어로 나온다. 한국에 들어오면서 우리에게 친숙한 토끼와 거북이로 바뀐 것이다. 이야기가 전달하고자 하는 메시지는 그대로다. 이런 이야기는 메시지 중심이다. 어려운 주제를 사람들이 이해하기 쉽게 전달하는 수단일 뿐이다. 그것이 사실이든 아니든, 누가 일부러 만들었든 목격했든 문제가 되지 않는다.

한국에는 불교 사원이나 암자 혹은 탑 등 관련 유적에 신라 승려 원효와 관련된 것이 압도적으로 많다. 여기서 '원효'가 의미하는 바가 인민의 신앙이라는 맥락에서 인민이 바라는 여러 물질적 혹은 기복적 신앙의 뼈대를 이루고 있다는 사실을 이해하는 게 중요하다. 이 세계관에서 인민의 바람은 합리적이든 아니든 자신들의 소망을 이루기 위해 자연 만물과 함께 한다는 것이다. 애니미즘이자 범신론적 세계관인데, 그 안에서는 그 이야기가 사실인지의 여부는 중요하지 않고 어떤 소망이 어떤 방식으로 담겨 있느냐가 중요하다. 부모가 태몽을 꾸었는데 그 꿈의 합리성을 따지고 드는 어리석은 자식은 없다. 그 안에 어떤 메시지가 담겼는지만 취하면 된다.

인도 사람들의 세계관이 바로 이렇다. 자연 만물에 영혼이 있고, 그 영혼은 윤회를 한다. 죽은 영혼은 때로는 바람으로, 때로는 물로, 때로는 불로 나타나고, 땅에서 숲으로 다시 태어난다. 그 죽어서 이별하는 이가 전해 주는 메시지는 받아들이는 이의 몫이다. 인도 사람들이 세계에서 유일하게 윤회론을 발전시켰고, 동물과 대화를 나누는 이야기를 만들어 낸 것은 바로 이 애니미즘과 범신론의 세계관 때문이다. 그 시간의 폭은 영원이어서 '무한' 개념을 고안한 사람들도 인도 사람들이고, 있고 없고가 아니라 있되 없는, 즉 비어 있는 '공空' 개념을 생각해 낸 사람들도 인도인들이다. 그래서 그들은 매우 풍부한 이야기를 만들어 냈다. 이솝 우화의 뿌리도 인도이고, 라퐁텐을 비롯한 중세 유럽의 많은 이야기들의 원조도 인도다. 그래서 1930년대에는 세계의 모든 이야기의 원조가 인도라는 이론까지 있었다. 그 이론은 폐기되었지만, 인도가 세계에서 가장 많은 이야기를 만들어 내는 나라임은 분명하다.

어떤 문화에 이야기가 풍부하다는 것은, 누군가가 어떤 이야기를 듣고 거기다가 살을 붙여서 다른 이야기를 만들어 내는 것을 사람들이 그리 꺼리지 않는다는 말이다. 목격과 증거가 아니라 수용자의 감정과 생각을 중시하는 정서라는 말이다. 이는 사실을 확인하지 않고 짐작해서 말하는 것이 그리 큰 잘못으로 받아들여지지 않는다는 말이기도 하다. 우스운 이야기지만, 인도를 여행하는 배낭여행객은 길을 물을 때 적어도 세 사람이 일치하는 방향으로 길을 잡아야 한다. 이 사람은 저리, 저 사람은 이리, 또 저 사람은 또 저리… 그렇게 길을 가르쳐 주는 일이 비일비재하다. 사실보다는 자기 짐작을 서슴없이 남에게 가르쳐 주는 사람들이다. 밉게 보면 한도 끝도 없이 얄미운 그들이다. 하지만 과학과 논리가 아닌 감성과 정으로 접근하면 이해 못 할 것도 아니다. 쉽지는 않겠지만 말이다.

18

사촌 결혼식에 일주일씩 휴가를?

인도에 가서 비즈니스를 하는 한국인들에게 전해 듣는 불만 중에는 이런 것도 있다. 왜 인도인들은 직계 형제도 아닌 사촌 형제 결혼식에 가면서 일주일씩 휴가를 내는가? 그 사람이 자리를 비우면 일이 안 돌아가고, 대체 인력도 없는데 어떻게 해야 하느냐? 휴가를 줄 수 없다고 하면 회사를 그만둬 버리기까지 하니 이럴 수도 없고 저럴 수도 없다는 것이다. 그러면서 인도 사람들에겐 친척이 그렇게나 중요하냐고 묻는다. 이렇게 돈 버는 일에 악착같지 않으니 가난을 못 벗어난다는 악담과 함께. 이 문제는 인도인들 특유의 대가족 문화를 이해하면 해결될 문제다. 물론 이를 악용하는 경우도 있겠지만, 인도인에게는 직장을 그만둘 정도로 가족이 중요하고 가족의 범위도 우리의 상상을 뛰어넘는다.

전통적인 힌두 사회의 가족 형태는 '결합가족joint family'이라고 부르는 대가족이 이상적이다. 결합가족은 남성 가장을 중심으로 종교 의례를 공동으로 행하는 집단이고, 그 안에 가장과 그 형제들, 그들의 처와 자식들이 함께 산다. 결합가족은 집, 전답 등 재

75

산을 공유한다. 그런데 직접 가서 보면 집의 경계가 불분명하고, 여러 채가 떨어져 있어 이 사람들이 한가족 상태인지 아니면 분가해서 사는지 판단하기가 어렵다. 이를 판단할 근거는 부엌에 있다. 부엌이 하나인가 여러 개인가를 보면 된다. 하나의 부엌에서 요리한 것을 같이 먹으면 대가족 상태인 것이고 그렇지 않으면 분가한 형태다. 결합가족 여부를 판별하는 또 하나의 요소는 가정의례puja(뿌자)를 공동으로 행하는지의 여부다. 결합가족은 뿌자를 함께 지낸다. 공유 재산은 가장이 관리하고 소유권을 행사한다. 가장은 아버지에게 재산을 증여받으면 그 대가로 부모, 숙부 부부와 그 자녀, 미혼의 고모 등에 대한 부양 의무를 진다. 이 가운데 특히 숙부의 자식, 즉 사촌 동생에 대한 의무는 막대하다. 특히 사촌 여동생에 대해서는 친여동생과 같은 똑같은 책임을 진다. 가족이 분할되면 당연히 부양 의무도 줄어든다. 하지만 어렸을 때부터 친형제처럼 같이 자랐기 때문에 그 정으로 맺은 관계는 친형제와 다르다 하기 어렵다.

근대 이후 도시화가 진행되면서 인도 내 결합가족의 비율은 현저히 낮아졌다. 지금은 도시는 말할 것도 없고 농촌에서도 핵가족이 크게 늘어나 전체 가구 수로 보면 핵가족이 대가족을 크게 앞선 지 꽤 됐다. 2011년 수도 델리의 가장 최근 인구조사를 보면, 핵가족이 69.5퍼센트, 아홉 명 이상의 가족원이 함께 사는 대가족은 6퍼센트에 불과했다. 최근 들어 도시에서는 핵가족과 결합가족의 중간 형태도 생겼다. 부모와 같이 살되 부부는 밖에 나가서 일하고 조부모가 아이들을 돌보는 형태이다. 전통적인

힌두 사원에서 뿌자를 올리는 모습

결합가족의 기준이 되는 공동 부엌은 있지만 뿌자를 같이 드릴 가내 사당은 없는, 변형된 도시형 결합가족이라 할 수 있다. 이 경우, 뿌자는 아침마다 동네 사당에 가서 올린다. 식사는 가장의 어머니가 준비하거나 외식을 할 때가 많고, 부모가 경제 활동을 하면 갓 결혼한 자식과 집안 재정을 따로 관리하기도 한다. 문화라는 것이 한 시기에 정체되지 않고 시간과 장소에 따라 계속 변화함을 잘 보여 주는 예다.

이처럼 현실적으로는 대가족을 유지할 수 없더라도, 많은 인도인들은 여전히 대가족을 이상적으로 여기고 가능한 한 그 안에서 살기를 소망한다. 아직도 결혼할 때 사돈 될 집안이 대가족을 유지하고 있으면 매우 높게 평가한다. 그 이유는 여러 가지다. 현실적인 이유를 보더라도, 우선 젊은 부부에게는 같이 사는 게 경제적으로 이득이다. 굳이 전세나 월세 등으로 집을 옮기면서 살 필요가 없기 때문이다. 무엇보다도 아이들이 자라면서 할아버지 할머니와 함께 자라기 때문에 인성 교육이 잘되고, 우애 있는 가족이 유지될 수 있다. 델리와 같은 대도시에 있는 고급 주택가에는 방이 20~30개가 넘는 3층 집이 많다. 물론 경제적 목적으로 세를 놓는 집이 많지만, 각 층에 여러 세대가 함께 사는 대가족인 경우가 상당하다. 그런 집에 초대 받아서 가면 인사하고 소개만 받는 데에도 한참 걸린다.

흔히 인도 사회를 '연줄 사회'라고 하는데 이 역시 대가족 제도의 유산이다. 형제간은 물론이고, 사촌이나 조카도 엄연한 가족이다. 그러니 부탁하면 안 들어줄 수 없고, 시골에서 올라와서 잠시 머무르겠다고 하면 거절할 수 없다. 특히 남자에게 사촌 여동생은 하늘이 무너져도 반드시 보호하고 챙겨 줘야 하는 대상이다. 그런데 그 결혼식에 안 가고 돈 벌러 공장에 나간다? 무시당하기 딱 좋다. 물론 이러한 대가족 문화에 거짓말을 쉽게 하는 문화가 합해져서 악용하는 일도 비일비재하다. 그러니 인도에서 사업하는 한국인으로선 그들의 문화를 인정하는 선에서 대책을 강구해야 한다. 어느 법인장은 1년 동안 쓸 수 있는 총 휴가일을 보름 정도 책정해서 그 범위 내에서 알아서 쓰도록 한다고 한다. 그렇게 하니 말썽도 안 나고, 나중에 그 휴가를 모아 뒀다가 여행갈 때 쓰는 사람들이 생기더라는 것이다. 좋은 현지화 전략이다.

19

인도 사람은 수학 천재?

2004년 한국에 인도의 19단 열풍이 불었다. 19단은 9×9까지 외우는 구구단을 19×19로 확장한 것인데, 인도의 학교에서 학생들에게 이를 외우게 하기 때문에 인도에서 수학이 크게 발전하고 수학 천재가 많이 나온다는 것이다. 미국 과학 인력의 몇 퍼센트가 인도 사람이고, 인도의 IT산업이 크게 발전하는 것도 다 학교에서 19단을 외우게 하기 때문이라는 말까지 나왔다. 한국에서 이를 발 빠르게 받아들여 19단을 외우게 하는 학원이 생겼고, 심지어는 인도의 베다 수학이라는 것을 받아들여야 한다는 주장까지 나왔다. 참고로 '베다 수학'이란 기원전 1,500∼500년경 고대 인도 사회에서 사용한 셈법이다.

제법 똑똑하다는 사람들도 흔히 빠지는 오류가 종족 중심주의다. 특정 종족이나 민족이 특유의 종족성이나 문화로 인해 어떤 특수성을 갖는다고 생각하는 것이다. 유대인이 세계에서 가장 머리가 좋다느니, 상술이 뛰어나다느니, 자녀 교육을 잘 시킨다느니 하는 것들이다. 그러나 생각해 보면 유대인도 미국이나 유럽에서 천 년 넘게 살아온 사람들인데 그 역사적·사회적 맥락은 제거한 채 핏줄로만 뭉뚱그려 그들을 평가하는 것은 동의할 수 없는 주장이다.

　인도를 '수학 천재의 나라'라고 말하는 것도 마찬가지다. 이 평가는 아마도 수학자 라마누잔Srinivas Aiyangar Ramanujan과 관련이 있을 것이다. 라마누잔은 영국 식민 지배 시기에 영국으로 건너가 수학을 공부했으나, 식민지 출신이라는 이유로 차별 받고 영양실조에 결핵까지 걸려 영국에 간 지 5년 만인 1919년 인도로 돌아와 그 이듬해 33세의 나이로 요절한 사람이다. 영국에서 공부할 당시 그는 영국 학자들과 의견 충돌이 잦았다. 그는 수학도 인도 사람 특유의 직관적인 일원론으로, 영감과 신의 계시 속에서 풀어냈다. 마치 예술을 하듯이 수학을 창조적으로 계발한 것이다. 그러니 유럽식 수학으로는 그의 가설을 논증하기 어려웠다. 그런데 사망 후 그가 남긴 노트에서 엄청난 수학적 업적들이 다수 발견되면서 라마누잔은 천재의 반열에 오른다. 그리고 덩달아 인도 수학이 세계 최고라는 확인할 수 없는 규정이 생긴 것이다.

　이 막연한 믿음에서 출발해 인도 수학에 관심을 갖다가 우연히 발견한 것이 19단이다. 물론 19단을 외워 놓으면 곱셈을 암산하기가 편하고 연산 시간도 단축된다. 그러나 그뿐이다. 연산은 수학의 기초일 뿐, 계산을 잘한다고 수학을 잘하는 것은 아니잖은가? 이런 관심과 믿음을 처음 전파한 것은 일본 사람들이고, 그것이 고스란히 한국에 전달되었다. 그리고 이를 사교육 업계가 사업적으로 이용하고 황색언론이 부추기면서 '19단 신화'가 만들어졌다. 인도 학생들이 수학을 잘한다고 치자. 그러면 우선 인도 학생들이 왜 수학을 잘하는지, 이를 입증할 만한 자료로 따져 보고, 잘하는 이유가 무엇인지, 그것이 정부 차원의 지원이나 교육 체계와는 어떤 관련성이 있고 19단과는 무슨 상관인지 규명하는 게 순서다. 그런데 그런 절차는 싹 다 생략한 채 이렇게 하면 수학을 잘한다더라 현혹하고 그 말에 속아 넘어가니 장사꾼들만 판치게 된 것이다.

인도식 19단 암산의 효용성에 대한 답은 우리의 상식에 있다. 수학의 원리가 유럽식 과학적 사유의 소산인지, 아니면 라마누잔의 경우처럼 힌두교적 사유의 소산인지 그건 내가 논할 수 있는 영역 밖의 일이다. 다만, 분명한 것은 하나 있다. 자식을 라마누잔과 같은 수학 천재로 키우고 싶으면 모든 것을 일원론으로 사고하는 습관을 길러 주면 된다. 옳고 그름의 분별이 없고, 삶이 죽음이고 죽음이 삶이며, 가난이 부유함이고 부유함이 가난함이고, 성공이 실패이고 실패가 성공인 세계관. 할 수 있겠는가? 19단 열풍은 누군가의 비즈니스였다.

20

발리우드 짬뽕영화?

　인도 영화는 보통 3시간, 4시간짜리도 있다. 중간에 잠시 쉬는 시간을 줄 정도로 길다. 재밌는 것은 인도 영화의 상당수가 그 언어를 몰라도 대충 이해 가능하다는 점이다. 물론 큰 줄거리 차원에서 말이다. 영화관 시설도 인도의 다른 편의 시설에 비해 좋은 편이라, 많은 배낭여행객들이 다른 곳으로 이동하기 위해 버스를 기다리면서 극장에서 시간을 때운다고 들었다. 스토리는 대개 비슷하다. 항상 나쁜 놈이 나와서 주인공, 특히 여성을 괴롭히는데, 주변 사람들은 속수무책이고 경찰은 그 악당과 짜고 치는 고스톱일 때 꼭 의인이 나타나고 그 뒤를 신이 현몽하여 돕는다. 이때 느닷없이 수십 수백 명의 군중이 나타나 웃고 즐기는데 딱 안성맞춤인 노래를 부르고 춤을 춘다. 대부분 주인공이 고난을 극복하고 모든 것이 정리되는 전형적인 해피엔딩이다.

　인도 영화는 그야말로 모든 대중예술의 혼합물이다. 사랑과 배신의 로맨스, 느와르 장르와는 또 다른 방식의 폭력, 대부분 음반 취입의 장이 되는 대중가요, 새로운 스타일을 시도하는 춤, 평생 한 번도 가 볼까 말까 한 어마어마한 스케일의 히말라야나 두바이 또는 싱가포르와 같은 대도시의 현란한 풍경…. 그런데 앞뒤 맥락 상관없이 툭툭 튀어나오는 이런 요소들이 희한하게 잘 섞인다. 이른바 '맛살라masala' 영화, 인도 사람들이 음식을 만들 때 여러 향신료를 섞어 요리하는 것에 빗대어 붙인 이름이다. 우리말로는 짬뽕이나 비빔밥?

이런 영화가 인도에서 유행하기 시작한 것은 1970년대부터다. 그전에는 인도 농촌의 현실을 사실주의 시각에서 다룬 흑백영화가 많이 나왔다. 그러다 맛살라 영화가 대거 등장하게 된 데는 아무래도 텔레비전이 많이 보급되지 않은 시골에서 특별히 즐길 만한 문화가 없었다는 점이 크게 작용했다. 그렇지만 근본적으로 이런 형식의 영화가 인도에서 크게 유행하고 50년 넘게 인도 문화에 엄청난 영향력을 끼치는 것은, 맛살라 영화가 인도의 전통 문화와 관련이 있어서라고 본다.

인도에서는 옛날 아주 먼 고대 기원전 때부터 신의 이야기를 널리 자주 들었다. 브라만 사제들이 권선징악과 범신현현汎神顯現의 이치를 '어리석은 백성'에게 가르치는 데 연극보다 더 좋은 방편이 없다고 여겨 계발한 것이다. 브라만은 세계의 구성 논리를 본질과 방편, 존재와 현상, 영원과 덧없음, 신의 섭리, 세계 질서와 도덕 체계, 사회적 본분과 의무 등으로 보는데, 이를 일반 백성들에게 가르칠 방법이 마땅치 않았다. 그래서 신이 이 세계에 강림하여 어떻게 그 뜻을 역사하는지를 극 형태로 보여 주는 이야기를 만들었다. 세계 최대 규모의 서사시 《마하바라따Mahabharata》와 《라마야나Ramayana》가 바로 이 전통의 산물이다.

이 두 서사시가 인도 사람들에게 미친 영향은 다른 민족의 경우와는 비교할 수 없을 정도이다. 이런 서사시를 바탕으로 만들어진 것이 신의 강림을 재현하는 연극이다. 신의 역사를 재현하는 연극이다 보니 해피엔딩일 수밖에 없고, 그 과정에 악의 존재가 과장되게 들어간다. 악惡이 음모를 모색하면 어리석은 사람들은 그것을 알아차리지 못하고, 결국 신의 가호로 음모가 드러난다.

영화는 인도 사회에서 여러 가지 의미 있는 역할을 한다. 가장 두드러진 것이, 대중의 눈과 귀를 사로잡는 제1의 통속 대중예술의 역할이다. 인도의 텔레비전 방송국들이 춤, 노래, 연속극 등 오락 프로그램을 개발할 필요를 크게 느끼지 못할 정도이다. 자연히 인도 영화는 대중에게 환상에 빠져 현실을 잊게 만드는 역할도 한다. 소위 '3s'의 하나인 스크린의 역할이다. 고대 인도의 전형적인 이상주의와 환상이 현대 문화의 외피를 두른 형태다. 그 안에서 인도 사람들은 신을 찬양하고, 신을 기다리며, 신께 기도한다. 그 신의 뜻에 따라 어른에게 복종하고, 각자 자기에게 주어진 일에 불만 없이 열심히 산다. 그것이 선이고 그것이 도리다.

이런 세계관이 영화를 타고 세계 곳곳으로 흘러간다. 심지어 내전 중인 아프가니스탄에도 인도 영화 포스터가 힘차게 붙어 있다. 아프리카 곳곳에서도 맛살라 영화의 필름은 쉴 새 없이 돌아간다. 인도로서는 돈 벌어다 주는 효자다. 인도 영화는 세계 곳곳에서 미국 제일주의와 천박한 자본주의의 첨병인 할리우드의 대항마 역할을 하고 있다. 할리우드 영화에 찌든 우리에겐 문화의 다양성을 맛볼 수 있는, 색다른 세계관을 경험하는 즐거운 기회일 수 있다.

21

공부 스트레스가 없는 나라?

인도 헌법에 의하면 6세부터 14세 사이의 모든 인도인은 의무교육을 받아야 한다. 우리로 치면 초등학교부터 중학교까지에 해당한다. 물론 아직도 가난한 시골에서는 생계 때문에 아이들을 학교에 보내지 못하는 경우가 많지만, 그래도 전체 국민들의 교육열은 상당히 높은 편이다. 일부 돈 있는 사람들이 보내는 사립학교나 국제학교를 제외하면 대부분의 아이들은 국공립학교에서 교육을 받는다.

지역마다 편차는 있지만 일반적으로 국공립학교보다 돈이 많이 드는 사립학교가 명문으로 자리 잡고 있다. 그 가운데 최고의 사립학교로 꼽히는 '델리퍼블릭스쿨Delhi Public School'은 전국에 207개의 분교가 있고, 캐나다 같은 해외에까지 분교를 세워 운영 중이다(인도는 영국식으로 public school이 사립이고, 국공립은 government school이다). 이 학교에 들어가는 것은 가히 하늘의 별따기라 할 정도로 경쟁이 치열하다. 잘사는 사람들이 주로 다니는 인도 중고등학교의 공부 스트레스는 대단하다. 우리나라에 2011년 개봉된 영화 〈세 얼간이〉를 보면 인도의 교육열을 짐작할 수 있다. 물론 영화는 세계적 수준의 인도공과대학Indian Institute of

Technology에서 벌어지는 이야기지만, 이를 중고등학교에 대입해도 그리 다르지 않다.

시골 지역 말고 도시 학교 학생들에게 가장 큰 스트레스가 뭐냐고 물어보면 백이면 백 '성적 스트레스'라고 말한다. 인도 통계청에 의하면, 평균 한 시간에 한 명 정도의 인도 학생들이 학업 스트레스 때문에 자살한다고 한다. 시험 성적에 대한 스트레스가 그만큼 큰 것이다. 사실 인도의 시험제도는 단순 암기 테스트에 가깝다. 심지어 대학원 시험까지 그렇다. 교수나 교사는 불러 주고 학생은 받아쓰는 경우가 많다. 중고등학교에서는 아직도 교사가 칠판에 판서를 하고 학생들은 그걸 베끼는 데 여념이 없다. 창의적인 토론은 많이 부족하고 시험도 거의 외워서 쓰는 경우가 많다. 대학에서도 과목마다 존재하는 '족보'가 오랫동안 바뀌지 않은 채 전해 내려온다. 문화 자체는 말하기를 좋아하고 토론을 즐기는데, 그것이 수업이나 시험과 연계되면 금세 암기 위주로 바뀌어 버린다. 경쟁사회에서 전통문화가 설 자리를 잃어버린 모양새다.

그러다 보니 한국에서처럼 인도 중고등학교 학생들에게도 가장 큰 스트레스를 주는 사람은 엄마다. 웃픈 이야기지만 인도에도 '엄친아' 비슷한 현상이 있다. 비록 그런 말은 없지만, 자식을 다른 사람의 아들딸과 비교하는 문화가 상당히 퍼져 있다. 인도에도 성적 지상주의가 널리 퍼져 있다 보니 학벌이 꽤 중요한 사회적 자산이 된다. 내가 델리대학교에서 석사와 박사과정을 할 때에도 만나는 인도 사람들마다 어느 칼리지(학부대학) 출신이냐고 꼭 물어봤다.

성적 말고도 학생들이 학교 안에서 겪어야 할 갈등은 또 있다. 가장 큰 것은 역시 카스트 차별이다. 특히 불가촉천민이나 무슬림 아이들은 상당한 왕따를 당한다. 소위 명문 혹은 괜찮은 학교 학생들에게 가장 큰 불만이 무엇이냐고 물어보면, 하층 카스트들에게 주는 쿼터제라는 답변이 매우 많이 나온다. 우리로 치면 서울대에서 실시하는 지역균등선발제에 대한 불만이다. 입시와 학업 스트레스가 심한 상황에서 사회 정의 차원에서 분배하는 혜택까지도 고깝게 보는 이기적인 태도다.

하지만 인도의 중고등학교에는 우리와는 비교할 수조차 없는 좋은 점이 있으니, 부산 여중생 폭력 사건과 같은 폭력은 일어나지 않는다는 것이다. 물론 인도에도 학교폭력이 전혀 없는 것은 아니다. 패거리를 지어 싸움을 벌이거나 괴롭히는 학생들도 있다. 하지만 학교폭력이 사회 문제가 될 정도는 아니다. 왕따 때문에 자살하고, 맞아서 죽음에 이를 정도는 아니라는 말이다. 왜 그럴까? 여러 가지 원인이 있겠지만, 아직까지 대가족제가 유지되면서 가족 간의 유대 관계가 돈독하고, 마을 단위의 공동체가 완전히 무너지지 않아서 인성 교육이 이루어지기 때문이 아닐까. 결국 학교 문제는 가정의 문제이기도 하다.

22

왜 홍차에 우유를?

인도에 갈 때마다 맨 먼저 찾는 게 맛살라 짜이다. 그런데 요즘은 티백에 물을 붓고 거기에 우유를 타서 주니 도무지 맛이 안 난다. 좋은 레스토랑들에서 대부분 그렇게 하니, 진짜 맛살라 짜이 맛을 보려면 허름한 곳으로 가야 한다. 과거 인도 농촌에서 조사 연구를 진행할 때에는 하루에 열 잔 넘게 매일 마신 적도 있다. 시골 사람들이 외부 손님에게 마땅히 줄 것이 없어 물이라도 건네는데, 미안하지만 끓이지 않는 물이라 배탈이 날 수 있다. 그래서 차라리 짜이 한 잔을 달라고 청하면 흔쾌히 가져다줘서 그렇게 된 거다.

맛살라 짜이는 차 잎에 우유 반, 물 반, 생강을 비롯한 몇몇 향신료를 처음부터 함께 넣어 끓여 만든다. 차는 동인도회사가 중국에서 가지고 와 인도 동북부 앗삼Assam 지역에서 재배해 유럽에 팔면서 인도에 대중화되었다. 19세기 초 중국의 차는 유럽에 매우 큰 규모로 팔렸고, 이에 영국이 이 시장을 노리고 인도에서 차 재배를 시작했다. 20세기 초가 되면 영국 차 소비량의 90퍼센트 정도가 인도 차로 교체되었다. 영국에서는 인도 차를 자신들의 기호에 맞춰 우유를 타 마시는 밀크티로 마셨고, 이 방식이 인도에 들어왔다. 밀크티가 인도에 들어오면서 우리의 한약 전통과 비슷한 인도 고유의 의약 전통인 아유르베다Ayurveda식 처방이 접목되면서 여러 향신료가 섞인 맛살라 짜이가 만들어졌다.

맛살라 짜이가 인도의 식문화에서 차지하는 가장 중요한 요소는 우유에 있다. 인도 음식은 만드는 방식에 따라 크게 두 가지로 나뉜다. 하나는 물이 들어간 것이고, 하나는 우유가 들어간 것이다. 그런데 물은 쉽게 오염되는 것으로 여기기 때문에 카스트가 서로 다른 사람과는 공유하지 않는다. 여기에서 '오염'이란 화학적 의미가 아니라 사회문화적 의미다. 생물의 몸에서 떨어져 나온 것은 오염을 방사하고 그것이 전염된다는 것이다. 그 전염에 물로 만든 음식은 취약하다는 것인데, 이에 반해 우유로 만든 음식은 우유가 막을 형성해 그 전염을 차단해 주기 때문에 상대적으로 오염에 강하다고 믿는 것이다. 우유는 성스러운 소가 주는 다섯 가지(우유, 우유로 만든 기름, 우유로 만든 요거트, 소똥, 소오줌) 가운데 하나이기 때문이다.

그래서 인도 사람들은 외부 손님에게 접대할 때 가능하면 우유가 들어간 음식을 주기를 선호한다. 대표적인 음식이 짜이다. 빵도 그렇다. 같은 카스트인 가족과 친척끼리는 물로 만든 짜빠띠를 선호하고, 외부 사람들과 함께 먹는 연회 같은 데에서는 우유에서 추출해서 만든 기ghee라는 식용유로 튀기거나 볶아서 만든 뿌리puri, 촐레 바뚜레chole bhature 등을 먹는 것이 보통이다. 디왈리 같은 명절 때 이웃에게 주는 선물로 돌리는 미타이 mithai(단 과자) 같은 과자도 우유로 만든 것이다. 밥에다 요거트를 타서 주는 것 역시 마찬가지 이유다. 카스트가 다른 사람들과 음식을 공유해야 할 때, 그냥 밥보다는 우유 기름으로 볶아 주든지 아니면 요거트로 비벼 주는 것을 선호한다. 그렇지만 어디까지나 선호한다는 것이지 '반드시' 지키는 것은 아니다. 친구 집에 놀러가서 짜빠띠를 같이 먹는 경우도 얼마든지 있다. 마찬가지로 우유가 귀한 가난한 시골에서는 우유조차 섞지 못한 짜이를 내놓는 경우도 있다.

인도 사람들은 외부인을 집으로 초대해 같이 식사하는 일이 그리 흔치 않다. 같이 오래 이야기하다가 밥때가 되어도 "저녁 먹고 가라"고 잘 권하지 않는다. 그래서 인도에 관광객으로 잠시 들르거나 아니면 외교관이나 상사 주재원으로 몇 년 살더라도 인도 사람들의 식문화를 속속들이 경험하기가 쉽지 않다. 인도 사람이 자기 집에 초대해서 아침밥부터 그 가족들하고 같이 식사를 한다면, 이미 그 사람을 가족의 일원처럼 받아들였다는 의미로 해석해도 무방하다. 물론 식사를 같이 하더라도 그 자리에 여성 구성원은 동석하기를 꺼린다. 음식의 공유 문제에서도 여성의 경우가 더 예민하다. 이와 관련해 인도 사람들은 저녁을 왜 그리 늦게 9시나 되어서야 먹느냐는 질문을 많이 하는데, 그건 도시 풍경이다. 시골에 가면 대부분 두 끼를 먹고, 저녁을 5시쯤에 먹는다. 아무래도 전기 문제도 있고, 도시인의 일과가 더 복잡하기 때문일 것이다.

23

농민이 수천 명씩 자살한다고?

인도의 전국범죄기록국National Crime Records Bureau의 발표에 따르면, 2014년 인도에서는 1만 8,241명의 농민이 자살하였다. 이뿐만 아니라, 최근 25년간 보통 1년에 1만 명 정도 자살한 것으로 나타난다. 아무리 13억 인구를 가진 나라라지만 이렇게 많은 농민들이 자살하는데도 나라가 정상적으로 돌아갈 수 있단 말인가? 도대체 왜 이렇게 많은 농민이 자살하는 걸까?

인도에서 농민 자살이 큰 사회 문제로 부상한 것은 1991년 국제통화기금(IMF)의 구조조정 정책의 일환으로 농업 자유화가 도입되면서부터다. 값싼 농산물이 대거 수입되면서 인도 농작물은 가격 경쟁력에서 밀려 판로를 잃었다. 빚은 산더미같이 불어나고, 좌절에 빠진 농민들은 자살 외에는 택할 길이 없다. 그렇게 해서 자살한 농민이 지난 25년간 매년 1만 명에 가깝다. 특히 마하라슈뜨라주에서는 2006년 한 해에만 인도 전체에서 자살한 농민의 4분의 1에 해당하는 4,453명이 자살했다. 문제는 데칸고원 지역의 면화 농업에서 발생했다. 농업 개방이 시작되어 이곳에 값싼 수입 면화가 물밀 듯 들어오면서 면화 값이 폭락했고 그 손실을 만회하기 위해 정부는 미국산 변형 종자를 권장하였다. 농민들은 토종 면화를 버리고 몬산토 수입 종을 재배했다. 그런데 얼마 지나지 않아 비극이 발생했다. 변형 종자를 심으면서 열매 안에 벌레가 파고들어 열매가 떨어져 버리는 '헬리오티스'라는 병이 돌았고, 농약 값이 눈덩이처럼 늘어나면서 농민들은 점점 더 큰 빚을 지게 되었다. 빚이 많아지면 은행에서 대출을 받을 수 없게 되고, 결국에는 사채업자를 찾아가는 수밖에 없다. 농민들은 빚을 내어 구입한 그 농약을 먹고 자살했다.

농민 자살이 심각한 사회 문제로 떠올랐지만, 인도 정부는 임시방편을 마련하는 데 급급했다. 만모한 싱 인도 총리는 2006년 7월 농민 자살이 가장 심한 마하라슈뜨라의 비다르바Vidarbha 지역을 직접 방문해 면화 재배 농민에 대한 대규모 지원책을 발표했다. 그러나 정부 대책의 효과는 어디에서도 찾아볼 수 없었다. 농민들의 자살 행렬은 계속 이어졌다. 인도 농민의 빈곤 자살은 비단 데칸고원의 면화 문제만은 아니다. 데칸고원의 면화 재배지에서 시작된 농민 자살은 안드라 쁘라데시Andhra Pradesh, 까르나따까Karnataka, 마디야 쁘라데시Madhya Pradesh, 찻띠스가르 Chhatisgarh 등 마디야 쁘라데시와 이웃하고 있는 여러 주와 인도 최고의 곡창 지대인 뻔잡으로 번졌다. 이 와중에 1991년 시장이 개방되어 인도 정부의 농업보조정책도 축소되면서 뻔잡은 큰 타격을 받게 되었다. 뻔잡의 농산물은 가격 경쟁력에서 완전히 밀려나 농업의 뿌리 자체가 흔들렸다. 그렇게 상황이 악화되면서 은행 대출마저 어려운 농민들이 사채로 내몰리면서 자살자가 급증한 것이다.

2010년 이후로 사태는 더욱 심각해진다. 인도 정부의 발표에 의하면, 2013년 이후 농촌에서만 한 해 평균 1만 명이 넘는 농민들이 자살하고 있다. 인도 정부와 시민운동 단체들이 지속적인 노력을 기울이고 있지만, 기본적으로 농업 자체가 기후에 크게 의존한다는 점도 농민들을 힘들게 하고 있다. 특히 면화나 커피처럼 시장에 내다파는 현금작물을 재배하는 농민들의 사정이 심각하다. 최근 들어 기후 변화가 심해지면서 가뭄 등으로 커피나 면화 등의 작황이 심하게 나빠져 이 농사를 많이 짓는 마하라슈뜨라, 까르나따까, 께랄라Kerala, 마디야 쁘라데시, 구자라뜨, 뻔잡 등 서부와 남부 지역에서 자살하는 농민의 수가 급증했다. 이에 비하면 인도 최대의 농업 지역인 비하르와 웃따르 쁘라데시, 오디샤Odisha, 찻띠스가르 등은 이들 지역의 10분의 1 수준이다.

농민의 자살은 주로 경작 실패로 살기 어려워지면서 고리대금 사채를 빌려 쓴 경우가 대부분인데, 정부가 제때 적절한 방안을 마련하지 못하면서 사태가 악화되었다. 이런 농민들은 대부분 빈곤선 아래서 사는 사람들이라 국가가 조치를 취하지 않으면 자살 외에 다른 방법이 없다. 가난한 농민, 그들에게 국가란 존재하지 않는 것이나 다름없다.

24

보수적인 사회가 왜 게이 문제는?

　인도 사회는 매우 보수적인데도 불구하고, 전통적으로 성性 정체성 문제에는 대체로 관대했다. 영국 식민 지배 당시 제정한 형법 제377조는 자연 질서를 거슬러 남자나 여자, 동물과 성관계를 맺으면 종신형이나 10년 이하의 징역 혹은 벌금형으로 처벌된다고 규정하고 있으나, 이 조항을 폐지하자는 여론이 높은 편이다. 현재 폐지 여부가 헌법재판부에 넘어가 심리 진행 중이다. 대법원장은 이 문제를 헌법상 매우 중요한 사안이라고 밝혔다. 참고로 인도에는 헌법재판소가 따로 없고 대법원에서 그 임무를 맡는다.

　이 문제와 관련하여 세계 여러 문화 가운데 힌두 문화에만 존재하는 히즈라hijra에 대해 생각해 볼 필요가 있다. '히즈라'는 여장을 하고 여성처럼 행동하는 제3의 성을 가진 사람을 말한다. 그들 중에는 태어날 때부터 양성을 모두 가지거나 비정상적인 생식기를 가진 사람도 있지만, 생물학적으로는 남성으로 태어났으나 여성이 되고 싶어 자발적으로 그 공동체에 들어간 사람들이 대부분이다. 원래 그들은 아들이 태어난 집에 가서 축하 의례와 공연을

해 주고 생계를 잇지만 그것이 여의치 않으면 매춘부로 일한다. 히즈라는 악령이 아이에게 접근하지 못하도록 하는 축복 의례를 한다. 결혼식을 치른 신혼부부에게 아들 많이 낳고 잘살도록 축원해 주기도 한다. 사람들은 히즈라들이 불행과 불임의 저주를 내릴 수 있다고 믿어 그들을 노하게 하거나 하지 않으려 한다. 일종의 자웅동체인 그들을 힌두신 쉬바와 그의 배우자 빠르와띠Parvati가 자웅동체를 이루는 것과 같은 논리적 존재로 여긴다.

히즈라는 분명히 힌두 세계관에서 제3의 성으로 인정받지만, 그렇다고 그들이 사회에서 당당한 존재로 인정받는다는 뜻은 아니다. 대부분의 히즈라들은 구걸로 살아가고 있다. 델리, 뭄바이, 첸나이, 아흐메다바드와 같은 대도시에서 무리를 지어 구걸을 하고 다닌다. 구걸로 밥벌이가 여의치 않으면 남성들에게 매춘을 하여 생계를 잇는다. 그러다 보니 사회적으로 그들은 더러운 존재로 낙인찍혀 있다. 인도에서도 매춘은 더러운 짓으로 인식되기 때문이다. 이처럼 히즈라는 종교적으로는 그 존재를 인정받아 왔지만, 사회적으로는 주변부 인간으로 취급받는 이중적인 존재이다.

일원론적 세계관으로 이루어진 힌두교는 이분법에 따라 세계를 나누지 않는다. 안과 밖이 있듯이 중간 지대가 있다. 집 안도 아니고 밖도 아닌 곳에는 '베란다'라는 별도의 공간이 있다. 일원론적 사고는 정치에도 나타난다. 인도의 투표용지에는 지지하는 후보가 없음을 날인하는 칸이 따로 있다. 이분법적 선택을 싫어하는 인도인 고유의 인식이 정치 문화에도 표현된 것이다. 선거 때에도 입후보자가 여러 지역구에 동시에 출마할 수 있다. 그래서 다 당선되면? 최종적으로 한 군데만 선택하면 된다. 남과 여가 아닌 제3의 성을 대하는 태도도 극단적인 혐오나 저주와는 거리가 멀다. 고대로부터 줄곧 이어져 온 전통으로 힌두교의 주요 경전인 《까마 수뜨라Kama Sutra》(성性에 관한 경)에서도 그 존재를 인정하고 있다. 히즈라의 삶을 주제로 한 영화와 연극, 연속극 등도 매우 많고 이를 감상하는 사람들의 시선도 긍정적이다.

제3의 성을 법적으로 인정해야 한다는 시민운동은 인도에서 오랫동안 진행되어 왔고 이에 대한 시민들의 지지도 상당하다. 국립에이즈통제단, 인도사법위원회, 인도국가인권위원회, 인도기획위원회와 같은 정부 기관들도 동성애를 범죄 행위로 처벌해서는 안 된다고 밝히고, 사회가 레스비언(L) · 게이(G) · 양성애자(B) · 트랜스젠더(T)를 포용하고 평등하게 대해야 한다고 주장했다. 그리하여 2014년 4월, 인도 대법원은 히즈라와 트랜스젠더를 제3의 성으로 인정한다고 밝혔다. 이후 여권을 비롯한 모든 서류에 성 정체성을 표시할 수 있게 되었다. 2017년 8월 24일에는 LGBT 커뮤니티가 성적 지향을 안전하게 표현할 자유가 있고, 개인의 성적 지향은 국가의 사생활 권리 법에 의해 보호받는다는 대법원 판결도 나왔다. 제3의 성을 인정하는 힌두 전통에 시민들의 인식도 열려 있기 때문에 이 같은 진보적 판결이 나온 것 같다. 매우 보수적인 사회의 진보적인 성 정체성 의식. 사람들이 인도를 이해하기 어렵다고 하는 것이 이 일원론적 세계관 전통 때문이다.

카스트가 뭐길래

25

카스트는 폐지되었나?

학생들에게 인도 관련 과제를 낼 때, 혹은 일반인들과 대화를 나눌 때 듣게 되는 가장 황당한 이야기는 단연코 "인도는 1947년 정부 수립 후 헌법에 의해 카스트가 폐지되었다"는 것이다. 왜 많은 사람들이 그렇게 생각하는지, 그 생각의 출처가 어디인지는 정확히 알 수 없다. 다만, 인도도 근대 사회로 접어든 지 오래이니 당연히 카스트 제도는 폐지되었을 것이다, 혹은 폐지되어야 마땅한 제도에 아직도 사람들이 관습적으로 얽매여 있는 것이라고 생각하는 게 아닌가 싶다. 그래도 그 출처가 궁금해서 여기저기 뒤져 보다 대한민국 외교부에서 배포한 〈인도 개황〉이라는 자료에서 비슷한 근거를 발견했다. 그 자료에는 '인도 정부는 카스트 제도의 폐해를 줄이기 위해 꾸준히 노력하고 있다'고 되어 있었다. 반은 맞고 반은 틀렸다. 전체적으로 인도를 잘 모르는 사람들에게 오해를 불러일으키기 딱 좋은 설명이다.

영어로 통상 카스트 뒤에 'system'이라는 어휘를 붙이는데, 전문가들은 대개 그것을 '제도'라기보다는 '체계'로 번역한다. 이 영단어 하나가 카스트를 이해하는 열쇠이다. '제도'라는 말은 누군가가 인위적으로 그것을 만들거나 폐지할 수 있다는 뉘앙스가 강한 반면에, '체계'는 자연적인 통일성을 드러낸다. 카스트는 여러 특질을 갖고 있지만, 그것들을 뭉뚱그려서 말하면 위계성과 세습성 그리고 배타성으로 요약된다. 그 가운데 위계성과 세습성은 근대 사회로 넘어온 이후 특히 도시에서는 많이 약화되었다. 시민 사회가 성립됨으로써 카스트에 의한 위계는 이제 완전히 영향력을 행사할 수 없게 되었다. 더불어 시장경제와 직업의 자유가 확산됨으로써 직업의 세습 또한 거의 사라졌다고 해도 과언이 아닐 것이다. 그렇다면 남는 것은 배타성이다. 대체무엇을 배척한다는 뜻일까. 주로 음식과 결혼에 관한 것이다. 인도 사람들은 자신보다 낮은 카스트 사람이 준 물이나 음식은 되도록이면 먹지 않는다. 자신보다 높은 카스트 사람과는 한자리에서 음식을 공유하지 않는다(혹은 못한다). 자기보다 낮은 카스트 집안 사람과는 혼인하지 않는다.

이는 철저하게 개인의 자유에 속하는 문제다. 이것을 '폐해'라고 볼 수도 있지만, 그렇지 않을 수도 있다. 정부가 나서서 이 폐해를 줄이기 위해 노력한다는 것은 있을 수 없는 일이다. 인도정부의 입장은 분명하다. 인도 헌법 제15조는 다음과 같이 분명하게 규정한다. '국가는 종교, 인종, 카스트, 성sex, 출신지 가운데 그 어느 것으로도 시민을 차별해서는 안 된다.' 카스트에 의한 차별 금지를 분명히 규정하고 있지만, 이때 차별 금지의 주체는 국가이다. 즉, 음식이나 결혼과 같은 민사에서는 '차별' 개념자체가 성립되지 않음을 알 수 있다.

그 존재가 긍정적이든 부정적이든, 인도에서 카스트는 엄연히 사회에서 주요한 기능을 하는 사회적 단위다. 그래서 인도 정부는 소위 말하는 불가촉천민 카스트의 명단을 만들어 그들에게는 '보호를 위한 차별'을 통해 사회적 혜택을 주고 있다. 인도 정치에서는 특정 카스트의 몰표로 선거가 좌지우지되는 일이 비일비재하지만, 인도의 카스트는 누군가가 인위적으로 폐지할 수 없는 사회적 단위이자 체계다. 인도인에게 천부적으로 주어지는 속성. 내가 이성애자 남자로 전라도에서 태어난 사실을 바꿀 수 없는 것과 같은 이치다. 다만, 그것으로 타인을 공적으로 차별해서는 안 된다는 것이 인도 정부의 입장이다.

카스트를 우리나라에서 갑오경장(1894) 때 폐지된 반상제班常制와 혼동하는 경우가 많다. 반상제는 국가가 관리하는 제도이기 때문에 '폐지'할 수 있지만, 인도의 카스트는 국가가 관리하는 것이 아니기 때문에 폐지 자체가 불가능하다. 근대 사회가 시작된 뒤로도 인도에 여전히 봉건 문화가 남아 있는 것은 바로 이 때문이다. 물론 카스트 체계 안에서도 어렵지만 신분 이동이 가능하고, 카스트를 완전 무시하고 살 수도 있다. 고대 인도에도 그런 흐름이 있었다. 신라 골품제나 조선의 반상제처럼 국가 행정 체계의 산물이 아닌 데다 범인도적으로 통합된 체계도 아니었기 때문이다. 그런데 19세기 중엽 영국이 들어오면서 인위적으로 범주를 설정하고 이를 특정 제도와 연계시키면서 더 경직되어 버렸다. 카스트 내부의 이동이 쉽지 않은 일이 되었다. 그 결과, 카스트 체계 내의 인간 불평등은 여전히 진행 중이다.

26

이름만 보면 카스트를 알 수 있다고?

인도인을 만나면 한국 사람들은 유독 그 사람의 카스트에 관심을 보인다. 심지어 대놓고 "당신의 카스트가 뭐냐"고 묻기도 한다. 이는 대단한 실례다. 상대방의 성姓으로 그 사람의 카스트를 추측하거나 단정하기도 한다. 물론 성을 통해 그 사람의 카스트를 대충 짐작할 수는 있다. 그 사람의 조상들이 성을 바꾸지 않았다면 그럴 수도 있지만, 역사적으로 그런 전제 자체가 성립하지 않기 때문에 섣불리 추정해선 안 된다.

인도의 카스트 체계는 근대가 되기 전까지는 상당히 유동적이었다. 물론 자기 마음대로 카스트를 바꿀 수는 없었지만, 상황에 따라서 카스트가 바뀌는 일은 상당히 잦았다. 돈이 많아지거나 권력을 잡거나 혹은 그 반대의 경우에 카스트가 올라가거나 떨어지는 일이 자주 일어났다. 지역을 옮겨 집단 이주를 하는 경우에는 카스트가 새로 만들어지기도 했다. 카스트가 다른 사람과 결혼을 하면 그 자손들이 새로운 카스트가 되기도 했고, 사회 바깥에 있는 부족들이 카스트 체계 안으로 들어오는 경우에도 새로운 카스트를 부여 받았다. 카스트 간의 상하 관계가 군대 계급처럼 분명하게 정해지지 않았다는 이야기다. 다른 카스트끼리는 음식을 나눠 먹지 않고 결혼도 하지 않았지만, 그렇다고 일목요연하게 서열이 정해지지는 않았다.

근대가 되면서 카스트 체계는 변화도 많이 겪었지만 동시에 훨씬 더 견고해졌다. 영국이 실시한 인구 조사 때문이었다. 식민 통치국이 된 영국으로선 식민지 사람들에 대한 정확한 자료가 필요했고, 이를 위해 그들이 이해하는 선에서 대강의 범주를 정해 사람들을 분류했다. 원래 카스트의 종류는 수백 개 이상에 그마저도 지역마다 다 다르고, 특정 카스트가 브라만Brahman-끄샤뜨리아Kshatriya-바이샤Vaisha-슈드라Shudra의 범주 중 어디에 속하는지 분명하지 않았다. 그런데 수백 개의 카스트를 네 개의 범주로 억지로 나누다 보니 자기도 모르게 특정 카스트에 속하게 되는 결과가 빚어졌다. 그 과정에서 돈을 많이 벌었거나 권력을 잡은 카스트가 이름을 바꾸고 상위 카스트로 '신분 세탁'을 하는 사례가 종종 있었다. 그래서 성씨만 보고 카스트를 추정해선 안 된다는 것이다.

물론 예나 지금이나 이런 세탁이 쉬운 일은 아니지만, 1920~30년대에는 상당히 빈발했다. 성으로 자신의 카스트가 드러나는 게 싫어서 카스트를 표시하는 성을 아예 쓰지 않는 경우도 있다. 엄밀히 말해 가족의 성이 없어져 버린 것이다. 꾸마르Kumar나 싱Singh 등이 카스트와 상관없는 그런 성씨다. 심지어 성만으로는 힌두인지 아닌지조차 예단하기 어렵다. 보통 자이나교도는 자인Jain을, 시크교도는 싱Singh을 사용하는데, 시크교도가 아닌데도 싱을 쓰는 경우도 있다.

특정 지역의 특정 카스트가 특정 성을 쓰는 경우는 분명히 있다. 뱅갈에서 바수Basu · 보스Bose · 다따Dutta 등은 브라만과 끄샤뜨리야 사이인 '까야스타'에 속하고, 비하르와 웃따르 쁘라데시는 '자Jha'나 '샤르마Sharma' · 드위베디Dwivedi · 짜뚜르베디Chaturvedi 같은 성은 '브라만'에 속하고, 사후Sahu · 아가르왈Agarwal은 오디샤의 '바이샤' 카스트이며, 아이엥가르Iyengar · 아이에르Iyer · 샤스뜨리Shastri 등은 남부 인도의 '브라만' 카스트가 보통 사용하는 성이다. 같은 이름이라도 지역에 따라 속하는 카스트가 달라지는 경우도 많다. 샤르마라는 성이 항상 브라만은 아니라는 말이다. 그러나 성을 통해 좀 더 분명히 알 수 있는 것이 있으니, 바로 그 사람 조상의 출신 지역이다. 네루는 그 조상이 카시미르 출신이고, 조시Joshi · 데사이Desai · 데쉬빤데Deshpande 이름을 쓰는 사람은 조상이 마하라슈뜨라 출신이다. 물론 이 경우도 모두 그런 것은 아니다.

따라서 이름만으로는 상대방의 카스트를 정확하게 알 수 없다. 피부색이나 얼굴 혹은 용모로는 더더욱 알 수 없다. 피부색이 하얀 불가촉천민도 있고, 피부색이 까만 브라만도 많다. 그럼에도 인도를 조금 공부하거나 경험해서 아는 사람들이 이름이나 피부색으로 카스트를 분간할 수 있다는 식으로 말하는 경우가 종종 있다. 심지어는 그런 말을 하고 다니는 전문가도 있다. 혼자 생각하는 거야 자유지만, 잘못된 지식을 전파하는 것은 차원이 다른 일이다. 더군다나 그런 생각이 당사자들에게 큰 실례를 끼친다면. 가장 좋은 것은 그 인도 사람이 무슨 카스트인지 신경 끄는 것이다.

27

카스트의 기원이 인종차별?

중앙아시아 카스피해 부근 어디에선가 사방으로 흩어지기 시작한 유목민들을 우리는 '아리야인'이라 부른다. 그들은 이란과 아프가니스탄을 거쳐 인도아대륙으로 들어왔는데, 그때가 기원전 1500년경이다. 아리야인들은 유목을 하면서 동쪽으로 계속 이주했다. 아직 정주하기 전이라 남아 있는 유물은 없고, 그들이 남긴 '베다Veda'라는 경전들을 통해 당시의 시대상을 짐작할 뿐이다.

여러 베다들을 보면 아리야인들이 들어왔을 때 이 지역에는 드라비다인을 비롯한 토착민들이 살고 있었다. 그들이 인더스 문명을 건설한 주인공인지는 분명하지 않지만, 정주 생활을 한 것만은 분명하다. 아리야인들은 한 번에 다 들어온 것이 아니라 여러 차례에 걸쳐 물결 모양으로 대륙으로 들어왔고, 그 과정에서 토착민들과 많이 싸웠다. 처음에 토착민들을 무력으로 제압하면서 아리야인들은 자신들을 아리야, 즉 우월한 자, 토착민을 야만인이라 불러 구별했으나, 점차 둘이 융합되면서 구별이 어려워졌다. 더군다나 아리야인이라 해서 하나의 정체성을 갖는 것도 아니었고, 토착민의 경우도 마찬가지였다. 합종연횡의 과정을 거치면서 '바라뜨Bharat'라고 하는 '인도'의 민족이 형성되었다.

아리야인이 인도 땅에 들어온 지 500년 정도가 지난 기원전 1000년경에 철이 발견되어 철제 도구와 무기가 점차 널리 사용되었다. 아리야인도 점차 정착 생활을 하게 되면서 사회의 역할 분담이 이루어졌다. 초기에는 소를 확보하고 키우는 것이 가장 중요한 생업이었으나, 이제는 이와 함께 어느 정도 농경이 이루어지기 시작했다. 그러나 여전히 다른 부족 정치체를 상대로 전쟁을 수행하는 것이 가장 중요한 사회적 과업이었다. 이 전쟁에서 이기기 위해 사람들이 필요로 한 존재가 제사장이었다. 제사장은 전쟁을 독려하고, 희생물을 신에게 바쳐 물질적 이익을 많이 얻을 수 있도록 기원했다. 제사장 말고도 전쟁을 직접 수행하면서 지휘하고 부족의 행정 일을 맡을 사람도 필요했고, 목축이나 농경을 맡아 하면서 필요에 따라 전쟁을 수행할 사람도 필요했다. 첫 번째가 브라만이고, 두 번째가 끄샤뜨리야, 세 번째가 바이샤다. 그리고 시간이 지나면서 막노동을 하는 사람들이 생겼는데 이들이 슈드라다. 처음 세 부류가 생길 때에는 사회적으로 기능이 분담되었을 뿐, 아직 위아래 계급의 의미는 없었다. 그런데 갠지스강 중상류 유역에 정착하면서 인도 북부 전체에 수십 개의 도시와 열여섯 국가가 생기던 시기에 제사가 절대적인 위치를 차지하면서 네 계급 가운데 브라만이 최고 위치에 오르게 되었고, 국가 권력을 차지한 끄샤뜨리야가 최고 권력에 도전하면서 두 계급 간의 갈등이 고조되었다.

이 네 부류를 사람들은 '바르나varna', 즉 '색色'이라는 뜻으로 불렀다. 후대 신화에 보면 브라만은 흰색, 끄샤뜨리야는 붉은색, 바이샤는 노란색, 슈드라는 까만색이다. 한 술 더 떠서, 훗날 사람들은 브라만은 아리야인이라서 서양인처럼 피부가 하얗기 때문에 흰색이고, 끄샤뜨리야는 몽골인종으로 붉은색, 바이샤는 동남아시아인과 같은 노란색, 슈드라는 남쪽으로 쫓겨 내려간 드라비다인이라서 까만색이라며 인종 구분설을 펴기까지 했다. 그러나 역사적 실체가 없는 억지 주장이다. 네 부류는 인종적으로 그렇게 나뉘는 정체성이 따로 없었고, 토착민과 아리야인은 바르나가 발생할 당시에는 이미 다 섞여 버려서 구분하기 어려웠다. 계급을 색으로 구분한 것은, 피부색에 의거한 것이 아니라 힌두 세계관에서 그 색이 갖는 상징적 의미를 따른 것이다. 인도 사람들은 그 시기부터 이후로 모든 우주를 셋이나 넷으로 구분하려 했고, 이를 항상 색으로 표현했다. 그 대표적인 사례가 힌두 일원론 세계의 속성을 나타내는 따마스Tamas-라자스Rajas-삿띠얌Sattiyam이다. 따마스는 세계가 암울하여 까만색, 라자스는 그것을 극복하여 붉은색, 삿띠얌은 최종적으로 진리에 도달한다 하여 흰색으로 표현한다.

바르나, 즉 카스트는 아리야인이 인도아대륙에 들어와 민족을 형성하는 과정에서 만든 사회계급제도이다. 이 제도가 만들어질 때에는 아리야인과 토착민의 구분이 따로 없었다. 천 년 가까운 이동 생활 동안 서로 섞였기 때문이다. 즉, 카스트는 아리야인이 토착민을 지배하기 위해 고안한 인종적인 제도가 아닌 것이다. 그런데 왜 이런 이야기가 나왔을까. 인도의 역사가 시작될 때부터 유럽인이 인도를 숙명적으로 지배했다고 주장하여 자신들의 식민 통치를 정당화하기 위함이다. 전형적인 식민사관이다.

28

정부보다 강한 촌락회의?

오랜 세월 인도를 따라다닌 '역사 변화가 없는 나라'라는 수식어의 뿌리는 촌락이 하나의 작은 공화국을 이룬다는 개념과 연관이 있다. 촌락 내부에서 모든 것을 다 해결하고 외부와 단절된 채 고립되어 역사적인 변화와 발전을 추동하지 못한다는 주장이다. 이것이 서구의 오리엔탈리즘과 섞이면서 인도에 대한 그릇된 이미지를 만드는 중요한 근거가 되었다. 이는 전적으로 카스트 체계에 대한 몰이해에서 나온 곡해이다. 정淨과 오염 개념을 기반으로 한 카스트 체계에서는 낮은 카스트 사람들이 오염된 일을 하고 높은 카스트는 그 일을 할 수 없기 때문에 양자가 철저한 물물교환 분업을 하게 된다. 불가촉천민은 청소와 빨래, 이발, 시체 처리 등을 하고, 브라만이나 끄샤뜨리야 지주는 그 서비스를 받는 대신에 식량을 주면서 일종의 보호자 역할을 한다. 하지만 그렇다고 해서 카스트 체계가 촌락과 촌락 사이의 소통이 필요하지 않을 정도로 자급자족 체계로 작동하는 것은 아니다.

인도는 높은 카스트와 연장자들 몇 사람이 모여 회의를 하여 마을 일을 결정하는 체계를 거의 2천 년간 유지해 왔다. 촌락회의에서는 누구나 발언할 수 있지만, 거기서 민주·평등 원리 같은 것이 통했을 거라고는 생각하기 어렵다. 다만, 중앙 권력에 완전히 종속되지 않아 공화제 성격이 상당히 강했으리라 짐작된다. 간디나 네루 같은 민족주의자는 인도의 저력을 이 촌락 자치회의에서 찾았다. 네루는 숫제 '촌락 공화국'에는 대지주도 없고, 토지는 촌락 공동체, 즉 거기에서 일하는 농민의 것이고, 촌락회의는 큰 권력과 권위를 가졌다고 주장했다. 왕이 바뀌고 제국이 교체되어도 촌락회의의 독립성은 굳건히 유지되었다고 말이다. 전혀 일리 없는 말은 아니지만 과장된 평가임은 분명하다. 같은 체계를 놓고 서구인과 인도 민족주의자들의 평가는 극과 극이다. 서구인들은 외부와 단절된 채 작은 공화국을 이룬 탓에 고립과 정체停滯가 일어났다는 것이고, 민족주의자들은 같은 이유로 민주주의와 공화주의의 성격이 강하다는 주장이다. 객관적으로 말하면 외부와 단절되거나 고립된 것은 아니나, 그렇다고 민주주의와 공화제의 원리가 작동한 것도 아니다. 분명한 것은, 각 지역마다 '촌락 자치'라 할 수 있는 체계가 수준 높게 유지되어 왔다는 점이다.

현재 인도는 세계에서 가장 큰 규모의 민주주의가 작동하고 있는 나라다. 연방 정부는 말할 것도 없고 주 정부의 행정부와 입법부도 시민이 직접 선출하는 의원내각제로 운영된다. 주 아래의 가장 작은 행정 단위, 우리로 치면 읍면동까지 의원내각제로 운영되고, 그 안에서 촌락회의가 입법 기능을 담당하고 있다. 이른바 '빤짜야띠 라즈Panchayati Raj'라고 하는 체계다. 카스트 체계 안에서 작동하는 촌락회의를 '빤짜야뜨Panchayat'라고 하는데, 이 촌락의 자발적 기구가 정부의 행정 체계 안으로 들어가 의회적 행정 기구가 된 것이다. 빤짜야뜨는 입법과 행정, 사법 기능까지 갖고 있어서 그 힘이 막강하다. 그것이 인도 민주주의의 근간이 되는 것은 사실이다. 그런데 그 안에서 작동하는 파벌 싸움과 줄 서기 그리고 부패문화를 보면 빤짜야띠 라즈 안에서는 인민이 지역 토호에 예속될 수밖에 없음을 알 수 있다. 예속의 기구가 중앙 권력에서 토호로 바뀌었을 뿐이다. 빤짜야뜨를 이끄는 장長의 힘은 실로 막강하다. 그에게 기대지 않고 그 지역에서 살기는 어렵고, 그를 중심으로 권력이 모인다. 소위 '브로커 투표' 현상도 여기서 발생한다. 그 사람과 짬짜미하지 않고서는 아무것도 할 수 없고, 그를 적으로 돌렸다가는 가족이 몰살당할 각오를 해야 한다.

빤짜야띠 라즈가 수준 높은 지방자치제라는 점에는 의심의 여지가 없다. 분명히 인도 민주주의의 오래된 뿌리다. 그래서 이 전통이 1992년 73차 헌법 수정을 통해 법적 장치로 인정받았고, 이로써 인도는 완벽한 탈중앙 지방자치 체계를 갖추게 되었다. 문제는 사람이다. 아무리 좋은 제도라도 그것을 운용하는 사람들의 능력과 마음가짐에 따라 얼마든지 나쁜 제도가 될 수 있다. 빤짜야띠 라즈가 인도 민주주의의 근간이면서, 동시에 '부패의 나라 인도'라는 오명의 뿌리임을 잊어서는 안 된다. 사회 변혁을 한 번도 주체적으로 이뤄 내지 못한 역사의 밑바탕에도 빤짜야띠 라즈가 있었다. '탈중앙·탈국가'라는 말은 언뜻 들어서는 좋은 듯하지만, 약자들에게는 치명타가 될 수 있다. 민주주의의 문제도 결국엔 제도가 아니라 사람이 문제다.

29

결혼은 같은 카스트끼리?

  인도 사람들은 결혼을 어떻게 할까? 대다수의 인도인들인 힌두를 중심으로 살펴보자. 그들의 결혼에는 몇 가지 원칙이 있다. 대부분의 경우 통용되는 제1원칙은 같은 카스트끼리 결혼하는 것이다. 나머지는 지역에 따라 다르다. 북부 인도에서는 씨족 외혼을 한다. 씨족은 대개 부계를 기준으로 한 일곱 세대와 모계 네 세대를 포함하는 관계로, 이 관계 안에서는 혼인하지 않는다. 또 다른 규칙으로 '앙혼仰婚'이란 게 있다. 여성은 카스트 내부에 존재하는 여러 분파 집단 가운데 자신보다 지위가 높거나 최소한 동등한 지위의 남성과 혼인해야 한다. 이로써 여성이 시집가는 집단은 시집보내는 집단보다 의례적 지위가 높은 것으로 인식되어 같은 카스트 내에서 두 집단 간 지위의 높낮이가 드러나게 된다.

  촌락 내에서는 배우자를 선택하지 않고, 다른 마을 사람과의 혼인을 선호하는 것도 있다. 반면에 남부 인도에서는 남자의 가장 손위 누이의 딸과 혼인하려는 (그렇지만 자신보다 손아래 누이의 딸과의 혼인은 금하는) '우선혼優先婚' 전통이 있다. 손위 누이의 딸 다음으로 선호하는 혼인 상대는 아버지의 여자 형제, 즉 고모의 딸이며, 또 다른 우선혼 상대는 어머니의 남자 형제, 즉 외삼촌의 딸이다. 그 배우자는 당연히 같은 카스트지만 성姓은 다르다. 그러다 보니 촌락 바깥 사람들과의 혼인은 그다지 선호하지 않는다. 결국 인도 남부에서는 일반적으로 근친혼을 선호하는 셈이다. 북부와 남부가 다르듯, 인도 전역에 통용되는 일반적 법칙 같은 것은 없다.

그런데 급속도로 도시화가 진행되면서 요즘에는 이런 전통이 잘 지켜지지 않는다. 여전히 같은 카스트끼리 결혼하는 것이 일반적이지만, 카스트가 다르더라도 본인들이 좋아하면 부모들이 허락하는 경우도 얼마든지 있다. 같은 카스트끼리의 결혼은 대개 중매로 이루어지는 반면에, 카스트를 벗어난 결혼은 주로 연애를 통해서 성사된다. 다만 카스트를 무시하고 결혼하는 경우에 그 당사자들은 도시에 살면서 떠나온 시골과 그리 밀접하게 연결돼 있지 않아야 하고, 농촌에 살더라도 그런 생각을 가진 사람의 가족이 그 지역에서 막강한 권한을 발휘하고 있어야 한다. 돈 많은 상층 카스트 지주 집에서 그렇게 결혼하면 주변에서 감히 손가락질을 하지 못하지만, 돈도 없고 힘도 없는 데다 카스트까지 낮은 사람이 그러면 주변에서 엄청난 비난을 들어야 한다. 결국 결혼 원칙이란 것도 그 집안의 힘에 좌우되는 것이다.

결혼 의례는 크게 세 가지로 구성된다. 먼저 신부의 아버지가 신랑에게 딸을 건넨다. 문자 그대로 '처녀를 바치는' 의례다. 그리고 신랑 신부가 성스러운 불 앞에서 손을 마주 잡는다. 마지막으로 신부가 신랑의 옷 끝을 붙잡고 신랑의 뒤를 따라 불 주위를 돈다. 일곱 발을 내디딜 때마다 한 가지씩 부부로서의 서약을 한다. 저녁 시간 내내 하객들이 먹고 마시고 즐기고 난 후 늦은 밤이 되면 가까운 가족 친지들만 남은 상태에서 성스러운 불이 놓인 방으로 자리를 옮겨 브라만 사제가 주관하는 의례를 한다. 결혼 당일 밤 말고도 그전과 그 후에도 여러 날 밤에 걸쳐 의례를 한다. 사전 의례는 신랑이 신부 집에 도착하는 것을 환영하면서 신부 집 쪽에서 하는 것이고, 사후 의례는 신부가 신랑 집으로 오는 것을 환영하는 것이다. 이때 신랑은 흰 말을 타고 오는 것이 전통인데, 요즘에는 차를 타고 오는 경우도 많다. 무얼 타고 오더라도 악대brass band와 함께 신나게 연주를 하고 들러리들이 춤을 추면서 오는 것이 보통이다.

사전과 사후 의례를 포함해서 결혼식은 여러 날 동안 이어진다. 원래는 사원에서 해야 하지만, 요즘에는 특히 도시에서는 그렇게 하기가 어려워 주로 예식장에서 한다. 우리와 같은 개념의 예식장이 도시 외곽에 즐비하게 들어서 성업 중이다. 물론 돈이 많은 사람들은 최고급 호텔 연회장을 빌리고, 동네 공터나 공원에 텐트를 치고 식을 올리기도 한다. 이 경우에도 신랑 집에서 출발하여 신부 집으로 가기 때문에 두 사람의 집이 중심 장소가 되는 것은 물론이다.

결혼식은 며칠 동안 진행된다. 돈이 많으면 많을수록 오랫동안 진행된다. 친지는 물론이고 동네 사람들까지 초청해 연회를 베풀기도 하니 그 비용은 상상 초월이다. 몇 날 며칠 동안 수없

113

이 많은 사람들에게 저녁을 대접하는 풍습은 좋게 보면 일종의 부의 재분배라고 할 수도 있겠지만, 그보다는 부와 권력의 과시 기능이 더 크다. 그러나 어떤 경우에도 힌두교식 의례가 가장 중요하다. 조선 시대에 의례를 어떻게 하느냐에 따라 가문의 평판이 결정된 것과 같다. 힌두 사회에서 의례는 제대로, 즉 성대하게 치를수록 좋은 집안으로 평가 받는다. 그래서 가난한 사람들도 빚을 내서라도 결혼식을 성대하게 치른다. 그리고 평생 빚에 시달리며 고통스럽게 산다.

30

왜 공산화가 이루어지지 않았을까?

인도는 중국과 더불어 고대로부터 농민 봉기가 가장 많이 일어난 대표적인 농업국가다. 두 나라 모두 지주와 귀족들의 횡포가 극심했다. 그런데 중국은 그 농민들이 주축이 되어 공산화를 이룬 반면에, 왜 인도에서는 공산화가 이루어지지 않았을까?

1947년 독립 후 집권당인 회의당은 민족 자본주의자와 사회주의의 연합 세력이었다. 네루가 주장한 산업화를 통한 근대화와 간디의 농촌 자치 계발이 국가 건설의 두 축을 이루었다. 그러나 간디가 암살당한 후 농촌 개발은 무시되었고, 지주 세력은 청산이 아닌 포섭의 대상이 되었다. 지주가 갖는 현실적인 힘을 인정하지 않을 수 없었기 때문이다. 그들의 지지를 받지 않고서는 농촌에서 뭔가를 이루기가 불가능했던 것이다. 회의당으로선 농민들의 요구를 들어줄 수 없었고, 이에 각지에서 농민들의 봉기가 끊이지 않았다.

인도공산당은 처음에는 러시아식 혁명 노선을 택하여 전국 총파업을 통한 정부 전복을 꾀했으나 실패했다. 그리고 1950년대 들어 중국의 마오쩌둥 혁명 방식인 게릴라 무장 투쟁 방식을 택했으나 마찬가지로 호응을 받지 못했다. 그러다가 데칸 동부의 뗄랑가나Telangana 지역에서 대규모 농민 봉기가 발발했다. 1946년부터 1951년까지 약 5년간 지속된 이 마오주의 공산주의자들의 무장봉기로 3천 개 넘는 마을에서 1만 에이커 이상의 광대한 토지가 몰수되어 농민들에게 무상 분배되었다. 그러나 결국에는 이 봉기도 실패로 돌아간다. 그러고서 인도공산당은 유혈 혁명이 아닌 민주주의를 통한 집권으로 노선을 바꾼다.

인도공산당이 노선이 바뀐 이유는 무엇일까? 농민들의 지지가 없었기 때문이다. 과거 영국 식민 지배 당시에는 주로 농민과 노동자를 위한 저항운동에 몰두하면서 세를 점차 불렸으나, 독립 후 러시아와 중국식 체제 전복 혁명 방식을 전개하면서 대중의 지지를 잃었다. 농민들이 공산당을 지지하지 않은 이유는 다양하게 분석할 수 있다. 비폭력에 기반한 농촌개발계획 중심의 간디식 민족주의, 사회주의 성격의 네루식 국가자본주의 등에 인민의 기대가 큰 것도 이유일 수 있고, 1930년대 이후로 종교공동체주의가 급격하게 성장하면서 힌두교도와 무슬림 사이에 갈등이 확산되고 그것이 블랙홀처럼 계급이나 사회 변혁 과제까지 모두 빨아들여 버렸기 때문일 수도 있다. 카스트 중심의 봉건적 구조가 워낙 강고하여 전 인구의 50퍼센트가 훌쩍 넘는 슈드라와 불가촉천민 농민들 사이에 동지의식이 생기기 어려워서일 수도 있다. 설사 하층 농민들이 무장봉기로 유혈 혁명을 성공시켜 권력을 잡는다 할지라도 카스트 체계로 묶인 농촌의 구조를 바꾸는 것이 불가능하기 때문일 수도 있다. 이외에도 여러 이유가 있을 수 있다.

그 이유가 무엇이든지 간에 여기서 중요한 점은, 농민들은 무장 투쟁으로 체제 전복을 꾀한 공산당을 지지하지 않았다는 것이다. 결국 1951년 인도공산당은 소련과 중국의 무장 혁명 방식을 폐기하고, 인민민주주의People's Democracy를 당의 새로운 노선으로 천명하였다.

그러나 이후 공산당은 인도의 여러 주에서 선거를 통해 집권한다. 현재는 께랄라에만 공산당 (연립) 정부가 들어서 있지만, 2011년까지 웨스트 벵갈도 공산당 정부를 구성하였으니 그 기간이 무려 34년이나 된다. 께랄라에서 인도공산당은 식민 지배 때부터 벌인 '주민교육운동'을 토대로 토지 개혁과 같은 사회 변혁에 더 강고한 주민 조직을 만들었다. 1957년 처음 수립된 께랄라 공산당 정부는 회의당과 주거니 받거니 하면서 현재는 공산당 주도의 연립 정부를 구성하고 있다. 1977년 처음 집권하여 2011년까지 34년간 집권을 이어 온 웨스트 벵갈 공산당은, 그러나 2011년 선거에 참패한 후 현재까지도 재기가 어렵다는 전망이 우세하다.

이 밖에 공산당과 관련한 움직임으로 1967년 북부 웨스트 벵갈에 있는 낙살바리Naxalbari라는 곳에서 지주들의 수탈을 못 이긴 농민들이 "토지를 경작자에게로" 구호를 외치면서 무장봉기를 일으킨 이후 현재까지도 이어지고 있는 소위 '낙살 무장운동'이 있다. 이 마오주의자들도 2008년 네팔의 왕정을 무너뜨리고 전국의 80퍼센트를 차지하는 개가를 올렸으나, 무장봉기를 포기하고 선거로 집권하려 하고 있다. 우여곡절 끝에 현재 네팔의 집권당은 공산당이다.

인도는 고대부터 농촌 자치가 이루어져 왔다. 카스트 체계의 일환이다. 물론 지주와 브라만에게 거의 절대 권력이 부여되어 있지만, 상당히 민주적인 성격이 강한 것도 부인할 수 없다. 이런 사회에서는 정치력이 발달할 수밖에 없다. 정치의 본질인 갈등 조정과 중재를 존중하는 문화다. 그러니 급격한 혁명이 어렵다. 대신에 예측 가능한 안정성을 띤다. 이 점이 중국과 크게 다르다.

31

불가촉천민과 슈드라는 앙숙?

불가촉천민은 인도 카스트 체계에서 최하위에 속하는 핍박 받는 사람들로, 인도 전체 인구의 15퍼센트 정도를 차지한다. 비록 헌법에서 차별을 금하고 있다지만 지금도 이들에 대한 사회적 · 문화적 차별이 매우 심하다. 경제적으로도 마찬가지다. 브라만이나 상층 카스트에 속하는 사람들은 여전히 잘사는 사람들이 많고, 불가촉천민이 잘사는 경우는 가뭄에 콩 나듯 한다. 19세기 말부터 영국 사람들에 의해 근대화와 도시화가 진척되면서 그 안에서 직업의 자유도 보장되었지만, 대물림되는 가난을 이기고 개천에서 용 나기가 그리 쉽지 않았다. 그나마 그들이 힘을 발휘할 수 있었던 분야는 1인 1투표제가 보장된 정치 분야였다. 1957년 그들은 인도공화당을 결성하여 자신들의 계급을 하나로 묶고, 여기에 주로 깊은 산지에 사는 소수 부족인 '지정부족schduled tribe'(인도 정부는 이들을 보호하기 위해 명단을 작성해 이들에게 일정한 정치적 몫을 배분한다.) 등 사회적으로 소외된 계급과의 동맹을 꾀했다.

그러나 1970년 내부 분열로 당이 붕괴되고 그들 대다수가 회의당에 합류하자, 계급투쟁을 주장하는 세력, 특히 젊은 불가촉천민들이 새로운 정당을 결성하였다. 이들은 미국 흑인운동에서 영감을 얻어 '달리뜨 팬더Dalit Panther'('짓밟힌 자'라는 뜻의 '달리뜨'에 미국 흑인운동 단체인 Black Panther의 '팬더'를 합쳐서 만들었다)라는 혁명적인 성격의 운동을 전개했다. 1984년에는 대중사회당Bahujan Samaj Party을 창당하고, 1995년에는 인도 최대의 주 웃따르 쁘라데쉬에서 주 수상까지 배출했다. 여기에 불가촉천민 '보호를 위한 차별' 쿼터제인 지정의석 정책이 실시되면서 불가촉천민 중에서도 엘리트 계층이 형성되기 시작했다. 이들은 정부에서 제공하는 수많은 혜택을 받았지만, 대다수의 불가촉천민은 그러질 못했다. 뿐만 아니라 수혜를 통해 고위 관직과 탄탄한 사회적 기반을 갖게 된 불가촉천민 집단이 가난한 동료들을 외면하고 사적 이익에 빠져들면서 집단은 다시 균열되었다.

불가촉천민보다는 지위가 높지만 슈드라 또한 핍박받는 카스트다. 불가촉천민은 '보호를 위한 차별' 정책 아래 정부가 여러 가지 쿼터제까지 만들어 이를 헌법에 규정하고 실시하고 있지만, 전체 인구의 30퍼센트에 달하는 슈드라에 대한 정부 차원의 지원은 미미하기만 하다. 이에 대해 슈드라는 불가촉천민을 제외한 기타 낙후 계급들을 묶은 '여타후진계급Other Backward Class'(이하 OBC)에게도 불가촉천민과 같은 차별 보상 쿼터를 실시하라고 목청을 높였다. 그러자 이번에는 브라만, 끄샤뜨리야, 바이샤 등 상층 카스트들이 반발하고 나섰다. 1990년대 초에 상층 카스트들의 거센 반대 시위가 벌어졌다. 일부 학생들은 분신자살까지 하면서 저항했지만, 인도국민당은 여타후진계급에 대한 보상 차별 정책에 반대했다. 소수에 대한 보상은 결국 그 혜택이 일부 부유층에게만 돌아갈 거라는 주장이었다.

슈드라는 자신들이 불가촉천민보다 '훨씬' 높은 카스트라는 인식이 강하다. 그래서 지금까지 슈드라가 불가촉천민과 공동 전선을 형성해서 사회악에 대항해 같이 싸워 본 적이 거의 없다. 불가촉천민이나 슈드라, 여기에 일부 엘리트들도 자신들의 영달을 위해 싸울 뿐이다. 무엇보다도 네루가 천명한 사회주의적 사회의 일환으로 인도 정부가 실시하려는 보상 정책의 자원은 한정적이다. 그런데 불가촉천민과 슈드라를 합하면 전체 인구의 60

힌두교 사원에서 신발을 보관하는 불가촉천민

퍼센트에 육박한다. 이들에 대한 지원이 강화되면 상층 카스트들의 반발이 심할 수밖에 없다. 상대적으로 인구는 적지만 상층 카스트들은 정치적으로나 경제적·사회적으로 인도의 실질적인 지배층이다. 실제로 그들은 불가촉천민과 슈드라를 이간질하려고 갖은 노력을 다 한다. 불가촉천민과 슈드라 계급이 합세하여 카스트와 관계없는 반봉건 반지주 농민운동을 벌이고 있지만, 농촌의 상층 카스트 지주, 부농들은 끊임없이 이 두 카스트 간의 차이를 들먹이며 분열을 꾀하고 있다. 그 결과, 그 지주나 부농에 종속되어 있는 슈드라나 불가촉천민들은 제대로 힘 한 번 써보지 못하고 분열되고 만다.

현재 인도의 불가촉천민과 슈드라는 공동의 핍박 받는 계급, 짓밟힌 농민 개념을 만들어 내지 못하고 있다. 뭔가를 도모하려면 힘을 합쳐야 하는데, 불가촉천민 혹은 '지정카스트' 혹은 '달리뜨'들 스스로 더 넓은 계급운동으로 확장시키지 못하고 있다. 카스트 운동이 계급운동으로 가는 길은 멀고 험하기만 하다.

32

인도에서 가장 영향력 있는 집단은?

　인도에서 가장 힘 있는 카스트나 종족 집단은 누구일까? 답은 특정하기 어렵다이다. 그러나 가장 힘 있는 집단이라고 말하기는 어려워도 주목할 만한 집단은 있다. 바로 바니아Bania 카스트이다. '바니야'란 전통적인 상인 카스트를 말한다. 인구수는 약 1,500만 명으로 전체 인구의 1퍼센트에 불과하지만, 그 영향력은 매우 크다. 인도 최고의 부자 락슈미 미딸Lakshmi Niwas Mittal도 바니야이고, 인도 전체 부자 순위 상위 10위 안에 바니야가 여덟이다.

　인도에는 각 지역마다 여러 종류의 큰 상인들이 있었다. 이 거상巨商들 가운데 오래되고 영향력이 큰 카스트가 바니야다. 바니야는 우리가 네 개의 카스트 중 하나로 알고 있는 바이샤에 속하는 카스트이다. 바이샤는 상업과 농업에 종사하는 사람들이기 때문에 그들을 모두 상인이라 할 수는 없고, 차라리 평민이라 부르는 것이 더 합당하다. 바이샤 안에 속하는 카스트인 바니야는 지금은 그렇지 않지만 원래는 전통적으로 상업을 하는 사람들이다. 주로 벵갈을 비롯한 북부와 서부의 상인 카스트들을 바니야라고 부른다. 바니야에 속하는 작은 씨족 혹은 가문으로는 아가르왈Agarwal, 다소라Dasora, 나가르nagar, 칸델왈Khandelwal, 오스왈 Oswal, 뗄리Teli, 보라Vora 등이 있다. 가문 이름은 그들의 출신 지역에 따라 정해지지만, 가끔은 그들이 주로 취급하는 품목으로 정해지기도 한다. 다른 나라 상인들도 그렇듯이 바니야는 사람을 잘 속이고, 수완 좋고, 구두쇠에다 바늘로 찔러도 피 한 방울 나지 않는다고 알려져 있다. 특히 토지나 금을 저당 잡히고 돈을 빌려주는 대금업자는 '악명'이 자자하다.

상인 카스트라 해서 모두 바니야는 아니듯이, 바니야 카스트에 속한다고 해서 모두 상인은 아니다. 마하뜨마 간디 집안도 바니야 카스트에 속하지만, 간디의 아버지는 상업에 종사하지 않았고 간디 또한 그 일을 하지 않았다. 바니야는 전통적으로 점포 상인, 무역상, 은행원, 대금업, 보석상 등에 종사하는 사람들이 많았으나, 근대 이후에는 공무원, 의사, 변호사, 회계사, 교사 일을 하는 사람이 많이 생겼다. 채식을 고집하는 사람들이 대부분이고, 술을 가까이하지 않으며 종교 의례에 매우 독실하다. 힌두교도가 많지만, 서부 인도에는 자이나교도도 상당하다. 경제력이 있으니 교육열이 높고 일찍부터 언론의 중요성을 깨달아 이를 바탕으로 상당한 정치력을 쌓았다. 내부 결속력 또한 돈독해서 카르텔이 강하다. 그래서 아무리 돈을 벌어도 카스트를 바꾸거나 하지 않는다. 폼과 명예보다는 실질을 추구하기 때문이다. 인도에서 이들의 카르텔에 끼지 못하는 사람은 비즈니스에서 힘을 발휘하기가 어렵다. 연계망이 해외로까지 뻗어 있고 그 관리에도 능해 국제적인 영향력도 크다.

현재 라자스탄, 구자라뜨, 마하라슈뜨라 등 지역에서 큰 영향력을 행사하는 마르와리Marwari가 바니야 상인 집단의 대표 선수 격이다. 마르와리는 원래 '라자스탄의 마르와르 지역 사람들'이라는 뜻이니, 한편으로는 마르와르 지역 사람이 될 것이고 다른 한편으로는 주로 단거리·장거리 교역을 하는 카스트다. 이들은 오랜 옛날부터 마을과 마을을 다니면서 상품 교역이나 거간꾼 혹은 대금업을 주로 하다가 서부 해안을 거쳐 서아시아, 동아프리카, 동남아시아까지 진출하여 세계적인 교역상이 되었다. 영국이 동인도회사를 내세워 무역을 독점할 때도 동인도회사에 가장 큰 위협이 된 상대가 마르와리였다. 마르와리는 설탕, 면화, 황마 등 1차 생산물은 물론이고 근대 산업에까지 손을 뻗쳐 세계적인 거부로 성장하였다.

고대로부터 인도의 카스트 체계 내부의 권력 다툼은 학문과 종교를 독점한 브라만과 정치권력을 쥔 끄샤뜨리야 사이에서 일어난 것이 보통이다. 그러나 고대에도 교역이 왕성하게 발달하고 도시가 흥성할 때에는 바이샤가 실질적인 권한을 휘둘렀다. 근대 이후 권력의 원천은 두말할 것도 없이 경제력이었다. 바니야 카스트는 물질을 대하는 태도, 대인 관계, 신앙과 의례, 사회적 실천, 정치력 함양 등 모든 부문에서 철저히 가문의 전통을 세우고 이를 오랫동안 후손에게 전했다. 전통의 대부분은 세상살이의 지혜에 관한 것이다. 그리하여 그들은 인도를 실질적으로 움직이는 집단이 되었다. 거듭 말하거니와, 인도는 세속적이고 물질적인 나라다.

33

불가촉천민이 어떻게 대통령?

2017년 7월 20일, 불가촉천민 출신이 대통령이 되었다는 기사가 타전되면서 많은 사람들이 내게 물었다. 이제 인도에서 불가촉천민 개념이 약해졌는가? 그것이 아니라면 어떻게 불가촉천민이 대통령이 될 수 있는가?

카스트는 과거 전통시대에 주로 한 마을에서 이루어지는 식량과 노역을 주고받는 네트워크 체계로서 가장 유효한 시스템이었다. 이른바 '오염된' 일을 하는 사람들이 그 노역을 대신 해 주고 식량을 받는 체계다. 물론 그 노역이라는 것이 값이 매겨져 있지 않고 지주가 알아서 그에 대한 대가를 지불하는 식이라 상당히 불평등한 교환 체계다. 지주층 사람들이 할 수 없는 오염된 일은 여러 가지가 있지만, 도축이나 시체 치우기, 이발, 산파, 피나 똥 등이 묻은 옷 세탁, 집안 청소 등이 대표적이다. 그런 일은 으레 '불가촉천민'이라는 최하층 카스트들이 도맡아 한다.

시대가 바뀌어 영국 동인도회사가 인도에 들어와 대대적으로 근대화를 도입했다. 인도 땅에 시장경제가 들어왔고, 그 과정에서 새로운 직업이 대거 생겨났다. 시골에서 제 값을 받지 못한 채 노역을 제공하던 낮은 카스트들은 도시로 가서 상당한 돈을 벌기도 했다. 그들은 이발소나 세탁소를 차리거나 도축업을 벌였다. 일부 사람들은 동물의 시체를 벗겨 가죽공장을 차리는 등 수완을 발휘해 상당한 부를 확보하기도 했다. 영국이 도입한 근대 산업에서 가죽산업은 중요한 위치를 차지했지만, 불가촉천민 말고는 이 '오염된' 일에 뛰어들 사람이 없었기 때문에 불가촉천민 입장에서는 땅 짚고 헤엄치기나 다름없었다. 그들은 돈을 벌어 영국으로 유학을 가서 완벽한 근대인이 되어 카스트를 바꾸기도 하고, 근대 인도를 이끌어가는 지도자로 성장하기도 했다. 그 가운데 대표적인 인물이 인도 초대 정부의 법무장관을 역임한 암베드까르B. R. Ambedkar이다.

영국이 본격적으로 도입하고 인도의 선각자들이 적극적으로 나서서 받아들인 근대화 사회에서 사람들은 누구나 직업을 선택할 수 있는 자유를 보장받았다. 더군다나 민족운동이 활발하게 전개된 1920년대 이후 보통선거제가 도입되고, 비록 제한적이긴 하지만 점차 1인 1투표제로 바뀌면서 과거의 카스트 신분보다는 개인의 역량이 더 인정받는 시대가 시작되었다. 그렇지만 대부분의 불가촉천민은 여전히 가난하고, 천대받고, 무시당하고, 핍박받고, 강간당하고, 살해당하는 상황 속에서 살고 있다.

1947년 국민국가를 건설할 때 인도 정부는 사회적 평등과 민족 통합을 국가의 큰 기조로 삼았다. 정치적으로 대부분의 권력은 수상에게 있었지만, 연방 정부를 대표하는 상징적인 인물이 대통령이다. 인도의 정치권은 이 대통령직을 사회의 소수자에게 주는 전통을 세웠다. 종교적으로는 무슬림이나 시크, 성적으로는 여성, 카스트로는 불가촉천민 등을 선출한 것이다. 평등과 통합을 지향하는 의지로 보면 된다. 인도의 대통령은 의회에서 선출되지만, 그동안 집권 여당이 후보를 내면 야당은 후보를 내지 않았다. 그런데 이번에는 야당에서도 후보를 냈고, 여당과 야당 후보 모두 불가촉천민이었다. 결과는 여당 후보인 람 나트 꼬윈드Ram Nath Kovind가 대통령이 되었다.

인도에서도 누구나 대통령이 될 수 있다. 대학 총장도 될 수 있다. 하지만 그런 소수는 영국 시대를 거치면서 집안 대대로 부를 축적하거나, 독립 후 근대화된 자본주의 상황에서 자수성가한 집안 출신일 가능성이 99퍼센트다. 인도도 우리처럼 직업의 자유가 보장된 자본주의 국가여서 적어도 이론상으로는 누구나 돈을 벌 수 있고, 누구나 사회적 신분 상승을 이룰 수 있기 때문이다. 그러나 잊지 말아야 한다. 그들 가운데 대통령이나 대학 총장이 나왔다 해서 불가촉천민이 사람다운 대접을 받으며 사는 것은 아니라는 점을 말이다. 그들은 여전히 착취와 배제의 대상이고, 강간과 살해의 희생자다.

34

서류에 왜 아버지 이름을?

인도에 가려면 비자를 받아야 한다. 그런데 비자 신청 서류에 보면 아버지 이름을 적는 난이 있다. 한국 사람들은 고개를 갸웃거리는 부분이다. 한국에는 없는 인도 특유의 이름 문화다. 한국의 이름은 아주 간단하다. 성姓과 이름. 그런데 인도는 지역마다 작명법이 다 다르다. 인도 사람들의 이름 짓는 법을 살펴보자.

우선 우리 식으로 이름, 즉 자기에게 주어진 이름, 영어로 given name이 있다. 내 친구의 예를 들면, 아미떼슈와르 자Amiteshwar Jha라고 하는 이름에서 Amiteshwar가 given name이다. 그런데 이 given name은 원래 두 개로 되어 있다. 이 경우에는 Amita와 Ishwar로 되어 있는데, 이 친구는 그냥 둘을 구별하지 않고 하나로 사용했다. 다른 경우에는 둘을 띄어쓰기도 한다. 수상 네루의 경우, Jawahar와 Lal을 붙여서 자와하르랄Jawaharlal이라고 쓰지만, 이니셜로 축약할 때는 J. L. Nehru로 쓰는 경우가 더 많다. 이 given name은 공식 이름이다. 어릴 때는 다른 이름을 쓰기도 한다. 돌아가신 은사님 딸아이(지금은 나이가 50이 되었지만)의 이름은 치키Chiki였다. 학생 때 은사님 댁에 가면 은사님도 딸내미를 그렇게 불렀고 나도 그렇게 불렀다. 그런데 나중에 커서 시집가고 난 뒤에 그렇게 부르니 너무나 부끄러워 어쩔 줄을 몰라 했다. 인도 친구들은 나를 강구Gangu라고 불렀다. 이런 이름은 일종의 별명 같은 것으로, 조선시대 때 성년이 되어 받는 관명 이전에 막 부르는 아명兒名인 자字가 따로 있었던 것과 같다.

우리 식으로 성姓은 주로 카스트나 어떤 공동체 혹은 출신 마을을 나타내는 어휘를 쓴다. 그래서 성만 봐도 그 사람의 카스트 혹은 사회적 지위를 알 수 있다는 말이 나오는 것이다. 앞서 말한 친구는 자Jha, 브라만 중에서도 아주 높은 브라만임을 알 수 있다. 하지만 조심해야 한다. 앞서 설명한 대로 이름과 카스트가 반드시 일치하는 건 아니기 때문에 이름만으로 카스트를 판단했다간 낭패를 볼 수도 있다. 이름은 그저 참고용이다.

내 또 다른 친구 이름은 말라이 니라우Malay Neerav다. 이 친구는 성을 쓰지 않는다. 원래 성이 슈리바스또Srivastav인데, 성을 보면 브라만 바로 아래에 위치한 까야스타Kayastha 카스트임을 알 수 있다. 이 카스트 위치가 마음에 들지 않아 친구 부친이 돌아가시면서 유언으로 성을 이름에 쓰지 말라고 해서 성인이 된 후 성을 쓰지 않고 중간 이름까지만 쓰게 된 것이다. 이 경우, 엄밀하게는 성이 없으니 굳이 존칭을 쓰려면 Mr. Malay Neerav라고 써야 한다. Mr. Neerav라고 쓰면 이상하게 되어 버린다. 중간 이름 앞에는 존칭을 쓸 수 없기 때문이다. 그러나 어차피 자기가 성을 쓰지 않으니 그렇게 불러도 어쩔 수 없지 않느냐고 했다.

또 다른 경우, 자신의 카스트를 아예 감추고 싶은 사람들은 성을 떼어 버리고 그 자리에 '싱Singh'을 쓰는 경우도 있다. 시크교도는 모든 남성의 이름에 '싱', 여성의 이름엔 '까우르Kaur'를 넣지만, 싱이라고 해서 다 시크는 아니다.

따밀나두, 께랄라 같은 인도 남부에서는 아버지 이름을 성으로 쓴다. 엄밀히 말해서, 그들은 아버지 이름을 성의 자리에 쓸 뿐 가족의 성으로 쓰는 건 아니다. 예를 들어 빠락깟뚜 나라야나 마깐 운니탄Parakkattu Narayana Kuruppu Makan Sasidharan Unnithan이라는 이름을 보자. 이 이름은 사시다란 운니탄이라는 이름을 가진 사람으로, 빠락깟투 집안의 나라야나 꾸룹뿌Narayana Kuruppu라는 사람의 아들이라는 뜻이다. 여기에서 운니탄은 그 사람의 카스트를 나타내고, 꾸룹뿌는 아버지의 카스트를 나타내는 것으로, 둘의 카스트가 다르게 나타난다. 그것은 이 집안 사람들이 모계 혈통의 카스트를 따르기 때문이다. 그러나 두 카스트의 위치는 같다. 같은 카스트끼리만 결혼하기 때문이다. 지체 높은 집안은 이름에 탄생 별자리와 축복 성구까지 넣기도 한다. 반면에 아주 낮은 계급 사람들은 자기 이름만 있지 집안이나 아버지 이름은 아예 없는 경우도 있다. 즉, 성을 안 쓰는 경우, 성을 쓰는 경우, 성자리에 다른 이름을 쓰는 경우, 또 다른 이름을 쓰는 경우 등 인도 사람의 작명법은 매우 다양한 것이다. 그래서 그 사람의 정확한 신분을 알기 위해서는 아버지 이름을 알아야 한다. 주민등록제가 없는 인도에서는 이런 방법을 통해 한 사람의 신분과 정체성을 확인한다. 인도인의 정체성은 어느 지역이든 아버지로부터 비롯된다. 어머니는 아버지에 딸린 또 다른 정체성의 원천이다.

알다가도 모를 힌두교

35

힌두교를 한 마디로 정의하면?

힌두교는 이렇다 저렇다 정의하는 것이 불가능하다. 신석기 시대 이후로 인류가 만들어 놓은 모든 종류의 신앙이 다 망라되어 있다고 해도 과언이 아니다. 아무리 범신교라 해도 그렇지 신이 아닌 게 없다. 돌도 신이고, 원숭이도 신이고, 사랑도 신이고 지혜도 신이다. 다신교적 신앙도 있지만 유일신적 신앙도 있다. 힌두교는 창시자도 없고, 일정한 조직도 없으며, 정해진 경전도 없다. 경전에 나오지 않은 바를 행하거나 믿는다고 해서 그것이 힌두교가 아닌 것이 아니기 때문에 그 다양성이란 실로 엄청나게 방대하다. 그래서 힌두교의 속성을 뭐라고 단일하게 규정하는 것은 엄밀하게 보면 다 틀린 것이다. 예컨대, 힌두교는 베다를 최고의 경전으로 존중한다고 하는 말도 틀린 규정이다. 라다소아미Radhasoami를 믿고 따르는 새로운 힌두교 종파는 베다를 인정하지 않는다. 윤회도 마찬가지다. 붓다는 윤회를 인정하지 않았으나, 그의 입장과는 관계없이 힌두교에서는 붓다를 힌두 3신 가운데 하나인 비슈누의 한 화신으로 간주한다. 공통된 교의란 없다. 물론 거의 모든 힌두 종파를 관통하는 교의나 신앙 체계는 있다. 실로 엄청난 다양성에도 불구하고, 힌두교라 표현할 수 있는 구조나 유형이 될 만한 '본질'은 있다는 말이다.

이 종교의 범주를 이해하기 어려운 것은 '힌두'라는 용어에서
부터 시작한다. '힌두'는 인더스강을 가리키는 말로, '그 강 건너
에 살던 사람'이라는 뜻이다. 이후 오랫동안 '힌두'는 '인도인'의
의미로 쓰였고, 그 땅은 '힌두스탄'이라고 불렸다. 그러니 '힌두
교'라 하면 인도 땅 안에 있는 모든 종교를 가리킨다. 물론 이슬
람이나 기독교 같은 외래 종교는 제외되지만, 불교나 자이나교,
시크교 등은 힌두에 포함되는 것이 옳다. 그러나 시간이 흘러 서
구의 종교 개념이 들어와 그 분류가 점차 칼로 무 자르듯 분명해
지면서 불교, 자이나교, 시크교 등은 빠지고 나머지 전통 종교는
모두 힌두교라 부르게 되었다.

그 과정에서 경전 중심으로 힌두교가 이해되는 부작용이 생겼
다. 기독교나 이슬람의 종교를 보는 방법론이 적용된 것이다. 경
전이라는 것은 극히 일부, 브라만 신학자와 제사장의 신앙 및 세
계관만 집약한 것일 뿐 일반 대중이 믿는 속신俗信까지 포함하지
는 못한다. 힌두교 자체 전통에 따르면, 딴뜨라Tantra 역시 분명
한 또 하나의 세계관이다. 이성이나 정신 그런 것과는 다른 신
비, 황홀, 육체, 물질, 섹스 등을 추구하는 것이 엄연한 세계관으
로 이 종교 안에 자리 잡고 있는 것이다. 유교나 기독교 같은 종
교에서 배척당하는 미신이라 부를 만한 모든 삿된 신앙도 이 종
교 안에서는 당당히 한자리를 차지한다. 그러다 보니 한쪽에서
는 그런 속신을 따르지 말고 오로지 깨달음을 추구하라고 하고,
다른 쪽에서는 그런 깨달음이라는 것도 결국 환상과 다름없으니

물질세계에서 추구하는 것은 물질이 최고라는 가르침이 나오는 것이다. 그래서 양쪽이 공존하는 것이다.

그런데 그 공존이라는 게 얼마나 무서운 것인고 하니, 그 공존의 성격을 부인하고 기독교나 이슬람처럼 특정한 교리와 실천 도그마를 정해 경계를 분명하게 한정짓고 그 위에서 다른 신앙은 힌두교가 아니라고 배척하는 것조차 힌두교 범주 안으로 들어온다. 힌두가 아니라고 《마누법전》을 불 지르고 나가 불교로 개종한 사회개혁가 암베드까르와 그 동지 불가촉천민들은 '불교도 힌두'로 간주되었다. 앞에 수식어만 붙을 뿐 힌두교 안에 여전히 존재하게 된 것이다. 본인들이 아무리 아니라 해도 아닌 것이 될 수가 없다.

그러나 힌두교의 완벽한 정의, 특히 범주 규정이 불가능하다고 해서 힌두라는 용어마저 무의미하다는 말은 아니다. 다만, 범주라고 하는 것이 반드시 그 경계가 뚜렷하고 그 안에서 공통된 특질을 가져야만 만들어지는 것은 아니라는 말이다. 범주라는 것을 분명한 경계 안에 있는 것으로 보는 시각 자체가 서구적이다. 인도적, 즉 힌두적이라고 하는 것은 그렇지가 않다. 그러니 힌두교를 하나로 상징하는 것 또한 성립 불가의 개념이다. 옴AUM도 상징일 수 있고, 연꽃도 상징일 수 있다. 삼면三面의 신 브라흐마Brahma도 그 상징이 될 수도 있고, 코끼리 머리를 한 신 가네쉬Ganesh도 상징일 수 있으며, 그 어떤 요가 자세도 상징일 수 있다. 그 하나가 모든 것을 다 상징할 수도 있고, 모든 것이 하나의 힌두교를 나타내지 못할 수도 있다. 힌두교는 그처럼 경계가 명확하지 않다. 다만, 당사자가 어떤 신을 가장 믿고 따르느냐에 따라 달라질 뿐이다. 비즈니스맨은 주로 가네쉬나 락슈미Lakshmi를 많이 믿는다. 그렇다고 그들이 가네쉬나 락슈미가 힌두교 전체를 상징한다고 생각하지는 않는다. 십자가 하나 가지고 목숨을 내걸고, 히잡에 목숨 거는 기독교나 이슬람으로선 이해할 수 없다. 이래도 그만, 저래도 그만이다.

하나가 다고, 다가 하나다. 어디부터 어디까지라고 경계를 짓고 사는 서구 세계관에 젖어 있는 현대인들로선 쉽게 이해할 수 없다.

36

힌두 세계의 키워드는 순리?

　한국 사람들은 살아 있는 사람을 거의 숭배하지 않는다면, 인도 사람들은 이와 정반대이다. 쉬르디Shirdi의 사이 바바Sai Baba가 좋은 예로, 그는 살아 있을 때부터 주변 제자들로부터 '쉬바의 현신'으로 숭배를 받았다. 이후 사티야 사이 바바Sathya Sai Baba라는 사람이 쉬르디의 사이 바바 현신을 칭하며 2011년 죽을 때까지 많은 추종자들을 거느렸다. 숭배자들은 이들을 신과 똑같이 숭배했다. 1980년대 미국에서 큰 종교 집단을 형성하면서 거의 신의 반열에 오른 라즈니쉬Rajneesh도 살아 있는 신이었다. 지금의 시크교를 이룬 구루guru(스승)들도 마찬가지다. 살아 있을 때부터 신과 똑같은 숭배를 받았다. 마하뜨마 간디는 또 어떠한가. 모두 힌두교 특유의 영적 스승을 신의 현신으로 간주하는 문화에서 나온 현상이다.

　윤회 세계관에 기반한 인간 숭배는 철저히 힌두 사회를 불평등 사회로 만드는 데 기여했다. 본질을 가진 자와 본질을 갖지 못한 자 사이에 차이가 있다는 논리는 실제 사회에서 사람 간의 차이를 당연하게 만들었다. 신과 동일한 스승의 말과 생각은 우

쉬르디의 사이바바는 살아 있을 때부터 숭배를 받은 대표적인 인물이다.

주의 법으로 간주되었다. 라즈니쉬는 2,500년 전 붓다가 그랬던 것처럼 세상(속세)을 떠나라고 주문했다. 세상 밖에서 집단생활을 하면서 육체를 공유해야 한다고 했다. 그가 마약을 하라고 한 것도 세속의 규정을 부인하고 세상을 떠나야 한다는 원칙에서 나온 것이다. 이러한 주장을 불법 사기로 봐야 할지 새로운 세계관으로 인정해야 할지는 규정하기 어렵다. 다만, 미국에서는 법

위반으로 추방당했지만, 인도에서는 존중받았다는 점이 다르다. 법과 전통의 경계가 애매한 인도 문화는 하나의 잣대로 규정하고 평가하고 재단하지 않기 때문이다.

이것이 힌두교와 불교 그리고 시크교까지 포함하는 범인도적 세계관이다. 딱히 정해진 경계가 없고, 모든 것이 하나로 용해되어 있는 일원론적 세계이다. 그 안에서 스승들은 자기만의 주장을 펴는 경우가 많다. 붓다가 그랬고 라즈니쉬가 그랬으며 간디가 그랬다. 그들의 주장은 때로는 모든 것을 다 포괄하기도 하지만, 그렇다고 범인도적 세계관에 딱 들어맞는 것도 아니다. 규정하고 평가하지 않는다고 하면서 특정한 규정과 평가를 요구하기도 하기 때문이다. 그래서 그들의 주장은 결국 더 큰 범주의 범인도적 세계에 용해되고 흡수될 수밖에 없다. 그 범인도적 세계관은 물질이나 동물을 숭배하고 '미신'을 믿고 따르는 것까지 포함한다. 누군가가 그 안에서 우와 열을 정하기는 하겠지만 그것은 그의 기준일 뿐이다. 결국 기복이든 숭배든 이질적이고 혼종적인 인민의 신앙을 하나 안에 존재하게 하는 세계관, 힌두—불교적 일원론의 세계로 다시 돌아간다. 이 일원론에선 정신과 규범도 중요하지만 그와 전혀 다른 것들도 빠질 수 없는 요소가 된다.

그러면 그 이질의 경계는 어디까지인가? 정신이 물질이고, 선이 악이며, 안이 밖이면, 모든 것을 포용하는 극단으로 갈 수밖에 없지 않는가? 그렇다. 그래서 경계란 있을 수 없다. 그렇지만 결국 어떤 이치에 따라 경계가 정해지고, 시대와 장소와 사람들에 따라 이 경계는 달라지게 된다. 이른바 자연의 이치를 따르는 것이다. 누군가는 인위적 개혁이나 유신 같은 것을 하겠지만, 그것은 그때뿐 영원한 근본이 되지 못한다. 호치민이 말한 '이불변以不變 응만변應萬變'(변하지 않는 하나의 원칙으로 만 개의 변화에 대처한다)의 세계와는 다르다. 변화하지 않음으로써 모든 변화에 응한다는 것은 이데올로기라는 절대 이치를 가진 정치 세계에서 통하는 이치다. 이와 비슷한 조어 방식으로 힌두교와 불교 세계를 표현해 보면, 필유변必有變에 응만변應萬變, 모든 변화에 응하는 것은 동일하나 스스로 변화함으로써 한다는 것이다. 자연의 이치 그대로다. 그 안에서 어떤 개인이 뭔가를 인위적으로 바꾸려 하는 것은 결국 이루어지지 않는다. 카스트가 싫은 사람은 라빈드라나트 타고르Rabindranath Tagore처럼 카스트 규범을 지키지 않고 파문당해 도시에 가서 살면 되는 것이고, 카스트가 필요하다고 보는 사람은 마하뜨마 간디같이 좋은 점을 취해서 살면 되는 것이고, 카스트가 없어져야 한다고 생각하는 사람은 암베드까르처럼 죽어라 싸우다 안 되면 개종해 버리면 되는 것이다. 자연이란 인간이 맞춰 사는 것이지 바꿀 수는 없는 것이다. 이런 세계에서는 개혁이 어렵다. 그저 순리에 따르는 것이 일반적이다.

37

힌두교에도 삼위일체?

알다시피 기독교에는 삼위일체三位一體 개념이 있다.《바이블》
에 나오는 말은 아니지만, 그 안에 담긴 신의 이치를 풀어 적으
면 "성부와 성자와 성령이 하나"라는 것이다. 하나님이 예수이
고 예수가 성령이고 성령이 하나님이라는 의미다. 힌두교의 삼
위일체는 기독교의 그것과 사뭇 다르다. 세상을 창조한 브라흐
마Brahma는 곧 세상을 보존하는 비슈누Vishnu이고, 그는 다시 세
상을 파괴하는 쉬바Shiva이다. 창조라는 게 다름 아닌 세상을 만
들어 운영하는 것이고 보면, 그 운영을 위해 이런 법도 만들고
저런 법도 만들고 상황에 따라 이 사람 저 사람을 화신으로 보내
어 세상을 유지 보존한다는 것이다. 그래서 비슈누는 여러 화신
으로 나타난다. 그 화신을 산스끄리뜨어로 '아와따르avatar'라고
하는데, 이게 바로 영화 〈아바타〉에 나오는 그 '아바타'다. 기독
교의 예수는 하느님의 아바타, 즉 화신이니 같은 개념이다.

이 같은 사고 경로를 거쳐 창조는 곧 보존이 되고, 브라흐마는
곧 비슈누가 된다. 그런데 그 보존이라는 것이 다름 아닌 파괴
다. 보존하려면 죽일 놈은 죽이고 살릴 놈은 살려야 한다. 살리
는 데에 방점을 찍으면 비슈누가 되고, 죽이는 데에 방점을 찍으

한두교 삼위일체상 앞에서 기념촬영 중인 인도인들. 한두교의 삼위일체는 브라흐마, 비슈누, 쉬바로 이루어져 있다.

면 쉬바가 된다. 보존하기 위해 파괴해야 하는 것이고, 그 파괴가 새로운 창조가 되는 것이다. 그래서 쉬바는 우주를 파괴하는 주主이자, 동시에 우주를 창조하는 주가 된다.

이러한 삼위일체 개념에 따라 수도 없이 많은 신들이 특성별로 브라흐마/비슈누/쉬바 아래 따라 붙었다. 마치 연병장에 모인 입소자들을 세 개 대대로 분류하여 배속시킨 형국이다. 일단 창조주 브라흐마는 별 인기가 없어서 많은 졸개를 영입하지 못했다. 아무래도 창조는 다른 일로 변해 갈 확장성이 별로 없기 때문이다. 비슈누 밑에는 주로 밝고 긍정적인 성격을 가진 신들이 모인다. 황금의 신이라든가 춤과 노래의 신이라든가, 소를 보호하는 신이라든가, 깨달음의 신이라든가, 세상을 구원하는 신이라든가 하는 신들이 모두 비슈누의 화신으로 편입된다. 이 화신들은 시기에 따라 다르고 장소에 따라 다르다. 만약에 몇 백 년이 흘러 마하뜨마 간디가 신이 되면 비슈누의 화신이 될 것이다. 반면에 쉬바는 어둡고 부정적인 성격을 지닌 신들을 모아들인다. 응징, 깡패, 방랑, 사기, 섹스, 밤, 생산… 주로 어둠의 영역과 가까운 신들이 쉬바의 주변으로 모인다. 전두환이라면 쉬바의 무장으로 편입될 것이다. 세상을 잘 다스리는 이상 군주인 라마Rama와 붓다는 비슈누의 화신이고, 남성과 여성 두 성을 동시에 지닌 히즈라들이 모시는 신은 쉬바다.

결국 힌두의 삼위일체설을 곱씹어 보면, 이리 보면 이것이고 저리 보면 저것일 수 있는 세계에 대한 이치를 담고 있다. 신의 세계가 그렇다는 것은 곧 인간의 세계도 그렇다는 것이다. 신의 세계란 곧 인간 세계의 반영이기 때문이다. 그래서 힌두교는 이것이 저것이고 저것이 이것이다. 물에 술 탄 듯, 술에 물 탄 듯한 세계다. 결국 힌두교의 삼위일체설 안에서는 파괴 없는 창조란 있을 수 없다. 자기 자신을 죽이지 않고 새로운 자신으로 나아갈 수 없다는 이치다. 그런데 그 파괴라는 것이 반드시 깨끗한 행동으로만 되는 것이 아니다. 더러운 짓으로도 이룰 수 있다. 세상을 보존하고 창조하려면 깨끗한 사람도 필요하고 그것을 더럽히는 사람도 있어야 한다. 기독교적으로 말하자면, 모든 것이 협력하여 선을 이룬달까. 딱 사람 사는 그대로다. 어찌 나만 옳을 수

힌두교 성지 구자라뜨주 드
와르까에 있는 25미터 높이
의 쉬바 좌상

있는가. 그러나 나만 옳다고 하는 것도 좋다. 그것도 여러 방편
중 하나니까.

　한 가지는 분명하다. 나만이 길이요 진리요 생명이라고 외치
면 싸움이 난다는 사실 말이다. 그것이 선한 싸움이든 나쁜 싸움
이든, 그마저 보는 사람에 따라 달라지니 굳이 따질 필요 없다.
물론, 물에 술 탄 듯 술에 물 탄 듯 사는 세상에서는 나쁜 놈들이
판을 칠 가능성이 높다. 기독교와 이슬람 세계에서 허구한 날 싸
움질만 하고, 힌두 세계에서는 주로 나쁜 놈들이 군림하는 건 다
그 종교의 세계관 때문이다.

38

신만 3억 3천만?

　어떤 강연 자리에서 청중 한 분이 힌두교의 신이 몇이냐고 묻기에 셀 수 없다고 답했다. 그랬더니 가르쳐 주시겠다며 3억 3천이라고 했다. 그렇다면 3억 3천 하나는 왜 안 되느냐고 되물었다. 그분 말로는 인도 사람이 그랬다는 것이다. 나는 되물었다. "인도 사람이 인도사를 전공한 다른 나라 사람보다 더 잘 알겠습니까?" 이 경우엔 인도 사람보다 인도사 전공자가 인도를 더 잘 안다.

　기원전 1500년경 어떤 이유로 그랬는지는 모르나 인더스 문명이 사라지고 일군의 기마 유목민들이 인도아대륙으로 들어왔다. 현재로선 사막의 확장 같은 환경 황폐화 때문이 아니었을까 추측할 따름이다. 이 기마 유목민이 아리야어, 즉 인도-유럽어를 쓰는 사람들이란 의미의 아리야인이다. 그들은 '베다'라는 이름의 경전을 남겼는데, 베다에는 그 내용에 따라 네 개의 베다가 있다. 베다는 약 1천 년에 걸친 오랜 이동 기간 동안에 그들이 만난 자연에 대한 경외와 찬양 그리고 숭배 의례를 시詩로 노래한 경전이다. 베다를 보면 당시 사람들이 세계에 존재하는 만물이 각각 숨(생명)을 가지고 있고, 그 생명들이 모두 영겁의 끝나지 않는 시간 속에서 윤회한다고 믿었음을 알 수 있다. 그들은 그렇게 믿었고, 그래서 그들에게 신은 곧 자연이고 자연은 곧 신이었다. 오랜 이동을 끝내고 정착한 시기에 네 개의 베다를 새롭게 해석하는 부록과 같은 철학서들이 씌어졌다. 그 가운데 대표적인 것이 우리에게 널리 알려져 있는 '우빠니샤드'다.

기원전 800년경부터 우빠니샤드가 편찬되던 시기에 아리야인들은 세계를 일정하게 분류하기 시작했고, 그때 가장 널리 쓰인 숫자가 3이었다. 세계는 천상-지상-지하의 셋으로 나뉘고, 세계를 이루는 것은 시간-공간-원인(혹은 인연)의 셋으로 되어 있고, 신神은 하늘·땅·바람과 같은 물질-자연 현상을 의인화한 것-어떤 개념들 이렇게 세 부류로 나뉘었다. 이렇게 분류된 신은 강력한 힘과 에너지 그리고 새롭게 시작하는 시간을 의미하는 11과 만나 33으로 상징화되었다. 그리고 시간이 지나면서 이 33개의 신이 구체적으로 지목되었다. 불교에서는 '33천天'이라는 이름의 신이 나타났으니, 신라의 김유신도 33천의 아들로 이 땅에 왔다고 되어 있다. 베다 시대의 33명의 신이 신라에 와서 33천이라는 이름을 가진 한 신으로 바뀐 것이다. 힌두교 신의 세계에서는 비일비재한 일이다.

베다 시기 이후로 지금까지도 인도 사람들은 시詩적인 표현을 좋아하고 특히 은유를 즐겨 사용한다. "자연은 생명이고 생명은 신이다"라고 읊으면 시간이 가면서 그 구체적인 자연물 하나하나가 생명이 되고 종국에는 신이 된다. 그러다 보니 이 세상을 구성하는 것 하나하나가 모두 다 신이다. 바람도 비도 땅도 하늘도 난쟁이도 칼잡이도 스승도 사랑도 미움도 도덕도 섹스도 운명도 모두 다 신이다. 인도 사람들은 마음껏 늘려진 신들의 세계를 또 일정한 세 개의 범주로 분류했다. 그러면서 이 세 신 이름 앞에 힌두 특유의 과장되고 폼 나는 별칭이 붙기 시작했다. '위대한' '찬란한' 등은 기본이고, '우주의 주인'이라든가 '하늘과 땅을 지배하는' 식의 문구들이다. 베다 시대 주요 신 가운데 하나인 33신에게는 별칭 대신 '꼬띠Koti'라는 관형 어휘가 붙었다. '꼬띠'는 형태type를 의미하는 어휘인데, 이 어휘가 후대로 가면서 천만을 뜻하는 어휘로 오해되고, 세간에 힌두 신이 33천만, 즉 3억 3천만이라는 식으로 잘못 알려진 것이다.

3억 3천만 명의 신을 구체적으로 거명하는 것은 불가능하다. 그러니 힌두교 신은 3억 3천만 명이라고 하는 것도 정확히 말하면 틀린 말이다. 다만, 그들이 그렇게 믿는다면 맞는 말이다. 결국 3억 3천이라는 숫자는 구체적인 숫자가 아니라 상징이다. 그 안에 오해가 부른 왜곡도 담겨 있지만, 그런 걸 왜곡이라고 부르지 않는다. 시간이 흐르면서 만들어진 새로운 사실이랄까. 인도 사람들에게 사실이란 확대되고 변형되고 바뀌는 것이다. 원래의 것, 원칙적인 것, 기준이 되는 것, 표준은 그리 중요하지 않다. '3억 3천만의 신'이라는 말에서 세상 만물이 다 존중받고 숭배받을 가치가 있다는 의미만 읽으면 된다. 그것이 인도 문화를 이해하는 길이다.

39

힌두는 왜 채식을 할까?

인도의 채식 문제에 접근하려면 힌두교의 세계관부터 살펴야 한다. 지금의 힌두교 세계관은 현재 인도인의 선조들이 본격적으로 구성된 기원전 6세기 베다 시대 말엽부터 만들어졌다. 서아시아와 아프가니스탄을 거쳐 인도아대륙으로 들어온 그들은 기본적으로 유목을 생업으로 삼고 이동 생활을 하는 사람들이었다. 그래서 일상을 자연에 의존할 수밖에 없었다. 자연을 구성하는 각각은 숨을 가지고 있는 생명체로 인식되었고, 보이지 않는 어떤 본질이 그 안에 용해되어 있다는 보는 세계관이 형성되었다. 힌두교의 가장 중요한 축인 생명력과 윤회가 일원론 안에서 만들어진 것이다. 예컨대, 낮은 밤을 품고 있어서 낮과 밤은 궁극적으로 분리될 수 없고, 그 변화는 영원하지만 상황에 따라 달리 나타난다는 세계관이다.

힌두인들이 가진 생명에 대한 외경은 바로 오염 인식으로 반영되었다. 생명을 유지하는 것은 정淨한 것이고 그렇지 않은 것은 부정不淨한 것이 되었다. 생명으로부터 멀어져 가는 것은 부정한 것이 되고, 그것은 그 부정의 효력을 다른 이에게 방사放射

하여 그마저 오염시키는 존재가 되었다. 그 방사는 접촉으로부터 발생한다. 접촉 가운데 가장 직접적인 것은 만지는 것이다. 그래서 침은 인간의 몸 안에 있을 때는 아무런 문제가 없지만, 몸 밖으로 나가면 오염을 방사하고 그것을 접촉하는 사람은 그 오염에 감염되는 것이다. 반면에 생명을 주는 암소는 최고의 정한 것이 되었고, 그렇지만 그 주검은 가장 부정한 것이 되었다. 갠지스강을 비롯한 여러 강 또한 생명을 주는 어머니로 인식되었다. 강 외에 땅이나 공기 등은 영원한 정의 존재로서 부정한 것을 씻어 주는, 그러면서도 결코 오염되지 않는 것이 되었다. 이 과정에서 그보다 약한 정의 존재인 우유나 물 같은 것은 절대로 오염되어서는 안 될 것이 되었다. 남의 침이 묻은 물을 마시거나 머리카락이 빠진 우유 같은 것을 마시면 오염된다고 믿게 된 것이다.

오염을 방사하는, 즉 생명을 반反하는 존재 가운데 가장 심각한 것은 무엇일까? 의심할 바 없이 사체, 그 다음은 피다. 그래서 힌두인들은 고기나 피를 먹지 않는다. 생명의 근본인 뿌리도 마찬가지다. 그래서 육식을 하지 않는다. 피를 마시지 않는 것은 두말할 필요도 없고, 회나 산 낙지 같은 것을 먹는다는 소리를 들으면 소스라치게 놀란다. 반면에 우유는 생명의 뿌리가 아니라 생명을 주는 것이므로 많이 마셔야 한다. 계란은 좀 애매하다. 궁극적으로 생각해 보면 생명의 뿌리지만, 어찌 보면 생명을 가져다주는 것이기 때문이다. 이러한 원리가 담긴 음식 문화를 지키면 높은 카스트에 위치하고, 지키지 못하면 최하위 카스트

불가촉천민 마을에서 염소를 산 채로 잡는 희생제를 드리는 모습

에 속한다. 그래서 브라만 가운데서도 가장 높은 학자 브라만은 고기는 물론이고 계란도 먹지 않고, 그보다 더 근본적인 생명관을 가진 자이나교도들은 뿌리가 있는 채소도 먹지 않는다. 한국 불교에서 음식으로 금한 오신채의 기본 개념이 바로 이 뿌리 있는 채소들인 마늘, 파 등을 금한 데에서 시작되었다.

힌두교는 어떤 개념이 시간과 장소에 따라 달라지는 것을 크게 문제 삼지 않는다. 지역에 따라 혹은 종파에 따라 달라진다. 육식과 채식의 문제도 그렇다. 벵갈을 비롯한 바닷가 지역에서는 지체 높은 브라만도 생선을 꺼리지 않는다. 물고기도 엄연한 생명체이지만, 그것을 음식으로 회피하면서는 살기 어렵기 때문이다. 이처럼 인도 전역을 기준으로 보면, 채식의 기준은 정해진게 없고 지역이나 종파에 따라 다 달라진다. 브라만이 별 힘을쓰지 못하는 곳, 즉 육식을 하는 무슬림이나 시크교도들이 주로사는 마을에서는 브라만도 육식을 한다. 다만, 전체적으로 봤을때 육식을 하지 않는 사람은 지체 높은 가문으로 인정받고 그 아래 카스트들은 그 문화를 따르고자 하거나 혹은 따르지 못하는경우에는 스스로 부끄러워하는 문화가 팽배할 뿐이다.

실제로 자신이 육식을 한다는 사실을 주변 사람들이 다 알고있음에도 남 앞에서는 채식주의자라고 말하는 일이 비일비재하다. 근대 시기에 낮은 카스트가 돈을 많이 번 후 정치권에 들어가 카스트를 상층으로 바꾸려는 운동을 할 때 맨 먼저 한 행동이 육식을 포기하는 일이었다. 이런 일이 생기다 보니 원래 지체높은 브라만들도 서구 사람들을 따라 공공연히 전통을 무시하고육식을 해 버리는 경우도 간혹 있다. 채식의 원래 의미가 희석되어 이제는 사람을 옥죄는 무기가 된 것이다. 종교가 의미를 잃고기계적 형식과 의례만 남은 경우이다.

40

쥐까지 숭배한다고?

인도인은 암소만 숭배하는 것이 아니다. 라자스탄주에 가면 쥐를 모시는 사원도 있다. 불교에 익숙한 우리야 돌로 쌓은 탑에 고개를 숙이고 나무나 쇠로 만든 상像에 절하는 것이 이상하지 않지만, 인도 종교에 익숙하지 않은 서양인들 눈에는 이런 모습이 우매해 보일 수 있다. 실제로 그들은 왜 인도 사람들은 아무 것도 아닌 돌이나 나무에 절을 하는가라고 묻는다. 본질과 존재에 대한 인도적 사유를 이해하지 못해서 그렇다.

이러한 숭배의 기본 구도는 인도인 특유의 윤회관에서 나온다. 그들은 세계는 본질이 있고 그 본질은 영원하여, 죽으면 다음 생에 다른 모습으로 나타난다고 믿는다. 세계는 땅, 물, 불, 바람, 대기 등으로 구성되어 있는데 사람이 죽으면 그 몸이 원래의 그 다섯 가지로 돌아간다고, 그리고 혼이 그 몸과 완벽하게 분리가 되어야 다음 생으로 환생할 수 있다고 믿는다. 그들이 꼭 야외에서 시체를 태우고 고집스럽게 강물에 뿌리는 것은 이 때문이다. 나무 장작더미를 쌓아 올리고 그 위에 시체를 놓고 불을 피워 불꽃이 튀고 연기가 타올라야 혼이 몸으로부터 빠져나와 하늘로 간다. 바로 그 혼이 영원히 사라지지 않는 본질이고, 그 본질이 임시로 기거하는 곳이 우리의 몸뚱어리다. 그 몸뚱이는 사람의 몸일 수도 있고, 암소의 몸일 수도 있으며, 심지어는 쥐의 몸일 수도 있다. 살아 있는 사람의 몸일 수도 있다. 그러니 원숭이 신 하누만을 새겨 놓은 상은 그냥 단순한 돌이 아니고 그 안에 하누만Hanuman이라는 신의 어떤 진리가 담긴 그릇인 것이다. 그래서 사람들이 절하고 숭배하는 것은, 그 몸뚱이인 돌이나 나무나 쇳덩이가 아니라 그 안에 기거하는 신의 본질이다.

쥐를 숭배하는 지역 주민들은 단지 종교 행위로만 쥐를 숭배하는 것이 아니다. 쥐들에게 음식을 공양하면서 쥐들을 보호한다. 이 지역 사원에서는 2만 마리가 넘는 쥐가 단지 상징으로서가 아니고 실제 숭배를 받는다. 그런데 이런 숭배는 그 신앙을 믿고 따르는 사람들만 하는 행위다. 안 믿는 사람은 안 하면 그만이다. 모든 이에게 통하는 불변의 진리가 아니라는 말이다. 소도 마찬가지고 원숭이도 마찬가지다. 그래서 인도 사람들은 동물상像을 숭배하면서 그 동물을 죽이거나 하는 행동을 잘 하지 않는다. 물론 그것이 자신의 경제적 이익과 배치될 때 생기는 일은 개인이 알아서 처리해야 할 문제다. 예컨대, 채소 가게를 하는 사람이 소를 숭배한다고 해서 길거리를 배회하는 부랑소가 자신의 채소를 다 먹어치우는데 그냥 놔두지는 않는다. 원숭이도 마찬가지고 쥐도 마찬가지다. 가죽 공장을 운영하는 사람이 어머니 갠지스강을 숭배하면서 강물에 폐수를 흘려보내는 것은 이 세계에서 자연스러운 일이다.

범신교라지만 모든 동물을 다 숭배하는 것은 아니다. 숭배하는 동물은 모두 신화에서 신과 관련되어 있는 존재들이다. 신이 타고 다니는 자가용이라거나 신의 자식이거나 신의 화신이거나 하는 존재들이다. 반대로 재수 없다고 여기는 동물도 있다. 우리가 잘 아는《토끼전》이야기는 원래 인도 이야기로, 불경을 통해 건너와 우리 이야기가 되었다. 인도의 이야기에는 토끼 대신 원숭이, 거북이 대신 악어가 주인공으로 등장하는데, 원숭이는 좋은 놈, 악어는 나쁜 놈으로 그려진다. 악어는 인도에서 가장 재수 없어 하는 동물 가운데 하나이다. 악어와 함께 혐오동물 목록에 올라 있는 것들이 토끼, 복어, 매, 곰, 여우 등이다.《마누법전》에서는 "스승에 대한 비난을 들으면 그는 죽은 뒤에 당나귀가 되고, 비난을 하면 개가 되며, 스승의 재산을 욕되게 사용하면 곤충이 되고, 스승을 질투하면 나방이 된다."고 했다. 모두 인도 사람들이 무시하거나 싫어하는 동물들이다. 그래도 이 동물들과도 더불어 같이 사는 세계가 그들의 세계이다.

오 헨리 단편소설 속의 '마지막 잎새'가 어떻게 생명에 대한 희망일 수 있는지 아는 사람, 한용운의 '사랑하는 님은 갔으나 그 님은 가지 않았다'고 노래하는 심정을 이해하는 사람은 인도인의 숭배관을 이해할 수 있다. 그들의 세계관은 서구적 세계관과 다를 뿐이다. 인도인들이 진짜로 우매하고 야만적이어서 사단이 난 게 아니라, 그런 그들을 손가락질하고 억지로 바꾸려 드는 태도가 사단을 만든다.

41

걸승이 어떻게 정치인이 되지?

붓다는 세상을 버리고 떠난 사람이다. 그런데 시간이 흐르면서 세상을 정복한 사람이 되었다. 이를 학문적으로는 'World Renouncer, World Conqueror'라고 한다. 세상을 버린 사람들이 그의 말을 듣고 따르는 건 충분히 일리가 있는데, 붓다가 하지 말라고 한 걸 꾸역꾸역 하는 속세 사람들이 그의 말을 듣는 건 사실 모순이다. 하긴, 승려가 엄마들에게 아이 키우는 법을 가르쳐도 아무도 토 달지 않는 세상이니.

힌두 사회는 전적으로 세상 중심의 물질적 사회다. 물질 중심의 카스트 체계를 토대로 세워졌다. 그런데 그 사회 안에서 물질 추구의 문화를 버리고, 즉 세상을 부인하고 세상 밖으로 나가 버리는 사람들이 있다. 그리고 세상에 남은 사람들은 그들을 존경한다. 무슨 심리일까? 기본적으로 세상을 더러운 것으로, 극복해야 할 대상으로 보는 것이다. 그래서 그 대상을 극복하는 자를 초월자, 뛰어난 사람, 스승으로 본다. 스승은 세상 밖에서 세상의 안과 밖을 모두 꿰뚫어 본다. 쉽게 놓기 어려운 명예나 직위를 초개처럼 버리는 사람에게 감탄과 존경의 눈길을 보내는 것과 같은 이치다. 이를 학문적으로 '포기의 역설paradox of renunciation'이라 한다.

그런데 세상을 포기한 사람에게 존경을 표한다고 하더라도, 그 사실만으로 그 사람의 능력과 인품까지 평가할 수 있을까. 분명히 말하지만, 그건 오버다. 세상에 욕심은 없을지언정, 세상을 살아가는 지혜를 갖춘 사람은 아니잖은가. 엄밀히 말하자면, 김구 선생이나 인도의 간디도 포기의 역설로 이름을 높인 경우이다. 백범은 무장 투쟁을 지도한 우두머리일 뿐 구체적인 정치 행위로 나라를 경영할 능력이 있는지 검증해 본 적이 없는 지도자다. 존경할 만한 인물임은 분명하지만, 그렇다고 훌륭한 정치인이라고 말할 수는 없다는 말이다. 간디 또한 마찬가지다. 더할 나위 없이 훌륭한 사상가이자 실천가이자 운동가이지만, 그가 과연 정치를 잘했고, (만약 암살당하지 않았더라면) 독립 연방 공화국 인도의 수많은 난제를 잘 헤쳐 나갔으리라고 장담할 수는 없다.

인도에서 인구 규모로만 볼 때 가장 큰 주는 북부 인도의 한가운데 있는, 고대부터 지금까지 가장 많은 전쟁과 교역이 일어난 웃따르 쁘라데시다. 최근 이 주의 수상으로 요기 아디야나트Yogi Adyanath라는 사람이 선출됐다. 그런데 그는 세상을 버리고 출가한 힌두 걸승이다. 21세 때 출가해 수구적 승려 집단에 들어갔다가 정치인이 된 사람이다. 왜 세상을 버리고 떠난 사람이 세상 정치를 할까? 극우 힌두주의자가 정치를 하면 자본주의 시장질서가 어지러워지는 것이 아닐까? 이런 고민은 자연스럽다. 미리 답해 두자면, 이런 고민은 현실과 동떨어져 있다. 이런 걱정 자체가 종교의 본질에 대한 불이해에서 나온 것이기 때문이다. 통일신라부터 고려를 거치는 긴 세월 동안 나라의 중요한 일을 맡은 이들의 태반이 불교 승려였음을 안다면 쉽게 이해할 수 있을 것이다. 불교는 이 점에서 힌두교와 같다. 힌두교는 철저히 세상 중심의 종교다. 세상의 도덕과 법을 따르면서 물질을 추구하는 것이 그들이 바라는 바다. 힌두교로만 본다면 종교적이라는 말은 곧 물질적이라는 말이 되는 것이다. 물론 힌두교에서는 물질적이라는 것과 정신적/영적이라는 것이 쉽게 구분되지 않지만.

웃따르 쁘라데시주의 요기 아디야나트 수상이 발표한 2017-18년도 예산안을 보면 전형적인 시장주의자의 면모를 볼 수 있다. 인프라에 대대적으로 투자하여 경제를 활성화하고, 농업을 포함한 산업 발전에 박차를 가하겠다는 의지가 엿보인다. 그런데 눈에 띄는 사업들이 있다. 갠지스강의 수질 개선을 위해 오염 물질 배출 공장에 대한 규제와 같은 다양한 조치로 어머니 갠지스강을 살리겠다고 한 것과, 인도 최대 관광지인 따즈마할Taj Mahal에 대한 보수 비용을 따로 책정하지 않은 것이다. 둘 다 종교적인 제스처를 쓰면서 민생을 돌보는 이중 포석이다. 따즈마할에 예산 책정을 하지 않은 것은 결국 중앙 정부 예산을 끌어다 쓰겠다는 것이다. 따즈마할이 이슬람 유적이니 힌두의 유산으로 볼 수 없다는 주장이 아니다. 어디까지나 정치적인 결정인 것이다. 비록 세상을 떠난 걸승이지만, 동시에 세상에 깊이 뿌리내린 정치인임을 알 수 있다. 걸승이 정치를 하는 것은, 곧 그 종교가 세상을 벗어나지 못했기 때문이다.

42

외국인이 힌두로 개종할 수 있을까?

몇 년 전 영화배우 줄리아 로버츠가 힌두교로 개종했다는 소식이 화제가 된 적이 있다. 이게 가능한 일인가? 답부터 말하자면 원래는 가능하지 않지만, 그렇다고 불가능한 이야기는 아니다. 힌두교에는 '원래'라는 개념 자체가 없고 뭐든지 바뀌고 새로운 원칙이 만들어지기 때문에, 원래 가능하지 않다는 것은 그 자체로 성립 불가능한 개념이다. 힌두 세계에서 가능하지 않은 것은 아무것도 없다.

'원래'의 전통부터 살펴보자. '힌두'교라 하는 것은 범주가 정해지지 않는 종교다. 기준도 없다. 그냥 지리적으로 힌두(라고 말하는 인도 땅)에 있는 종교는 다 힌두교다. 유대 사람들이 믿는 종교가 유대교이듯, 인도 사람들이 믿는 종교가 다 힌두교다. 그래서 힌두라고 하는 힌두교 신자는 자신이 선택해서 정해지는 것이 아니고 조상으로부터 자연스럽게 정해져 내려오는 것이다. 다만, 기독교나 이슬람처럼 다른 종교를 일부러 선택해서 개종하는 것은 가능하다. 기독교나 이슬람은 민족 종교가 아니라 보편 종교이기 때문이다. 한편, 힌두교와 떼려야 뗄 수 없는 것으로 카스트가 있다. 카스트 또한 자신이 일부러 선택할 수 있는 것이 아니다. 조상으로부터 자연스럽게 내려오는 것이다. 그 안에서 위치가 바뀔 수는 있지만, 싫다고 해서 없어지거나 좋다고 해서 새로운 카스트를 부여받을 수 있는 것이 아니다. 그래서 카스트를 부여받지 못하는 외래인은 힌두교도, 즉 힌두가 될 수 없다.

역사상 힌두교에서 나와 변형된 종교가 새로운 종교로 인정받은 경우는 여럿 있다. 불교, 시크교가 대표적이다. 둘 다 카스트를 부인하고 새로운 종교공동체를 세웠다. 비록 그 공동체 안에서 카스트가 완전하게 없어지지는 않았지만, 그래도 공동체 규모가 커지면서 자체 사회가 형성되어 독자적인 종교로 인정받은 경우다. 물론 종국적으로 불교는 실패하여 다시 힌두교 안으로 들어가 버렸지만, 시크교는 독자적인 종교로 성공하였다. 근대 이후 이와 유사한 방식을 거쳐 새로운 힌두교가 꽤 생겼다. 처음에는 18세기에 일어난 종교·사회 개혁운동으로 시작됐는데, 이후에는 주로 서양에서 관심을 보이면서 단독 종파 조직으로 발전한 경우가 많다. 80년대 미국에 큰 추격을 준 슈리 라즈니쉬Shree Rajneesh의 신新산냐신sannyasin(棄世者) 운동, 하레 끄리슈나Hare Krishna 운동, 스와미 나라얀Swami Narayan파 등이 그 대표적인 종교운동이다.

그렇지만 어떤 사람이 새로운 힌두교 종파의 일원이 되었다는 사실과 그가 힌두라고 하는 사실은 별개의 문제다. 요가를 하든, 세상을 포기하는 기세자가 되든 그건 그 사람 마음이다. 자기 집에서 끄리슈나Krishna 신상에 절을 하고, 아침마다 뿌자를 올리고, 여러 경전을 읽고 외우고 낭송하고, 절을 하고 꽃을 바칠 수도 있다. 죽으면 화장되어 갠지스강에 뿌려질 수도 있다. 그렇지만 어떠한 방식으로도 공식적으로 개종 혹은 입문을 인정해 주는 의례를 받을 수는 없다. 그런 의미에서 힌두교의 일부를 따르고 실천하는 삶을 살 수는 있지만 그렇다고 힌두가 되는 것은 아니다. 스스로 힌두가 되었다고 주장할 수는 있지만, 아무리 그래도 인도에 있는 몇몇 엄격한 사원에는 출입조차 할 수 없다.

사실 이를 힌두교적으로 말하자면, 공식적으로 힌두가 되든 말든 그런 건 아무런 문제가 되지 않는다. 힌두 사원에서 받아주든 그렇지 않든지 간에 그런 건 문제가 아니다. 힌두 세계관이 표방하는 바에 따라 살면 그대로 힌두가 되는 것이다. 누가 인정해 주든 아니든 말이다. 그런데 그렇게 사는 것은 이론상 매우 어렵다. 요가를 하고 명상하고 깨달음을 추구한다고 해서 힌두로서의 삶을 사는 것일까? 오히려 물질 세상 속에서 수도 없이 많은 의례에 얽매이고 카스트를 지키면서 사는 것이 보편적인 힌두의 삶이다. 분명히 묻고 답해 보자. 힌두로 개종하는 것이 가능한가? 힌두교적으로 이야기하자면, 가능하지 않지만 가능하지 않은 것도 아니다. 이처럼 두루뭉술하게 말할 수밖에 없는 것이, 무엇보다도 힌두교에는 개종이라는 개념, 선택이라는 개념, 경계라는 개념 자체가 없다.

43

힌두가 기독교도로 개종할 수 있을까?

힌두교는 인도와 네팔 사람들 대다수의 종교다. 여기서 힌두교를 처음 접하는 외부인, 특히 서구인들에게 힌두교는 매우 이국적으로 비친다. 기독교나 이슬람을 믿는 사람들은 힌두교 의례에서 접하는 희한한 모양과 색깔, 소리, 냄새에 적잖이 놀란다. 힌두의 일상생활은 모든 행위와 활동의 중심에 종교가 놓여 있다. 기독교인은 밥 먹을 때 기도하는 것 말고는, 일상에서 기독교도임을 드러내는 행위가 거의 없다. 종교와 삶이 분리되어 있어서다. 힌두는 다르다. 모든 행위가 힌두교의 원리와 깊숙이 연계되어 있다. 명절은 더욱 그렇다. 인도는 1년 내내 명절인 나라인데, 그 명절이 신과 관련되지 않는 것이 없다. 세시풍속 자체가 신의 행적과 관련이 있다. 인도인의 삶을 보면 힌두교는 하나의 종교라기보다는 삶의 방식이라고 하는 말이 쉽게 이해된다.

힌두교는 '이것이냐 저것이냐'로 분별하지 않고, '이것이 저것이고 저것이 이것이다'는 식으로 융합하기 때문에 개종의 개념이 없다. 당연히 선교의 개념도 없고 박해 개념도 없다. 물론 근대에 새로 만들어진 일부 힌두교 종파에는 비슷한 개념을 가진 것도 있지만, 전반적인 힌두교의 분위기는 그렇지 않다. 신이든 개념이든 모두 다 받아들인다고 생각하면 된다. 특별히 배척하는 게 없다. 그러니 예수를 믿으라고 하면 굳이 못 믿을 것도 없다. 그러나 예수'만' 믿으라고 하면 그건 불가능하다. 개종했다고 하는 사람들을 가만히 보면 실제로는 힌두 신을 믿고 힌두 의례를 행하는 경우가 태반이다. 예수는 힌두 신 끄리슈나의 대체물일 뿐, 예수만 유일한 구세주로 믿는 경우는 별로 없다. 설사 사정이 있어 기독교로 개종했다 할지라도 그 개종은 형식적으로 서류상으로만 그럴 뿐 그 사람이 예수'만' 믿고 사는 것은 아니다. 본인이 원하더라도 그렇게 사는 것 자체가 어렵다. 우선 카스트에서 벗어나야 하는데, 그건 불가능하다. 자식 혼사 문제부터 걸린다. 기독교도와 혼인 관계를 맺으면 되지만, 그 경우 다른 가족 및 친척들과의 관계를 포기해야 한다. 밥 먹고, 잠자고, 인사하고, 차 마시고 하는 생활 하나하나가 모두 힌두교와 카스트 문화로 구성되어 있는데 그것을 어떻게 끊는단 말인가.

이처럼 강고한 힌두 문화 안에서 기독교도와 무슬림은 어떻게 생겨났을까? 무슬림은 12세기 이후 이슬람 세력이 인도의 많은 지역을 지배한 역사의 결과물이다. 이것이 몇 백 년 동안 이어졌기 때문에 그 영향력은 실로 엄청났다. 특히 '지즈야jizyah'라는 세금이 가난한 인도인들의 개종을 이끌었다. 지즈야는 이슬람 세계에서 거두는 일종의 주민세로, 이 세금만 내면 종교의 자유가 허용되었다. 따라서 무슬림은 이 세금을 내지 않아도 되었다. 가난한 불가촉천민들로선 이슬람으로 개종할 중요한 이유가 되었다. 그렇게 몇 백 년이 지나자 자연스럽게 이슬람 공동체가 생겼다. 그 공동체가 오늘날까지도 이어져 내려오는 것이다. 즉, 개인적인 차원의 개종은 아니라는 말이다. 기독교로 개종하는 경우도 거의 마찬가지다. 영국 식민 지배자들은 인도를 자본주의 시장으로 편입시키기 위해 선교사를 대거 파견했다. 그리고 소위 미션스쿨을 대대적으로 만들어 아이들을 교육시키고 의식주와 돈을 제공했다. 병원도 설립하고 육아원도 만들었다. 이런 선교 작업이 가장 큰 효과를 본 계층은 당연히 불가촉천민이었고, 지역적으로는 미얀마 접경지대인 앗삼을 비롯한 동북부의 소위 '일곱 자매 주'였다. 이 지역들은 애초부터 힌두교와 카스트 체계가 없어서 상대적으로 기독교를 받아들이기 쉬운 곳이다.

인도 남부에 가면 식민 시대 때부터 있어 온 교회가 있다. 흥미로운 점은, 교회 안에도 카스트에 따른 구분이 있어 카스트가 다른 사람과는 자리를 같이하지도 음식을 같이 먹지도 못한다는 것이다. 인도 몇몇 도시에 한국인 선교사들이 지원하는 교회를 가 보면 신도 대부분이 동북부 지역에서 온 사람들이다. 아니면 공부방이나 복지시설 등 물질적 지원이 필요해서 왔거나. 그들 대부분은 일정 기간이 지나면 다시 힌두교도로 돌아간다. 일상의 모든 것이 힌두교의 정淨과 부정不淨으로 나뉘어 있는 세계에서 그것을 부인하고 살기는 어렵다. 우리처럼 제사를 지내느냐 안 지내느냐 정도의 문제가 아니다. 삶 자체가 신의 이야기로 이루어진 세계에서 그것을 부인하는 것은 곧 사회와의 단절, 고립이다. 그런데도 한국의 선교사들은 끊임없이 인도행 비행기에 몸을 싣는다.

44

깔리 여신은 왜 무섭게 생겼을까?

힌두교에는 참으로 많고 많은 신이 있다. 원숭이신도 있고 코끼리신도 있고 쥐신도 있고, 사자신도 있다. 어느 범신교에서나 능히 있을 수 있는 신들이다. 그런데 세계 어느 종교에도 없는 신이 힌두교에는 있다. 힌두 성화聖畫를 보면, 악마의 머리를 칼로 잘라 한 손에 든 채 다른 손으로는 잘린 머리에서 뚝뚝 떨어지는 피를 해골 그릇으로 받는 신이 등장한다. 목에는 해골로 만든 목걸이가 걸려 있고, 허리에는 잘려진 손으로 만든 치마를 두르고 있다. 혀는 방금 피를 받아마신 듯 시뻘겋다. 다름 아닌 '깔리Kali'라는 이름의 여신이다. 깔리는 힌두교 최고신이자 우주의 제왕인 쉬바를 발로 짓누르고 서 있다. 그리고 그 주위에는 시체들이 즐비하고, 까마귀들이 그 시체들을 뜯어 먹고 있다. 쉬바가 수행하는 세상에 대한 징벌을 깔리가 대신 하는 모습이다. 그 상황에서 깔리는 아래에 짓눌려 있는 쉬바와 성교를 한다. 징벌의 신이자 생산의 신이자 성교의 신인 쉬바의 역할을 역시 깔리가 대신하기 때문이다.

도대체 어떻게 이런 괴이한 악신이 있을까? 왜 유독 힌두교에서만 이러한 모습이 나타나는 것일까? 깔리는 밀교 힌두교에서 가장 중요한 여신 가운데 하나다. 인간은 버틸 수 있는 힘도 없고 헤쳐 나갈 의지도 없을 때 신을 찾고 신에게 모든 걸 다 받쳐 의지하고, 그 신은 사회 안에서 그 사람을 괴롭히는 악의 존재를 응징해 준다. 깔리는 이러한 맥락에서 고대의 불평등한 사회경제 구조 속에서 억압받던 민중들이 의지하던 신이다. 슈드라, 불가촉천민, 여성, 소작인과 같이 생산을 직접 담당하는 이들은 지고의 어머니 깔리의 품안에서 그들을 괴롭히는 모든 문명과 문화를 깔리가 처절하게 응징해 주리라 믿는다. 두르가Durga 여신도 있다. 두르가는 깔리와 마찬가지로 무한한 힘을 갖고 악을 응징하는 여신이다. 성화에 나타나는 그 모습은 호랑이를 타고 다니면서 한 손에는 칼을 들고 다른 손에는 창을 들고 또 다른 손에는 채찍을 드는 등 수도 없이 많은 손으로 온갖 무기를 들고 악마를 물리친다. 신화에 의하면 깔리나 두르가는 모든 악마를 물리칠 수 있는 힘을 비슈누와 쉬바로부터 부여받아 모든 싸움에서 승리하여 모든 악을 물리치는 마하 데비Maha Devi(지고의 여신)가 되었다. 깔리는 원래 쉬바의 배우자였으나, 7세기 이후 크게 발달한 밀교 신전에서는 쉬바보다 훨씬 높은 위치에 오른다.

힌두교는 진리를 제시하는 방식에 따라 현교顯教 힌두교와 밀교密教 힌두교로 나눈다. 현교는 진리를 바로 드러내는 방식으로 일반적으로 경전을 중심으로 하는 종교가 다 이에 속한다. 밀교는 진리를 은밀히 드러내는 방식으로, 주로 상징이나 의례 혹은 점복이나 주술 같은 것으로 종교 행위를 하는 것이다. 아주 물질

피에 목마른 여신 깔리는 전형적인 밀교 힌두교 신이다.

적인 종교다. 모든 종교가 다 밀교의 전통이 어느 정도는 다 있으나 힌두교에서 특히 발달했다. 원래 갠지스강 유역에서 발달한 힌두교가 인도 전역으로 퍼지면서 갠지스강 지역 바깥에 사는 사람들이 가진 물질 신앙을 배척하지 않고 받아들였기 때문이다. 외부 사람들을 카스트 체계 안으로 흡수해야 사회가 안정적으로 유지될 수 있으므로, 그들이 원래 가졌던 물질 신앙을 그대로 받아들인 것이다. 설사 갠지스 유역에서 만들어진 정신적이고 관념적인 신앙 체계와 모순되고 맞지 않는 부분이 있더라도 특유의 일원론으로 받아들임으로써, 체계 안으로 편입된 슈드라나 불가촉천민들이 사회에 대한 불만을 폭발시키지 않고 그 안에서 카타르시스를 느끼며 잊고 살도록 한 것이다.

여신을 숭배하는 밀교는 우주의 근본 에너지를 남성 에너지가 아닌 여성 에너지로 본다. 그래서 쉬바는 더 이상 지고의 신이 아니고 그의 배우자인 깔리와 두르가가 지고의 신이 되는 것이다. 쉬바의 남근인 링가linga가 아니라 여신의 여근인 요니yoni를 숭배하는 것이다. 밀교에서는 요니가 링가와 합일될 때 궁극에 도달하는 것이다. 결국 밀교에서는 우주의 궁극적 창조 원리를 기존의 아버지가 아니라 어머니에서 찾았다.

힌두교가 모든 것을 다 포용하는 종교가 된 것은 바로 이 밀교가 크게 발전하면서부터다. 포용이란 갈등을 없애는 것이다. 갈등을 없앤다는 것은 사회 변화를 일으키지 못하게 하는 것이다. 고대 로마가 노예를 채찍으로 다스렸다면, 고대 인도는 세 치 혀로 다스렸다. 채찍으로 다스리면 갈등이 폭발하지만, 세 치 혀로 다스리면 속으로 숨어든다.

45

사원에 낯뜨거운 장면이?

인도 북부 마디야 쁘라데시주에 가면 카주라호Khajuraho라는 도시에 10세기부터 12세기까지 축조된 여러 석조 사원들이 있다. 지금 남아 있는 스물다섯 개의 사원 벽면 안과 밖에는 수 천 개의 부조가 새겨져 있는데, 대략 10퍼센트 정도가 아주 분명한 남녀 교합 장면을 담고 있다. 남녀의 일대일 교합뿐 아니라 그룹 섹스와 요가 자세 행위, 심지어 동물과의 행위 등 상상 가능한 온갖 성행위가 묘사되어 있다. 도대체 왜 이런 낯 뜨거운 장면들이 신성한 사원에 새겨져 있는 것일까?

힌두는 여성이 결혼을 하면 가리마에 붉은색을 칠한다. 피를 머금고 있다는 뜻이다. 즉, 이제 성행위를 통해 생산할 준비를 마친 여성이라는 뜻이다. 그래서 과부나 처녀는 가리마에 붉은 색을 칠하고 다닐 수 없다. 힌두 최고의 신 쉬바는 남근인 링가로 상징되는데, 여근의 상징인 요니와 함께 사원에 배치된 경우가 많다. 신의 모습을 통해 남녀의 교합, 즉 생산 행위를 상징적으로 재현한 것이다. 이런 문화는 비단 힌두교에만 있는 것은 아니다. 고대 그리스, 중국 등 이런 상징이 나타나지 않는 곳이 없다. 남녀의 성교는 풍성한 생산, 즉 다산을 추구하는 상징인 것이다.

　힌두교는 결코 해탈만을 추구하는 정신적인 혹은 관념적인 종교가 아니다. 그것이 추구하는 것은 사회에서 법(다르마dharma)을 잘 지키고, 실제 이익(아르타artha)을 추구하고, 부부 간에 섹스(까마kama)를 잘해서 자식을 낳는 것을 최우선으로 추구한다. 그 다음이 해탈(목사moksha)이다. 이것이 힌두가 추구해야 할 네 가지 삶의 목표다. 이 넷 중 셋이 물질적인 것이다. 법은 자기에게 주어진 신분인 카스트를 잘 지키고 남자는 남자대로 여자는 여자대로 학생은 학생대로 스승은 스승대로 모두 자기 직분에 주어

카주라호의 사원 벽면에 새겨져 있는 남녀 교합상(마이투나maithuna)

진 바를 잘 따라야 한다는 사회질서 유지의 방편으로, 이를 집대성해 놓은 것이 '다르마 샤스뜨라dharma shastra'라는 법전이다. 만일 다르마(법)와 아르타(이익), 까마(섹스)가 충돌한다면? 다르마가 아르타나 까마에 우선한다. 까마가 속되고 회피해야 하는 것이 아닌 것은 바로 이런 맥락에서 이해해야 한다. 오랜 옛날부터 힌두 가정은 물론이고 사원에서도 이렇게 교육했다. 정신이 성聖이고 물질이나 섹스가 속俗이 되는, 그리고 성이 속보다 더 우월하다는 플라톤적 이분법적 관념이 아닌 둘이 하나인 힌두교적 세계관에서 나온 문화다. 그래서 까마를 어떻게 추구해야 할지 보여 주는 구체적인 내용이 사원 벽면에 공개적으로 조각되어 있는 것이다.

결국 카주라호의 여러 사원을 비롯해 인도 각지의 사원 벽면에 새겨져 있는 남녀 교합상(마이투나maithuna)은 음과 양이 일체가 되어야 한다는 의미고, 이런 세계관의 근본은 다산 숭배라는 물질 숭배에 기초해 있다. 다만, 그 상징의 재현이 추상적이지 않고 구체적인 모습으로 드러나서 현대인의 눈에는 불편할 따름이다. 그러나 생각해 보면, 한국이나 중국의 태극 문양도 음양의 합일을 추구한다는 점에서 힌두 상징과 다르지 않다. 그 근본 이치는 다산 숭배의 물질관인 것이다. 그런데 이 세계관을 추상적으로 재현하지 않고 구체적으로 형상화했다고 해서 철학이 아닌 '음란'으로 매도하는 것은 부당하다.

카주라호 등 힌두 사원의 남녀 교합상을 보고 음심을 품거나 음란하다고 욕하는 것은 당시 사람들의 세계관과 문화를 제대로 이해하지 못하기 때문이다. 자기 눈으로 다른 사람의 세계관을 재단하는 것은 위험하다. 특히 문명과 야만의 이분법으로 세상을 가르는 것은 더욱 그렇다. 인민은 음란하지 않되 성적인 표현이 많고, 가진 자들은 음란하되 표현은 점잖다. 그렇다고 전자는 비속하고 후자는 고상한가? 카주라호의 남녀 교합상을 보면 거기서 성性이 아니라 힌두 사람들의 세계관을 읽으라.

46

불교를 보면 인도의 세계관이 보인다?

붓다의 가르침을 아주 단순화시키면 세상은 고통의 바다고, 그래서 세상 속에서는 그 어떠한 진리도 찾을 수가 없으니 세상을 버리고 떠나서 스스로 궁극을 찾아야 한다는 것이다. 세상의 모든 것은 변화하기 때문에 그 어떤 것에도 영원한 본질이 없는데도 그것을 모르기 때문에 세상 모든 것은 고통이다. 그 고통의 번뇌가 불같이 타오르는데 그 불이 꺼지는 것이 해탈, 즉 벗어나서 탈출하는 것이다. 무엇으로부터 벗어나서 탈출한다는 것인가? 윤회다. 윤회는 영원히 돌고 도는 무의미한 것이기 때문에 추구해서는 안 되고, 그것으로부터 영원히 벗어나야 한다. 그렇다면 그 벗어나는 행위, 즉 해탈은 어떻게 하면 도달할 수 있는가? 말, 행동, 생각, 노력 등에서 여덟 가지의 바른 길을 택해야 하는데, 그 안에서 오로지 자기 혼자 수행해야만 도달할 수 있다.

이를 다른 말로 하면, 신을 믿고 숭배하지 말라는 것이다. 신을 믿고 그에게 뭘 바치거나 어떤 업을 쌓는 것은, 그 업에 따라 극락으로 가는 것이기 때문에 결국 윤회가 된다. 윤회는 해탈을 포기하는 것이다. 탑을 쌓고 그 주위를 도는 것도 좋은 업을 쌓는 것이고, 불상을 만들어 거기에 절하고 그것을 숭배하는 것도 좋은 업을 쌓는 것이다. 이런 행위는 모두 해탈이 아니라 윤회를 향해 가는 길이다. 붓다가 하지 말라고 한 것들이다. 부적을 쓰거나 점을 치거나 주술을 하는 것도 마찬가지다. 붓다는 모두 부질없고 저질스러운 일이라 했다. 제사를 지내는 것도 마찬가지다. 그것도 좋은 업을 쌓는 것이니 다 부질없는 짓이다.

이 모든 행위가 붓다는 하지 말라고 했지만 후대 불교에서 빠지지 않는 필수 요소가 되었다. 이뿐만 아니다. 붓다는 모든 사회적 관계를 끊고, 남들이 주는 음식을 얻어먹는 것 외에는 그 어떤 사회적 행위도 해서는 안 된다고 가르쳤는데, 절에서는 토지를 소유하여 임대를 주거나 농사를 지어 생산물을 팔거나 그림을 그려 파는 행위가 너무나 당연시된다. 기왓장에 가족의 이름을 적은 기왓장도 돈을 받고 판다. 아예 결혼하여 아들딸 낳고 아내와 함께 사는 승려도 적지 않다. 승려가 국가의 주요 업무를 보기도 하고, 전쟁이 나면 군사를 조직해 적군을 죽이기까지 했다.

이런 행위가 옳은지 그른지는 판단하는 사람의 몫이다. 분명한 것은, 이것들이 붓다가 하지 말라고 한 행위들이라는 점이다. 그런데도 우리는 이런 불교를 비난하거나 하지 않는다. 만일 기독교에서 이 정도로 예수의 말을 어겼다면 이단이라는 말이 나올 법하다. 그런데 불교는 그렇지 않다. 왜 그런가? 그것은 불교라는 종교의 성격 때문이다. 불교는 붓다가 말한 바를 따르는 종교가 아니라, 붓다가 되려는 자들의 종교다. 그러니 석가모니 붓다의 가르침 자체가 영원한 진리가 아니고 여러 진리의 길 가운데 하나가 되는 것이다. 그 길에 찬동하는 사람은 그 길로 가면 되고, 그 길에 반대하는 사람은 다른 길로 가면 된다. 붓다가 죽은 지 500년 정도 지나자, 불교 안에서 붓다의 가르침이 허탄虛誕하다는 주장이 나왔다. 차라리 신을 믿고 숭배하여 윤회하는 것이 더 옳다는 주장이 나온 것이다. 다 버리고 나가 혼자 깨달음을 추구하고 싶은 사람은 그 길로 가고, 그렇지 않고 나무아미타불 외우고 제사 지내고 탑 돌고 불상에 절하여 극락으로 가는 것이 옳은 길이라 여기는 사람은 그 길을 가면 되는 것이다. 전자도 불교의 길이고, 후자도 불교의 길이다. 내가 어느 길을 선택하느냐가 문제일 뿐, 어느 것이 옳고 그른지는 문제가 아닌 것이다.

그렇게 불교는 끊임없이 변해 왔다. 기독교가 이 정도로 변하면 그것은 변질이다. 기독교는 '바이블'이라는 경전을 바탕으로 성립한 종교이기 때문에 그 경전에서 가르친 것과 다르면 그건 변질이거나 기독교가 아니다. 하지만 불교는 그런 종교가 아니다. 기준도 없고, 경계도 없다. 이런 세계관은 불교뿐 아니라 인도에서 나온 모든 종교가 동일하다. 선이 악이고 악이 선이다. 선이라는 건 정말로 모든 사람에게 어떤 상황에서도 영원히 선일까? 아니면 이럴 때는 선일 수 있지만 저럴 때에는 악일 수 있는가? 이런 점에서 불교는 인도 사람, 인도의 세계관을 잘 드러내 준다. 예수를 부인하는 것은 기독교가 아니지만, 붓다를 부인하는 것도 불교다.

47

불교는 어쩌다 인도에서 사라졌을까?

불교는 기원전 6세기경 갠지스강 중상류 유역에서 힌두교의 제사 중심주의에 반발하면서 태어났다. 붓다는 세상은 고통일 뿐 아무런 의미가 없는 것이라고 보았다. 붓다에게 진리는 신에 의해 구원받는 것이 아니고, 일체의 숭배나 의례로부터 벗어나 궁극이라고 하는 어떤 것을 스스로 깨닫는 것이다. 그 궁극이 해탈이고, 그 해탈은 인과응보라는 윤회의 메커니즘으로부터 벗어나는 일이다. 인과응보의 윤회를 깨려면 사회 행위라고 하는 인因을 제거해야 하는데, 그러려면 세상을 버리고 밖으로 나가는 것이 전제되어야 한다. 그래서 붓다를 비롯한 초기 불교의 걸승들은 생산이라는 사회적 행위를 하지 않고 남이 주는 보시에 의존하여 살았다.

인도는 1년에 3개월 정도 우기가 지속된다. 그때는 세상을 돌아다닐 수가 없다. 그래서 우기에는 일시적으로 걸식 유랑을 중지해야 했고, 이로부터 정착 생활이 시작되고 사원도 만들어졌다. 일단 사원이 생기자 그 조직을 운영하기 위해 규율도 만들어야 했고, 물질 기부도 받아야 했다. 결국 사회를 버리고 나간 불교가 사회 바깥에 또 다른 사회를 만든 셈이 되었다. 신도 수가 많아지면서 세상 안 물질에 대한 사원의 의존도가 커졌고, 그러면서 애초 불교의 전제 조건인 세상 포기와 해탈 추구 노선도 수정이 불가피해졌다. 세상을 포기하고 나가지 않은, 그러나 사원 유지에 절대적으로 필요한 물질의 힘을 가진 재가 신도들의 요구를 마냥 무시할 수만은 없었다. 그래서 새롭게 나온 교리가 세상을 버리고 나가지 못한 재가 신도들이 해탈 대신에 윤회를 택할 수 있게 한 것이다. 그것이 '왕생극락'이라는 이름으로 다시 돌아간 윤회의 세계이고, 그 불교가 대승불교다.

당시 제사 의례 중심의 힌두교 문화에 식상한 많은 사람들이 세상을 버리고 떠나는 것을 추구하면서 그렇게 하지 못하는 자신들에게도 자비를 베풀어 왕생극락을 허용해 주는 불교에 크게 매료되었다. 그리하여 불교는 많은 재가 신자를 거느리게 되었고, 불교 사원은 날로 번성하고 풍성해졌다. 불교 교단은 물질로 불교를 지지해 주는 사람들에게 태어나서 결혼하고 죽는 등의 통과 의례를 담당해 주었고, 아픈 사람과 병약한 사람, 축복을 필요로 하는 사람, 불안한 사람 등을 위해 의례뿐만 아니라 주술까지 제공하여 그들 삶에 더욱 밀착했다. 이제 불교는 세상 안의 종교가 되었다. 애초에 한 인간에 지나지 않던 역사적 인물 가우따마 시다르타Gautama Siddhartha는 신이 되었다. 신이 된 붓다에게는 초능력이 부여되고 그에 대한 믿음과 숭배 의식이 널리 대중화되었다. 신 붓다의 유골은 숭배 대상 중에서도 으뜸이 되었고, 붓다 신을 우상으로 만든 불상 또한 널리 숭배되었다. 바야

호로 불교의 대중화가 이루어졌다.

대중화에 성공한 불교는 이름만 다르지 그 바깥에 있는 힌두교와 똑같은 기능을 하게 되었다. 이제 그들은 세상을 부정하지 않고, 오히려 세상을 진리의 바다로 여기게 되었다. 불교 신도라고 해서 카스트가 없는 것도 아니고, 숭배나 의례 행위를 하지 않는 것도 아니며, 국가로부터 지원을 안 받는 것도 아니어서 굳이 불교와 힌두교를 구별할 필요가 없어졌다. 힌두교에서 나와 세력을 키우던 불교는 그 과정에서 힌두교의 대중화를 받아들이다가 결국 힌두교와 다를 바 없는 것이 되어 버렸다. 불교와 거의 똑같은 맥락에서 발생한 자이나교와 비교해 보면 이 점이 더 분명해진다. 자이나교는 불교처럼 적극적인 대중화를 도모하지 않았다. 그래서 세력도 불교만큼 커지지 않았고 세계적 종교로 성장하지도 못했다. 그러나 그만큼 힌두교화도 이루어지지 않아 힌두교 안으로 흡수되지 않은 채 독립적 위치를 차지하고 있다.

이처럼 불교가 힌두교와 거의 같아졌지만, 불교 승려는 여전히 출가를 해야 했고 힌두교는 출가하지 않은 채 사회 내에 존재했다. 그런데 10세기경부터 이슬람 세력이 북부 인도를 침략하여 힌두교 사원과 불교 사원을 모두 도륙하는 일이 벌어졌다. 힌두교는 승려가 죽으면 자연스럽게 그 아들이 대를 이어 승려가 된다. 문제는 불교였다. 일부러 누군가가 출가하여 승려가 되지 않으면 승려의 대가 끊길 수밖에 없다. 그런데 힌두교와 크게 다를 바 없는 불교에 새삼스럽게 입문하여 출가를 할 사람은 그리 많지 않았다. 불교는 자연스럽게 잊혀진 종교가 되어 갔다. 데 칸고원의 아우랑가바드Aurangabad에 있는 아잔따 석굴 사원은 인도 내 불교의 역사를 상징적으로 보여 준다. 근처에 있는 엘로라 힌두 사원은 끊임없이 사람들의 발길이 이어졌지만, 어마어마한 규모의 아잔따 석굴 사원은 사람들에게 잊혀져 담쟁이넝쿨과 함께 숲의 일부가 되었다. 그리고 많은 세월이 지난 후에 호랑이 사냥을 하던 어느 영국군 장교에 의해 우연히 발견되었다.

초심을 잃지 않는 것은 세勢를 포기하는 것이나, 초심을 잃는 것은 결국 잊혀지는 것이다.

인도 여성은 왜 아직도?

48

"딸락"을 세 번 외치면 이혼?

　많은 사람들이 인도라는 나라를 설명하고 규정하면서 쓰는 말이 '다양성 내의 통일성Unity in Diversity'일 것이다. 서로 다른 언어가 수도 없이 많고, 인종도 다양하며, 종교도 많고, 같은 힌두교라 해도 그 안의 신앙 체계는 또 얼마나 다양한가. 이런 인도의 다양성을 단적으로 드러내는 것이 '통일된 민법의 부재'이다. 인도 연방 정부 내에는 하나의 통일된 체계로서 민법이 존재하지 않는다. 각 공동체 단위마다 혼인, 이혼, 재산, 물권, 채권, 상속, 유산 등에 각기 다른 법이 적용된다. 여기서 말하는 공동체란 주로 관습이 다른 종교공동체다. 쉽게 말하면, 힌두가 사는 지역과 무슬림 지역 혹은 시크나 기독교도가 사는 지역에서는 민법에 관한 규정이 다 다르다는 것이다. 예를 한 번 들어보자.

　무슬림은 일부다처제가 관습법으로 허용되기 때문에 무슬림 남성이 여성 배우자를 한 사람 이상 두는 게 적법이지만 힌두에게는 그렇지 않다. 반면에 힌두든 무슬림이든 여성은 무조건 남성 배우자를 한 사람만 두는 게 법규에 맞다. 여성에 대한 두 종교공동체 간의 입장은 다르지만 둘 다 남성 중심의 가부장 사회

이기 때문에 그렇다. 세금도 마찬가지다. 힌두는 전통적으로 '결합가족'이라고 하는 일종의 대가족 형태를 오랫동안 유지해 오고 있기 때문에 재산을 대가족 차원에서 전체 합산하여 세금을 유리하게 적용받을 수 있지만, 무슬림의 경우에는 그런 방식이 허용되지 않는다. 물론 기독교 공동체도 마찬가지로 허용되지 않는다. 그럼 이혼을 하는 경우에는? 무슬림은 결혼 후 2년이 지나기 전까지는 이혼할 수 없다. 하지만 다른 공동체는 그 기간이 1년이다. 이렇듯 각 공동체마다 달리 적용되는 민법은 혼인, 이혼, 상속, 부양 등에서 각 종교의 관습이 오랫동안 달리 적용돼 온 데다, 인도가 영국으로부터 독립한 1947년에 파키스탄과 분단되고 이후 종교 간 관습 차이가 매우 민감한 사항으로 부상하여 대규모 공동체 간의 갈등을 야기하는 주요 원인이 되어 왔다. 그래서 1951년 헌법 제정 이후 민법 제정이 필요하다고들 말하고는 있지만, 아직도 서로 다른 것들을 통일하기가 너무나 어려워 하나의 민법 체계를 갖추지 못하고 있는 상태이다.

세계 최고의 민주주의 국가이자 초강대국으로 성장하고 있는 인도 같은 나라가 통일된 민법 체계를 갖추지 못했다는 믿기 어려운 사실은 소위 '샤흐 바노Shah Bano' 사건을 살펴보면 잘 이해할 수 있다. 전통적으로 인도 무슬림에게는 세계 어느 나라 무슬림에게도 없는 상상 초월의 이혼 절차가 있다. '딸락talaq'(이혼)이라는 말을 세 번만 외치면 이혼이 성립되는 것이다. 말로 하지 않고 글로 써서 보여 줘도 되고, 심지어 전화로 해도 되며, 요즘 같아선 문자 메시지로 세 번만 보내면 된다. 국가의 통일된 민법 체계가 세워지지 않은 상태에서 중세 봉건 시대의 관습이 아무런 제약 없이 일부 무슬림 공동체에 전해 내려왔기 때문이다. 이 관습이 남성에게 일방적으로 유리한 것은 두말할 필요가 없다.

1987년의 일이다. 마디야 쁘라데시에 살던 샤흐 바노라는 여성이 남편이 딸락을 세 번 외치는 바람에 62세의 나이에 이혼당해 양육비도 받지 못한 채 다섯 자녀들과 함께 쫓겨났다. 이에 분개한 샤흐 바노는 대법원에 소송을 제기했고, 재판에서 이겨 자녀 양육비를 받게 되었다. 이때 전국의 수구 무슬림 세력이 벌 떼같이 들고 일어나 재판이 코란에 규정된 신성한 이슬람 율법에 어긋난다고 반대했다. 이에 선거에서 무슬림의 압도적 지지를 받아 집권한 회의당이 국회에서 따로 법안을 만들어 결국 샤흐 바노 양육비에 대한 대법원의 판결을 무효화시켰다. 이후 무슬림은 무슬림대로, 힌두는 힌두대로 근본주의자들의 주장이 전면에서 부딪히면서 둘의 갈등이 극심해졌고, 결국 통일 민법 체계 수립은 완전히 물 건너 가 버렸다. 그러나 결국 2017년 대법원은 "딸락" 세 번으로 이혼을 통보하는 것은 위헌이라고 판결했다. 인도 사회에서 대단한 진전이 일어난 것이다.

인도는 헌법에 의해 공화국이 성립된 이후 초대 수상 네루로부터 아직까지 국가 기틀의 가장 중요한 기둥으로 세속주의를 견지하고 있다. 하지만 통일된 민법 체계 하나 갖추지 못하고 있다. 이는 국가가 주창하는 것과는 달리, 실제 사회는 두 개의 종교공동체에 의해 각각 돌아가고 있기 때문이다. 그 안에서 죽어나가는 건 여성이다.

49

강간의 왕국?

90년대 한때 인도는 젊은 대학생들이 찾는 배낭여행 천국이었다. 먹는 것도 불편하고 잠자리도 불편했지만, 서구화되지 않은 풍경 속에서 순박한 사람들이 엮어 내는 맛은 경쟁 사회에 지친 한국 젊은이들을 불러들였다. 그때는 여학생들이 혼자 두어 달씩 여행을 다니는 경우도 흔했고, 인도가 여성에게 안전한 나라인지 특별히 관심을 두지 않았다. 이런 풍경이 2000년대 들어 심각하게 바뀌기 시작했다. 당시 인도는 신흥 시장인 브라질·러시아·인도를 가리키는 소위 브릭스BRICs의 일원으로 경제 성장과 소비문화의 팽창이 급속도로 이루어지고 있었다. 자연스럽게 범죄율도 높아졌고, 여성에 대한 강간 사건도 자주 언론에 등장하기 시작했다.

인도의 강간 사건에 전 세계의 이목이 집중된 것은 2012년 12월 16일 델리의 버스에서 벌어진 윤간 사건 때이다. 희생자 대학생은 남자 친구랑 같이 버스에 타고 있다가 운전사 포함 여섯 명의 남성에게 윤간을 당했다. 남자 친구는 집단 구타를, 피해자는 차마 형언하기 어려운 처참한 윤간을 당했다. 피해 여성은 긴급하게 싱가포르로 이송되어 치료를 받았으나 13일 만에 시신으로 돌아왔다. 강간 범죄에 대한 시민들의 분노는 들불같이 번졌다. 수도 델리에서 일어난 전대미문의 사건을 접한 시민들은 거리로 쏟아져 나와 불같은 분노를 폭발시켰고, 정치인들은 범인들을 즉각 처형하라고 요구했다. 그러나 이후에도 유사한 강간 사건이 매년 대도시를 중심으로 늘어났고, 그 타깃은 점차 외국인 여성으로까지 확대되었다. 그때까지 상대적으로 강간 사건이 사회적 이슈로 부상하지 않던 인도에서 여성운동이 들끓고, 세계 언론이 이 강간과 반反여성 문화에 대한 저항운동을 대서특필하면서 본의든 아니든 인도에 대한 뉴스는 주로 강간에 집중되었고, 그 과정에서 인도는 '강간의 왕국'으로 낙인찍혔다.

2013년 인도 정부범죄기록원National Crime Records Bureau의 기록에 의하면, 2013년 한 해 인도에서는 2만 4,923건의 강간 사건이 보고되었다. 물론 남존여비에다 폐쇄적인 인도 농촌 문화의 속성상 보고되지 않은 사건이 훨씬 많을 것으로 생각된다. 이는 강간 범죄의 대부분이 평소에 아는 사람, 즉 가족과 친지, 이웃 등에 의해서 저질러진다는 사실로 미루어 짐작할 수 있다. 그런데 인도는 2000년대 이전까지는 강간 범죄율이 세계에서 하위에 속하는 나라였다. 물론 당시에도 여성에 대한 인권 의식은 낮고, 시골에서는 강간 사건이 수시로 일어났다. 대규모 소요가 일어나면 여지없이 집단 강간이 등장했다. 인도-파키스탄 분단 때 양쪽 모두에서 헤아리기 어려울 만큼의 여성이 납치 강간당한 것이나, 비교적 최근인 2002년 구자라뜨 학살 사건 때 극우 힌두 청년 깡패들이 무슬림 여성을 집단 강간한 것은 널리 알려진 사실이다. 이 밖에도 강간을 당하면 여성이 처신을 잘못했기 때문이라는 인식이 널리 퍼져 있고, 일부 무슬림 공동체에서는 어린 남동생이 잘못을 저지르면 누이가 상대 마을의 남성들에게 죄를 씻기 위해 윤간을 당하는 소위 '명예 강간' 등 여러 악습이 있어 전국적으로 하루에도 셀 수 없을 만큼 수많은 강간 사건이 일어난 건 사실이지만, 미국이나 캐나다, 호주, 프랑스, 스웨덴 등 서구권 국가에 비하면 범죄율이 현격하게 낮았다. 하지만 지금은 상황이 달라졌다. 특히 대도시는 불과 10여 년 전과는 비교할 수 없을 정도로 상황이 악화되어 여성의 안전이 크게 위협 받고 있다.

하지만 여기서 분명히 할 점이 있다. 강간 범죄율로만 치면 상위에 오른 나라들은 대부분 서구 여러 나라와 치안이 불안한 아프리카 일부 나라들이다. 그런데 근래에 들어서 도시를 중심으로 강간 사건이 빈발하고, 이에 저항하는 시민운동이 크게 일어나 이를 언론이 집중 보도하면서 어느덧 인도가 '강간의 왕국'으로 불리게 되었다는 사실이다. '강간의 왕국'은 절반의 사실에 절반의 누명이 결합되어 만들어진 레토릭이라는 말이다. 현재 인도 정부도 상당한 충격을 받아 대비책을 계속 마련 중이다. 강간범에 대한 처벌이 점차 강력해지고 있고, 모디 정부는 화장실을 확충 중이다. 화장실 확충은 근본적인 해결책은 안 되겠지만, 특히 시골에서는 중요한 문제이다. 화장실이 없다 보니 여성들이 한적한 곳에 가 용변을 보다가 변을 당하는 경우가 많기 때문이다. 실제로 화장실을 확충하면서 강간 사건이 줄어들고 있다는 보고도 있다.

덧붙여서 여성 여행자들에게 한 마디. 인도에서 현지인들과 친해져 그 집을 따라간다거나 음료수 같은 것을 덥석 받아먹는다거나 가게에서 물건을 보여 준다고 할 때 안으로 따라 들어간다거나 하는 행동만 하지 않으면 그리 큰 걱정은 하지 않아도 된다. 관광지에서는 전 세계 어디서나 조심해야 할 사항이니 두말할 필요 없고, 도시가 아닌 곳을 방문하는 경우는 걱정할 일은 거의 없다는 것이 일반적인 의견이다. 물론 조심은 해야겠지만, 그나마 시골은 도시보다는 안전하다.

50

왜 이마에 점을 찍지?

힌두 여성이 어른이 되면 공식적 자리나 의례에 나갈 때 꼭 이마 한가운데에 점을 찍는다. '빈디bindi'다. 원래 결혼한 여성은 붉은색 점을 찍는다. 붉은색은 여성의 월경, 즉 임신과 생산을 기원하는 의미다. 같은 의미에서, 검은색 점은 절대 찍지 않았다. 검은색은 생산의 반대인 죽음을 의미하기 때문이다. 그러나 요즘에는 종교적 의미가 희석되고 일종의 패션 액세서리처럼 빈디가 쓰이고 있다. 색상도 다양해지고 모양도 물방울이나 다이아몬드, 꽃잎 등 여러 가지다. 도시에 사는 여성은 안 찍는 경우도 많다. 남성도 점을 찍는다. 남성의 이마 한가운데에 찍는 점을 '띨락tilak'이라고 부르는데, 뿌자와 같은 기도 의례를 할 때는 반드시 찍는다.

힌두는 하루를 시작할 때 반드시 목욕을 한다. 우리의 목욕재계와 같은 의미다. 목욕을 하고 난 뒤 집 안에 있는 성소에서 아침 예배를 올리는데, 그때 빈디와 띨락을 찍는다. 성소가 집 안에 없는 경우에는 동네 사원으로 가서 빈디나 띨락을 찍고 예배를 올린다. 외국인이 힌두 사원을 구경하러 가면 브라만 사제가 오라고 해서 띨락을 찍어 주기도 하는데, 만찬이나 의례 장소에

빈디는 힌두 여성의 상징이다.

서 환영의 뜻으로 반디를 찍어 주기도 한다. 이 경우 힌두교를 믿든 믿지 않든 상대방의 문화를 존중하는 차원에서 다소곳이 이마를 대고 띨락을 받는 것이 예의다. 남성들은 의례 이외의 일상생활에서는 띨락을 거의 찍지 않는다.

힌두 신화에 의하면, 악마는 항상 이마의 한가운데를 공격해서 사람을 무너뜨린다. 그래서 그곳에 생명의 색인 붉은 빈디를 찍어 악마의 공격을 막는 것이다. 이처럼 빈디는 악으로부터 사람을 보호한다는 표시다. 그런데 보호와 생산이 어떤 관계일까? 보호하는 것이 결국 생명이고, 그래서 빈디를 다산 숭배의 산물로 보는 것이다. 띨락도 같은 의미를 지닌다. 남성이 찍는 띨락은 성자가 죽고 화장하여 남은 뼛가루를 찍어 바르거나, 성스러운 힘이 있다고 믿는 샌달나무를 갈아서 그 가루를 찍어 바르기도 한다. 여성의 경우에는 보호의 의미가 강하고, 남성에게는 보호의 의미와 함께 영적인 힘도 부여한다. 철저하게 남성 중심의 세계관이다.

힌두교 세계관에 따르면, 인간은 육체적인 두 개의 눈 외에 또 하나의 눈이 있다. 영적인 눈이다. 네팔이나 티벳에 가면 커다란 눈이 그려진 불탑을 볼 수 있다. 바로 이미 한가운데 있다고 하는 '제3의 눈'이라는 것이다. 육체의 눈이 의미하는 바가 이성과 과학을 통한 소통이라면, 제3의 눈은 육감인 직관을 통한 소통을 의미한다. 힌두교에서는 전자보다 후자를 더 높이 친다. 이성이나 과학보다 감각과 직관을 더 높이 평가하는 것이다. 그런데 직관은 객관화된 다수의 시선이 아닌 주관적인 소수의 시선이다. 사람마다 다를 수 있고 논리적으로 설명할 수도 없는, 어떤 비밀스럽게 전해지는 시선 혹은 관점을 존중하는 것이다.

이 전통에 따르면, 신과 그 신을 믿는 사람의 접촉은 눈을 통해 이루어진다. 이를 믿는 자가 신을 보는 것이다. 이때 신이 눈을 통해 모습을 드러낸다. 이를 '다르샨darshan'이라 한다. 다르샨은 사람이 어떤 대상을 보는 것이 아니라, 사람이 대상의 내면에 있는 성성聖性을 보거나 그 대상이 자기의 성성을 사람에게 보여주는 것이다. 이때의 '대상'이란 사람이나 동물이 되기도 하고, 어떤 오브제 혹은 자연물의 모습을 띠기도 하고, 때로는 형태가 없기도 하다. 인간의 입장에서는 보는 것이지만, 신의 입장에서는 보여 주는 것이다. 힌두—불교 세계관에서는 매우 중요한 개념이다. 이를 굳이 한국어로 번역한다면 '성안聖眼'이라고 할 수 있겠다. 인간의 차원에서 다르샨을 한다는 것은, 어떤 대상을 그냥 단순하게 보는 행위가 아니라 상像이나 이미지 혹은 그 대상을 알현謁見하는 것이라고 할 수 있다. 종교학에서 널리 쓰이는 성현聖顯(히에로파니hierophany) 개념 안에서 이해할 수 있다.

힌두 세계관이 기독교 혹은 근대 세계관과 가장 다른 점은, 이성이나 과학 혹은 근거나 통계 아니면 다수결과 같은 명쾌한 논리의 세계에만 머무르지 않는다는 것이다. 힌두는 감성이나 직관을 인간에게 없어서는 안 될 중요한 요소라고 생각한다. 그래서 힌두 문화는 그렇게도 이질적이고 카오스적이다. 이를 두고 서구인들은 '야만'이라 불렀다.

51

과부를 산 채로 화장한다고?

　세상의 어느 종교든 자살을 권하는 종교는 없다. 힌두교도 다른 종교와 마찬가지로 자살을 권고하지 않는다. 널리 알려졌다시피 힌두교에서 삶이란 이전 생에서 수백, 수천의 삶을 살아온 업보가 축적되어 주어진 결과이고, 이승에서의 삶 또한 다음 생에서의 삶을 규정하는 단서가 되기 때문에 이를 인위적으로 끊어 버리는 것은 세계 운행을 방해하는 심각한 위반 행위다. 그런데 힌두 사회에서 자살을 장려하고 그 전통의 보존을 위해 온갖 노력을 다 하는 것이 있으니, 바로 남편이 죽으면 과부가 된 아내가 따라 죽는 힌두식 순장인 '사띠sati'다.

　가장 최근 행해진 사띠로 세상의 주목을 받은 사건은 1987년 9월 4일 루쁘 깐와르Roop Kanwar라는 시집온 지 일곱 달밖에 되지 않은 18세 과부가 감행한 사띠다. 사건 이후 경찰은 장작더미에 불을 붙인 깐와르의 시동생에게 살인죄를 적용하는 등 가족의 남성 구성원들을 구속하였으나, 정부가 종교에 개입하지 말라는 종교계와 지역민들의 거센 항의 때문에 결국에는 모두 석방되고 최종적으로 아무도 처벌받지 않았다. 이 사건 이후 언론과 여성계에서는 사띠의 금지뿐만 아니라 사띠 행위를 찬양하고 미화하는 행위조차 법으로 금지해야 한다고 주장했다. 이에 질세라 이 지역과 전국에서 모인 보수 인사들은 사띠 찬양 축제를 열었다. 3천 명의 여성주의자들이 여성 인권 수호 집회를 열자, '다르마(전통법)수호협회'라는 단체가 라자스탄 고등법원이 외부 사람들 특히 여성 단체의 참여를 금하는 결정을 내렸음에도 7만 명의 군중을 동원해 사띠 지지 시위를 벌였다. 그 자리는 힌두교의 성지가 되었고, 순례의 대상이 되었다.

　왜 이렇게 야만적인 풍습을 적극 옹호하는 사람들이 많을까? 일단 힌두의 종교적 논리를 살펴보자. 힌두교에서 깨달음을 위해 죽을 때까지 금식하는 행위는 매우 가치 있는 것으로 장려된다. 《마누법전》에서 규정한 바와 같이 성스러운 강에 빠지거나, 절벽에서 몸을 던지거나, 불 속으로 몸을 던지거나, 금식을 통해 '육신을 버린' 경우도 이에 속하고, 주로 동부 오디샤주에서 널리 행하는 자간나타Jagannatha 축제 때 신상을 모시고 행렬하는 수레 밑으로 몸을 던져 자살하는 경우도 이에 속한다. 불교의 소신燒身 공양 또한 힌두교 전통의 연장선상에 있다. 한국에서도 2010년 5월 31일 경상북도 군위군 군위읍 사직리 위천 잠수교 앞 제방에서 지보사라는 사찰에서 수행 중인 승 문수가 자살을 하였는데, 유서로 보아 이명박 정부의 4대강 사업과 친親부자 경제정책에 대한 반대가 그 이유로 드러났다. 베트남 전쟁에 항거하는 의미로 1963년 분신한 베트남 승 틱꽝둑의 예와 일맥상통하다. 모두 그 종교가 규정하는 다르마, 즉 진리를 수호하기 위해서다.

사띠는 여자를 남자의 소유물로 보기 때문에 생긴 제도다. 옛날 아주 옛날에 왕이 죽으면 그를 따르는 몸종이나 호위병 혹은 그가 좋아하던 고양이 등을 함께 묻어 주던 것과 같은 이치다. 남자가 죽은 뒤 여자가 재가하지 않고 죽을 때까지 혼자 살아가는 것을 장려하면서 그에게 열녀烈女라는 칭호까지 부여하던 한국의 문화와 동일하다. 그런데 한국 사람들은 한국의 열녀에 대해서는 별 문제를 제기하지 않고, 사띠에 대해서는 깜짝 놀라며 분개한다. 열녀는 죽지 않고 사띠는 죽기 때문에 그러는 것 아니냐고 하는 사람은 참으로 단순한 사람이다. 둘 다 지독한 남성 가부장 중심 문화의 산물이란 점에서 다를 바가 없기 때문이다.

1987년 이후 인도 사회에서 사띠를 행하는 일은 없어졌다. 그렇다고 인도인들이 남녀가 평등한 사회를 꾸려 가고 있는가. 그렇게 생각하지 않는다. 아직도 인도 시골 지역에서는 여성들이 외부 사람들과 눈을 마주치지 않으려고 낯을 가리고 다닌다. 여성은 조신하게 몸을 지켜야 한다. 그래서 아이들을 제외하고는 자신의 살을 외부 사람에게 직접 보여 줘서는 안 된다. 이 점에서 힌두 여성의 낯가리개나 무슬림 여성들이 쓰는 히잡이나 조선시대의 장옷이나 그 쓰임새는 같다. 보수적인 인도 남성들은 전통문화를 아름다운 것으로 미화하고 지켜야 하는 것으로 치켜세운다. 비키니를 입고 몸매를 자랑하는 미인선발대회 같은 것은 용납되지 않을 뿐만 아니라, 심지어 테러의 대상이 된다. 결국 종교는 악의 제거를 정당화되는 폭력과 희생의 법칙 위에 서 있다.

무슬림 여성은 구걸을 할 때도 낯가리개 히잡을 두른다.

오늘날에도 인도 사회는 매우 보수적이다. 이 말을 달리 하면 여성을 보호하는 문화가 강하다는 것이고, 이는 여성을 함부로 대한다는 것이 되기도 한다. 이 둘은 동전의 앞뒷면처럼 공존한다. 폭력을 멀리한다는 것과 폭력을 널리 사용하다는 것도 마찬가지다. 이것이 인도라는 보수 사회의 성격이다.

52

힌두 여성도 얼굴을 가린다?

현재 인도의 도시화 속도는 놀라울 정도이지만, 여전히 '시골'의 비율이 압도적으로 많다. 그리고 도시를 벗어났을 때 가장 눈에 띄는 점이 그 봉건성 혹은 보수성이다. 갓 시집온 여성이 외부인 앞에서 사리의 끝부분이나 별도의 긴 스카프로 자신의 얼굴을 가리는 '궁가뜨ghunghat'라고 하는 풍습도 이런 문화의 산물이다.

궁가뜨 풍습은 남성 중심의 가부장제 사회에서 여성을 억압하는 문화다. 궁극적으로 여성을 남성과 동등한 인격체가 아닌 남성의 소유물 내지 치장물쯤으로 인식한 결과다. 고대 인도가 세계에서 여성을 가장 억압하고 착취한 가부장 봉건 사회였음은 의심할 여지가 없다. 그러나 이제 도시에서는 이 풍습을 지키는 사람이 거의 없고, 지역적으로도 거의 인도 북부에만 널리 퍼져 있다. 궁가뜨를 옹호하는 사람들은 이 풍습이 중세 이후 인도를 침략한 무슬림들이 힌두 여성을 납치·강간하여 이를 막기 위해 생긴 것이라고 주장하는데, 이는 역사적 사실과 다르다. 전형적인 반反무슬림의 입장에서 힌두와 무슬림을 이간질하려는 힌두 근본주의 수구 세력의 왜곡이다. 고대 힌두교 법전에서 재가된 풍습도 아니다. 남편이 죽으면 남편의 사체와 함께 배우자를 산 채로 화장하는 사띠처럼 힌두교 법전 어디에도 없는 풍습이다. 서기 2~3세기 무렵의 고대 사회상을 담은 여러 글을 볼 때 이 풍습이 오래된 풍습인 것은 맞지만, 그렇다고 종교 법전에서 반드시 지켜야 할 의무로 인정받은 것은 아님을 알 수 있다. 어느 대승불교 경정을 보면 이런 이야기가 나온다. 어느 새댁이 시집 어른들 앞에서 얼굴을 가리지 않자 주변 사람들이 뒤에서 험담을 한다. 이를 알게 된 새댁이 한마디 한다. 머리에 든 생각이나 감각을 가리지 않고 몸만 치장한 채 얼굴을 가리는 것은 세상을 나체로 다니는 것과 다름없다. 생각을 가리고 감각을 통제할 줄 아는 사람이 왜 얼굴을 가려야 한다는 말인가? 이 말에 새댁의 시어른들은 참으로 바르고 똑똑하다며 크게 기뻐하였다는 이야기다.

그러나 지금도 시골에서는 젊은 새댁이 집안 어른들 앞에서 얼굴을 가리는 것이 반드시 지켜야 할 예의로 인식되고 있다. 물론 집 밖 동네에 나갈 때도 민낯으로 다녀서는 안 된다. 옷을 입을 때도 여성들은 '두빠따dupata'라고 하는 긴 스카프를 착용해야 한다. 두빠따 없이 밖으로 나가면 마치 옷을 벗고 다니는 것 같다고들 한다. 여차하면 두빠따로 얼굴을 가려야 하는데, 그러지 못하니 옷이 벗겨진 것처럼 느끼는 것이다. 여성이 얼굴을 가리는 것을 남성에 대한 존경과 부끄러움의 표현으로 보는 문화적 배경도 두빠따 풍습이 이어지는 이유이다. 결혼식 때부터 신부

갓 시집온 여성이 외부인 앞에서 얼굴을 가리는 '궁가뜨' 풍습

는 얼굴을 가리고 고개를 숙인 채 신랑의 옷자락 끝을 붙잡고 불 주위를 돈다. 이 신부의 모습이 의미하는 바는, "하라는 대로 따라가겠습니다"라는 맹세이다.

여기서 퀴즈 하나! 다음 중 젊은 새댁이 어떤 상황에서도 궁가뜨를 반드시 지켜야 할 사람은 누구일까? 1. 시아버지, 2. 시숙, 3. 시동생, 4. 옆집 아저씨. 답은 1번이다. 표면적으로는 가장 존경해야 할 사람이 시아버지이기 때문이라고 해석한다. 틀린 해석은 아니다. 그렇지만 그 이면에는 다른 현실적인 이유가 있다. 질문을 바꿔 보면 이렇다. 다음 중 새댁이 절대 몸을 섞어서는 안 될 사람은? 답은 1번 시아버지다. 옆집 아저씨야 그런 일이 벌어지면 그럴 수도 있는 것이고, 시숙이나 시동생은 실제로 그런 풍습이 있는 곳도 있다. 그러나 시아버지는 절대로 그래서는 안 될 상대이다. 그러면 이런 질문도 가능하다. 다음 중 새댁이 혼자 있는 방에 그 어떤 경우라도 들어가서는 안 되는 사람은? 역시 시아버지다. 나머지 사람들은 피치 못할 상황에서는 헛기침을 하거나 새댁이 옷매무새를 바로잡을 시간을 준 후 들어갈 수 있다. 그러나 시아버지는 안 된다.

도덕과 예의는 사람 사는 사회의 상식으로 보아야 한다. 생각해 보면 우리에게도 이런 풍습이 있다.

53

아직도 결혼지참금을?

'다우리dowry'는 원래 신부의 부모가 신랑 가족에게 바치는 결혼 지참금이다. 전통의 차원에서 보면, 다우리가 여자를 돈으로 파는 문화라고 혹평하기만은 어렵다. 지참금 문화는 세계의 여러 지역에서 생겨난 여러 통과의례 중 하나로서 출발했고, 그 안에는 여성 보호의 개념이 있었기 때문이다. 워낙 가부장적인 인도 사회에서 신부를 조금이나마 안정시키고, 시댁 집안에서 신부와 친정의 위상을 높이는 역할도 수행했다는 말이다. 최근에는 부모가 딸에게 재산을 증여하는 수단으로 활용되기도 한다. 물론 돈 있는 사람들 사이에서 그렇다는 말이다. 엄밀하게는 이제 다우리를 주는 건 위법이다. 1961년에 제정된 '다우리 금지법'에 따라 다우리 지불은 법적으로 분명히 금지되어 있다. 민법뿐만 아니라 형법 304B와 498a조에 의거하여 처벌도 가능하다. 그러나 현실적으로 법으로만 이 문화를 막기에는 역부족이다.

다우리는 고대 때부터 전해 내려온 매우 뿌리 깊은 문화이다. 그 근거는 철저한 남성 중심 가부장제에 있었다. 원래는 신부가 신랑에게 바치는 순수한 현금만을 의미했지만, 요즘은 신랑 직계 가족은 물론이고 친척들에게 바치는 예단을 포함한 모든 집안 살림과 가전제품까지 다 이 개념 안에 들어간다. 심지어 아파트에 가구와 자동차까지도 포함된다. 한국의 잘나가는 집안에서 하는 혼수와 동일하다고 생각하면 이해가 쉽다. 한국에서 뇌물을 '떡값'으로 준다면, 인도에서는 다우리를 '선물gift'로 준다. 인도에서는 대개 중매결혼을 하는데, 이 경우 중매쟁이가 '선물'을 요구하고 심지어 계약서를 쓰기도 한다. 결혼 전과 후에 계약금-중도금-잔금 비슷하게 나눠 내는 경우도 많다. 결국 원래 의도와는 관계없이 다우리가 딸을 파는 대금 혹은 사돈집에서 돈을 갈취해 오는 수단으로 변질된 것이 사실이다.

처음에는 자발적으로 하고 싶은 사람만 하는 선택 사항이었고 상층 카스트 집단에만 있는 문화였지만, 지금은 모든 인도인이 해야 하는 필수 사항이 되었다. 다우리 문화는 전적으로 힌두 문화이지만, 인도 내 무슬림 공동체에도 상당히 널리 퍼져 있다. 무슬림들은 이를 '자헤즈jahez'라고 부른다. 물론 동부나 남부는 북부만큼 심하지 않다. 그렇지만 북부에서도 여자가 경제력이 있으면 다우리를 주지 않아도 된다. 또 신랑이나 그 가족이 속한 집안, 특히 신랑의 아버지가 다우리를 부끄럽게 여겨 받지 않는 경우도 꽤 있다. 모든 일이 다 그렇듯이, 문화라는 것도 결국 힘의 논리에 따라 바뀌는 게 많다. 다우리를 받지 않는 것은 카스트가 다른 상대와 결혼하는 것과 같은 심각한 공동체 문화의 위반이 아니기 때문에 이 문화를 따르지 않는 사람들이 꽤 있는 편이다. 물론 도시를 중심으로, 배우고 돈도 좀 있는 사람들이 그렇다. 인도 신문을 보면 "다우리 필요 없음"이라는 광고를 내보내며 구혼하는 경우도 많다.

문제는 이를 감당할 수 없는 사람들이 감당할 때 일어난다. 돈 있는 사람들이 자기 부를 과시하고 딸에게 재산을 넘겨주는 차원이라면 눈 딱 감고 넘어갈 수도 있겠지만, 다우리 때문에 여성이 심한 폭력을 당하거나 살해당하는 사건까지 일어나 그냥 넘어갈 수 없는 심각한 사회 문제가 되었다. 이 문제가 못 배우고 가난한 사람들의 공동체에서 주로 발생하니 더욱 문제다. 다우리가 없어서 결혼을 하지 못하는 여성들이 생겨나고, 결혼 후 다우리를 더 가져오라며 시집 사람들이 폭력을 행사한다거나, 다우리를 또 받기 위해 며느리를 살해하는(물론 자살로 위장하지만) 사건이 끊이지 않고 있다. 물론 다우리로 인한 폭행과 욕설에 못 이겨 자살하는 사례도 많다. 2010년에 다우리 때문에 사망한 사람이 8,391명이라는 통계까지 나온 바 있다. 10만 명에 한 명 꼴이니 엄청난 숫자다. 다우리 살인은 인도에서 여성에게 가하는 여러 가지의 성폭력, 즉 성희롱과 강간, 염산 투척 등의 폭력 중에서도 가장 많이 일어나는 범죄다.

함부로
입에 올려선 안 될 이름,
간디

54

간디는 봉건주의자인가?

1917년 간디는 힌두 사상에서 원용한 자치, 즉 스와라즈Swaraj를 공식적으로 요구하였다. 스와라즈의 문자 그대로의 뜻은 '자치'로, '해방'이나 '독립'과는 상당한 차이가 있다. 독립은 외세에 빼앗긴 주권을 회복하는 정치적인 의미가 중심을 이루지만, 스와라즈는 영국 식민 정부를 부정하는 것을 넘어 위계적 기구로서의 정부 통치 대신에 개인을 중심으로 공동체를 복원하는 정치 체제를 의미한다. 민족운동 초기에 간디는 탈중앙의 공동체 사회 건설을 이상향으로 내세웠을 뿐, 영국 식민 지배 종식이라는 정치적 쟁점에는 뚜렷한 입장을 보이지 않았다. 이후 간디는 농촌 개혁에 매진했다. 개혁의 근간은 건설적 계획이었다. '건설적 계획'은 기본적으로 자본의 착취를 반대하는 것이지만, 그 방식은 사회주의식 토지 분배가 아닌 경제의 탈중앙화, 즉 전통적인 자급적 경제 체제의 건설이었다. 여기에서 간디가 봉건주의자인가 하는 질문이 성립한다.

알려졌다시피 간디는 철저한 반反식민주의자이자 민족주의자이다. 그런데 그는 산업화와 시민사회에 존재하는 여러 비정상적인 요소들에도 반대했다. 독립적으로 새로운 사회 변혁을 추구한 것이 아니었다. 그는 인도가 영국에 정복당한 이유가 인도의 문화가 근대성을 결여해서나 후진적이어서가 아니라고 보았다. 다만, 화려한 근대 문명의 유혹에 빠졌기 때문이다! 간디는 근대 문명을 진보적이라고 보면서 그 환상에서 벗어나지 못하는 한 인도인은 영원히 영국인들에게 종속될 것이라고 했다. 설사 영국인들을 쫓아내는 데 성공하더라도 '영국인 없는 영국의 지배'를 받게 될 것이라고 말이다. 간디가 공격한 것은 근대성과 진보 개념이었고, 그가 추구한 것은 생산력과 경제력이 커지면서 복지와 번영이 확대되는 근대 사회에 맞는 인간 중심의 새로운 체계였다. 그가 바라본 근대 문명은 목표 달성을 위해 사람들을 무한 경쟁에 빠뜨리고 결국 사회를 고통의 악으로 몰고 간다. 근대 문명 안에서 인간은 무한 소비자일 뿐이다. 그래서 공업 생산품이 홍수같이 쏟아지고, 그 결과 지금까지와는 다른 새로운 규모의 불평등과 억압, 폭력이 생겨날 것이다.

　이 병폐를 해결할 방법은 산업화를 반대하는 것이다. 간디가 손으로 물레를 돌려 옷을 짓는 것이야말로 식민지 인도인들이 해야 할 경제 행위라고 주장한 것은 이런 맥락에서다. 촌락 내 사회 조직도 같은 맥락에서 이해할 수 있다. 간디는 카스트 체계를 버려서는 안 된다고 했다. 다만, 카스트가 너무나 왜곡되어 본래의 장점을 잃어버리고 인간 착취의 굴레로 작용하고 있으니 그 악습만 철폐하고 카스트 특유의 철저한 분업화를 바탕으로 상호 호혜성에 따라 재화와 용역을 교환하는 경제적 공동체를 구성해야 한다고 했다. 간디의 생각에 탐욕스럽지만 않다면 지주제 역시 당연히 이 공동체 안에 정당하게 존재하는 조직의 일원이다. 그렇지만 사실 그가 바란 정치적 이상이 공동체의 모든 구성원이 완전하고 지속적으로 의사 결정에 참여하는 합의민주주의는 아니었다. 그가 설정한 유토피아는 힌두 신화《라마야나》속 이상 군주인 라마처럼 지도자가 선정을 베푸는 가장家長 통치였다. 그 유토피아에는 경쟁도 없고, 노동 종류의 구별도 없어서 사회적 지위의 차이도 없는 정신을 항상 보장한다. 사회, 경제, 정치 현실에서 비난받는 철폐 대상을 모두 묶어 유토피아 안으로 집어넣은 것이다.

　간디가 당시 인도 사회 최고의 적폐로 여겨진 불가촉천민을 '신의 사람'이라는 뜻의 '하리잔Harijan'이라 부르자 하고, 실제 불가촉천민 여자아이를 양녀로 삼아 같이 살았다는 것은 널리 알려진 사실이다. 사람들은 그의 온정주의를 심하게 비판했으나 그는 초지일관 태도를 바꾸지 않았다. 힌두들에게 무슬림을 미워하지 말고 무슬림은 힌두를 미워하지 말라고 단식으로 호소했고, 1919년 사방이 막힌 작은 공원에서 영국 군인들이 입구를 막고 1천여 명의 시위 참가자들을 몰살시킨 아므리뜨사르Amritsar 학살에 대해서도 영국인을 사랑으로 품자고 주장했다. 1948년 영국이 인도를 떠날 때에도 친구에게 서운하게 해서는 안 된다고도 호소했다.

　이러한 간디의 사상과 태도는 냉정히 말해 매우 봉건적이라고 하겠다. 그러나 간디의 '봉건적' 사상 안에는 봉건적 특성이라 할 불평등과 착취가 빠져 있다. 그래서 간디의 세계관을 간단하게 봉건적이라고 몰아붙여선 곤란하다. 봉건적 성격이 강하면서 근대 문명의 폐해를 비판하는, 사회주의적이기도 하지만 현실을 무시하는 몽상적인 성격이 강하다고 하면 그래도 좀 비슷하려나? 그런데 그가 가야 할 미래로 제시한 사회의 성격이 전통 사회에 뿌리를 두고 있다 보니 봉건적이라는 평을 널리 듣게 되었다. 크게 틀린 것은 아니지만 뭔가 좀 불편하다. 하나의 관점으로 규정하기엔 간디는 너무 복합적인 인물이다.

55

영국을 위해 참전하라 했다고?

"우리가 바라는 바가 이루어지게 하기 위해 우리는 우리 스스로를 방어할 능력을 갖춰야 합니다. 그것은 무기를 들고 그것을 사용해야 한다는 겁니다. … 최대한 신속하게 무기 사용을 배우고자 한다면 우리 스스로 군대에 입영해야 하는 것이 바로 우리의 의무입니다."

1918년 제1차 세계대전 당시 마하뜨마 간디가 영국을 위해 인도의 참전을 독려하면서 쓴 글 〈입영을 호소함〉의 일부다. 두 가지 사실이 충격적일 것이다. 하나는 영국 식민 지배에서 벗어나자는 독립 민족운동을 이끈 지도자가 식민 종주국을 위해 참전을 호소했다는 것이고, 다른 하나는 그가 그토록 금과옥조처럼 여겼던 비폭력을 버리고 무력 사용을 용인 내지 호소했다는 점이다. 의아하겠지만, 분명한 역사적 팩트다. 어떻게 이런 일이 가능했을까? 당시 시대 상황을 알면 전혀 이해 못 할 일도 아니다.

1914년 유럽에서 일어난 제1차 세계대전 당시 연합국의 리더격인 영국은 전쟁 규모가 점점 커지자 인도에도 참전을 요구했다. 이에 당시 띨락B.G.Tilak을 비롯한 민족 지도자들은 높은 수준의 자치를 허용해 달라고 요구하면서 참전을 받아들였고, 남아프리카공화국에서 갓 귀국하여 일약 민족 지도자 반열에 오른 간디도 그 지지 대열에 합류하였다. 높은 수준의 자치와 참전을 맞바꾸는 것이었다. 당시는 인도의 민족 지도자들이 1905년부터 벵갈을 중심으로 국산품애용운동 등 급진적 민족운동을 전개할 때였다. 이 운동에 놀란 영국 정부는 1909년 몰리-민토Morley-Minto 개혁안을 발표했으나, 힌두와 무슬림을 분리 통치하는 데에만 혈안일 뿐 자치제 도입에는 만족스러운 답을 내놓지 못했다. 영국 정부는 인도가 의회제와 책임 정부를 도입하여 운영할 만한 능력을 갖추지 못했다고 결정했다. 이로 인해 양측의 갈등이 심해진 상황에서 1918년 총독이 간디를 초청해 인도인의 참전을 위해 애써달라고 부탁했다. 간디는 참전의 대가로 높은 수준의 자치를 요구하며 영국을 위해 기꺼이 참전하겠다고 응답했다.

당시 간디의 소망은 영국에 자치권을 받아 내는 것이었지, 영국을 인도에서 쫓아내는 것이 아니었다. 이는 당시 인도 민족 지도자들의 공통된 생각이었다. 심지어는 마르크스조차도 영국의 철도와 기차가 동양적 전제군주를 몰아낼 수 있을 것이라고 생각했다. 그들은 모두 영국의 식민 지배가 봉건/전제군주 사회의 인도를 해방시키는 데 일조할 것이라 믿었다. 다만, 영국이 근대화를 적극 도입하고, 인민이 정치에 참여하는 자치를 넓혀 주기를 바랐다. 이처럼 자치에 대한 열망이 커지면서, 간디의 마음속에서 헌법국가인 영국에 대한 사랑과 충성도 동시에 커졌다. 간디는 남아프리카공화국에서 귀국하여 활동한 1915년부터 비폭력을 내세운 민족운동을 본격적으로 전개하여 인민들로부터 대단한 호응을 받았다. 그런 그가 느닷없이 참전을 외친 것이다. 인도에 자치권을 줄 영국이 지금 어려움에 빠져 있으니 영국을 위해 무기를 들자! 인도 인민들은 황당할 수밖에 없었다. 그러나 그의 호소는 진지했고, 이에 인민들은 따랐다. 100만 명이 넘는 인도 군인들이 식민 종주국 영국을 위해 참전해 세계 각지에 파병되었다. 동아프리카에서는 주로 독일군을 상대로, 메소포타미아지역에서는 오토만 투르크 제국을 상대로 싸웠다. 그 과정에서 6만 2천 명 정도가 전사했다. 그 전몰장병을 위로하고자 세운 기념물이 뉴델리 한복판에 세워진 '인디아 게이트India Gate'다.

비록 자치라고 하는 대의가 있었다고는 해도 식민 종주국을 위해 참전하라고 호소한 간디의 태도는 엄청난 모순이다. 비록 그의 행동을 대일본 제국을 위해 대동아전쟁에 참전하자고 호소한 무수한 친일파들과 단순하게 비교할 수는 없겠지만, 어떠한 이유로든 영국과 폭력을 두둔했다는 점은 부인할 수 없다. 간디가 역사학자들에게 상당한 비판을 받는 것은 이 때문이다. 더군다나 그 엄청난 희생과 자기모순에도 불구하고, 전쟁 후 영국이 약속한 자치는 한 발 자국도 나아가지 못했다. 오히려 인도인들에게 돌아온 건 1919년 뻔잡주 아므리뜨사르의 한 공원에서 있었던 비폭력 운동에 군대가 발포하여 1천여 명의 비무장 시민이 학살된 것이었다.

56

왜 불가촉천민 선거구에 반대했을까?

인도 사회에서 오랫동안 가장 극한 차별을 받아 온 사람들은 당연히 불가촉천민이다. 물론 근대 사회가 되면서 표면상 많은 변화가 일어났다. 직업의 자유가 생겨 불가촉천민이 법무부장관도 되고, 대학총장도 되고, 대통령도 될 수 있다. 최근에는 께랄라주에 한정된 일이지만, 불가촉천민에게 주는 '지정카스트 쿼터'에 사원 사제직도 포함되었다. 즉, 적어도 이론상으로는 불가촉천민도 사원의 사제가 될 수 있다는 것이다. 물론 이 같은 종단의 결정에 수구 힌두 세력이 어떻게 나올지는 좀 더 지켜봐야겠지만 가히 혁명이 벌어진 거나 다름없다. 하지만 아무리 세상이 좋아져도 개천에서 용 나기가 어렵듯 대부분의 불가촉천민은 여전히 가난하게 산다. 도시만 보더라도 남들이 꺼리는 하수구청소나 쓰레기 치우는 일 등은 여전히 그들 몫이다.

불가촉천민에 대한 차별을 철폐해야 한다고 하는 주장은 영국 식민 지배자들이 받아들이면서 구체화되었다. 한쪽에서는 기독교 박애주의 계몽주의자들이 그들의 사회적 위치를 개선하자 하였고, 다른 편에서는 인구수가 많은 그들을 인도인 민족주의자들로부터 분리시켜 영국의 식민 통치를 좀 더 원활히 하려는 정치적 의도도 있었다. 영국 지배자들이 꺼낸 카드는 무슬림들에게 써먹었던 것과 동일한 '분리 선거구'의 도입이었다. 인도의 민족운동이 하나로 통합되는 것을 방해하고자 힌두와 무슬림을 이간질한 것처럼, 카스트 힌두와 카스트를 부여받지 못한 불가촉천민 사이를 이간질하려 불가촉천민만 따로 떼어내 선거구를 만들려 한 것이다. 간디는 이 같은 민족 분열 책동을 절대 묵과할 수 없다면서 당시 수감되어 있던 뿌나Poona의 예르와다Yerwada 교도소에서 목숨을 건 단식에 들어갔고, 이에 불가촉천민 출신으로 그들의 지도자였던 암베드까르가 찾아가 협상을 벌였다. 암베드까르는 영국에 유학하여 법학박사가 되고, 독립 후 인도 정부의 초대 법무부장관을 지내면서 불가촉천민의 차별 금지를 헌법에 포함시키는 헌법을 기초한 사람이다. 간디는 불가촉천민의 분리 선거구를 인정하면 불가촉천민은 영원히 '인도인'에서 배제될 수밖에 없으니 모든 카스트의 인도인이 그들을 포용하고 화합해야 한다고 주장했고, 암베드까르는 이를 받아들였다. 그 대신에 간디는 불가촉천민에게 공공 부문 의석을 일정량 할당하는 쿼터제를 받아들이기로 합의했다.

두 사람은 불가촉천민이 인도 사회에서 오랫동안 가장 크게 핍박 받아 온 사람들이라는 인식은 공유했다. 그러나 이 문제를 어떻게 풀 것인지에 대한 생각은 달랐다. 애초에 이 문제를 촉발시킨 것은 영국의 간교한 식민 정책이었다. 이미 불가촉천민을 근대화 작업에 본격적으로 개입시킨 영국은, 이를 통해 그들이 사회적으로 부를 확보하고 영향력을 넓힐 수 있도록 돕고 그들의 사회적 지위를 개선하는 데 앞장섰다. 그렇지만 힌두 사회에서 그들에 대한 차별이 개선될 가망이 안 보이자, 그들만 따로 떼어내 선거구를 만들 계획을 세운 것이다. 이런 분열 책동을 받아들일 수 없었던 간디는 모든 인도 인민에게 불가촉천민을 '하리잔'(신의 사람)으로 부르고 그들을 인도 사회가 포용해야 한다고 호소했다. 그러면서 '하리잔'이라는 이름의 잡지를 발간하고, 불가촉천민 여자아이를 수양딸로 삼았다. 그러나 암베드까르의 생각은 달랐다. 그는 자신을 포함한 불가촉천민은 '달리뜨'(짓밟힌 자)라면서, 간디의 태도를 온정주의라고 비판했다. 암베드까르는 카스트 힌두 사회에 저항하는 방법을 택했으나 예상대로 엄청난 저항에 직면했다. 헌법에 차별 철폐 조항을 포함시킨 것도 암베르까르식 저항이었다. 그러나 불가촉천민에 대한 사회적 인식은 개선될 기미가 보이지 않았고, 그는 결국 동료들을 이끌고 카스트가 없는 불교로 개종한 후 사망했다. 암베드까르가 마련한 법 조항은 우선 불가촉천민의 목록을 만들고(그 목록을 정부에서 지정했다 하여 '지정카스트Scheduled Caste'라 부른다), 그들에 대한 차별을 금지하는 조항을 헌법 17조로 규정하고, 이에 근거해 각 주들이 나서서 지정카스트의 삶을 개선할 관련 규정을 만들라는 것이다.

간디가 옳은지 암베드까르가 옳은지는 어디에 더 중점을 두는지에 달렸다. 중요한 점은, 간디는 이상적이었고 암베드까르는 현실적이었다는 것과 간디는 인도 사회 전체에 엄청난 영향력이 있었고 암베드까르는 불가촉천민 사회를 움직일 수 있는 리더였다는 것이다. 두 사람은 적절한 선에서 조정하고 중재하여 타협을 이끌어 냈고, 그리하여 불가촉천민은 간디의 주장대로 인도 사회에서 배제되지 않은 채 암베드까르의 의지 덕에 '보호를 위한 차별'이 명시된 헌법을 갖게 되었다. 두 사람의 지지자들도 자신들의 뜻이 온전히 관철되지 않았다고 판을 깨지 않았다. 인도 특유의 조정과 타협의 문화가 다시 한 번 입증되었다.

57

왜 같은 편 청년에게 살해당했나?

1948년 1월 30일 새벽 5시 반경, 마하뜨마 간디는 아침 기도회에 참석하러 집을 나섰다. 당시 간디는 이미 분단이 되어 나라가 세워진 파키스탄에 가서 수상 진나M.A.Jinnah를 만나 다시 한 번 설득해야 한다고 말하곤 했다. 그날 그는 파키스탄으로 갈 참이었다. 그렇게 기도회에 가는 길에 갑자기 청년 한 사람이 간디의 길을 가로막았다. 청년은 갑자기 품에서 권총을 꺼내어 세 발을 간디의 가슴에 꽂았다. 간디는 즉사했다. 암살자 나투람 고드세Nathuram Godse는 인도의 민족주의 운동 진영에서 힌두교에 경사되어 있는 종교 근본주의 단체인 힌두마하사바(힌두대회의) 소속 단원이었다. 그는 법정에서 간디가 철천지원수인 무슬림을 포용하자고 해서 살해했다고 밝혔다. 그러면서 간디가 진리를 독점했다고 비판했다.

마하뜨마 간디는 1915년 영국과 남아공을 거쳐 귀국한 후 순식간에 인도 전 민족을 사로잡은 카리스마의 지도자였다. 같은 민족이라는 개념이 없어 민족운동이 지리멸렬하게 전개되는 상황에서 인도의 전 인민을 하나의 민족으로 묶은 사람이 간디다.

간디가 살해당하기 직전 파키스탄으로 걸음을 옮기던 발자국을 그대로 재현해 놓았다.

간디는 그 구심점이 되는 개념을 힌두교에서 가져왔다. 엄청나게 다양한 힌두교에서 자의적으로 특정 요소를 가져다가 진리, 비폭력, 단식, 하르딸(파업) 등으로 영국에 저항하는 무기로 삼았다. 무슬림은 자연스럽게 소외당할 수밖에 없었다. '우리' 힌두를 주장하면 민족 개념은 강해지지만, 그 '우리'에서 배제된 사람들은 '남'이 되기 때문이다.

영국은 양 집단을 이간질하는 데 혈안이었고, 무슬림은 힌두가 지배할 영국 이후를 두려워하게 되었다. 결국 파키스탄이라는 무슬림의 나라를 건국해야 한다는 논리가 생겨났다. 파키스탄 건국이 구체화되면서 파키스탄 지역에 사는 힌두들은 무조건 인도로 도망 나왔다. 인도에 사는 무슬림도 마찬가지였다. 집이고 재산이고 병든 부모고 고향이고 뭐고 간에 다 버리고 도망 나와야 했다. 피난 행렬에서 어린 자식은 열병에 죽고 딸은 납치되고, 마누라는 강간당하고…. 간신히 살아남아 인도로 들어온 난민들은 간디를 암살한 고드세가 속했던 힌두 근본주의 단체 힌두마하사바의 도움을 받아 정착하기 시작했다. 그러면서 무슬림에 대한 증오가 눈덩이처럼 커졌다. 무슬림을 포용하자고 하는 사람부터 처단하고, 저 무슬림 악마들의 씨를 말려야 한다! 그 첫 처단 대상이 간디였다.

간디는 아무도 못 말리는 사람이었다. 운동을 너무 이상적인 논리로 몰고 가 낭패를 본 적이 한두 번이 아니다. 민족운동이 한창 정점에 오르고 있는데, 느닷없이 비폭력과 도덕 운운하며 자기반성을 해야 한다며 단식 투쟁에 들어가 운동 열기에 찬 물을 끼얹은 것도 여러 번이다. 권력을 남용하지 않고 사람 위에 군림하지 않아 모든 이에게 존경을 받았으나, 정치 전술가로서는 한계가 많은 사람이었다. 가장 큰 문제는, 힌두로부터 너무나 큰 무조건적인 지지를 받았다는 것이다. 그가 무슨 해괴한 짓을 해도 엄청나게 많은 추종자들이 무조건 지지를 보냈다. 그 권위에 도전할 수 있는 사람은 없었다. 그는 거의 살아 있는 신의 반열에 올랐다. 그가 말하고 그가 해석하고 그가 택하는 길은 진리로 받아들여졌다.

극단적 추종과 숭배는 그 범주 밖에 있는 사람들을 두렵게 만든다. 더욱이 그 추종과 숭배가 특정 종교와 결부되면 그 바깥에 있는 사람들은 자연스럽게 소외당할 수밖에 없다. 이런 극단적 이분법 속에서 소수의 외부자들은 다수의 내부자들에게 섬멸돼야 할 적이 된다. 신의 반열에 오른 사람은 적까지 포용하자고 하지만, 이미 때는 늦는다. 극단적인 미움에 사로잡힌 내부자는 미움에 눈이 멀어 자신이 숭배하던 사람까지 증오하게 된다. 정치는 궁극적으로 아군과 적군을 만들어 벌이는 싸움이다. 애초의 목표는 시간이 갈수록 분화되고, 처음의 동지가 나중에는 배제되는 게 정치의 이치다. 현명한 지도자는 그 알력을 적절히 통제하지만, 그렇지 못한 지도자는 미움을 받는 수밖에 없다. 그리고 방치의 끝은 언제나 비극이다.

58

3·1운동이
인도 민족운동에 영향을 줬다고?

몇 년 전 중학교 역사 교과서를 기획할 때의 일이다. 교육부가 한국의 1919년 3·1운동이 인도의 비폭력 민족운동에 영향을 끼쳤다는 내용을 교과서에 기술해야 한다고 했다. 난 심하게 반발했다. 아무리 민족주의라고 하지만 아예 없는 사실을 만들어서 왜곡하면 안 된다고 강력히 항의했고, 내 항의는 위원회 의견으로 받아들여져 문서로 전달되었다. 지금은 교과서가 수정된 것으로 알고 있는데, 확인은 하지 않았다.

결정적인 부분부터 이야기하자면, 인도의 민족운동은 3·1운동이 있기 훨씬 전부터 본격적으로 시작됐다. 아무리 가깝게 잡더라도, 1905년 영국의 벵갈 분할정책에 대한 반대운동만 치더라도 3·1운동의 10년 전이다. 간디가 남아공에서 비폭력·불복종 운동을 전개하여 성공시킨 것도 1900년이다. 그 후 간디는 인도로 돌아와 인도의 민족운동을 지도하는데, 그 계기가 된 것이 1915년부터의 일이다. 1918년 간디는 비하르의 짬빠란Champaran 이라는 농촌에서 일어난 반反지주 농민혁명을 비폭력운동으로 성공리에 이끌었고, 일약 민족 지도자 반열에 올랐다. 그해 간디는 이미 영국 통독과 단독 회담을 가져 영국군을 지원하기 위해 제1차 세계대전에 참전하기로 결정한 바 있다. 더 중요한 사실이 있다. 당시 인도에서는 조선에 관한 일이 전혀 알려지지 않았다. 1904년 동양의 작은 나라 일본이 서양의 큰 나라 러시아를 물리쳤다는, 인도인 입장에서는 '반가운' 소식이 들려왔지만, 그 와중에 조선이 일제의 식민지가 되었다는 사실은 그 누구의 관심도 끌지 못했다. 서구 제국주의를 대표하는 영국의 식민 지배에 억압받던 인도인들로서는 당연한 일이었다. 인도인들에게는 일본이라는 아시아의 한 나라가 러시아라는 서양의 한 제국을 격파했다는 게 중요하지, 그 일본에 저항해서 싸운 피식민지 조선의 3·1운동에 관해서는 뉴스 한 줄, 논평 한 줄도 없었다.

그렇다면 어떻게 이런 황당한 역사 기술이 나왔을까. 짐작컨대 국정 교과서를 집필한 1970~80년대 한국에 상당히 널리 알려진 인도 민족운동가이자 독립국 인도 공화국의 초대 수상인 네루가 감옥에 있을 때 자신의 딸 인디라 간디에게 쓴 편지를 묶어 펴낸 책 《세계사 편력》에 나오는 몇 문장 때문이 아닐까 한다. 1932년 12월 30일 감옥에 있던 네루는 딸 인디라에게 보낸 편지에서 "한국의 독립투쟁 가운데 중요한 것은 1919년의 독립만세운동인데, 젊은 여대생들이 그 싸움에서 중요한 역할을 하였다"며 "그 사실은 너에게도 흥미로울 것"이라고 적었다. 네루의 편지는 1932년도에 쓴 글이다. 3·1운동이 일어나고 그 결과가 세계에 널리 알려진 지 10년이 훨씬 지난 뒤의 일이다. 박정희 독재 치하에서 상당히 널리 읽힌 이 편지를 제대로 이해하지 못한 어떤 민족주의

운동권 누군가가 연도를 혼동하였든지 아니면 견강부회 하여 우리 민족의 우수성을 인도에 강제 연결시킨 결과가 아닐까 한다.

현재 한국의 중학교 역사 교과서는 한국사와 세계사를 병행하여 기술한다. 그래서 조금만 집중해서 보면 어렵지 않게 세계사의 흐름을 파악할 수 있다. 중국의 3·1운동이 같은 해에 일어난 5·4운동에 일정 부분 영향을 끼쳤다고 하는 것은 그나마 개연성이 전혀 없다고는 말할 수 없다. 5·4운동 직전에 3·1운동에 대한 소식이 중국 땅에 알려진 것이 사실이기 때문이다. 조선에서 일어난 사건이 그 엄청난 대륙에 어느 정도의 영향을 끼쳤는지는 모르겠지만, 팩트 수준에서 가능성은 열려 있다고 봐야 한다. 그런데 사실 관계 자체부터 전혀 다른 인도에 대한 영향은 인정할 수 없다. 만약 인도인이 독립기념관을 방문해서 3·1운동이 인도 민족운동에 영향을 주었다는 문구를 보고 묻는다면, 도대체 뭐라고 답을 해 줘야 할까? 인도사를 공부하는 입장에서 참으로 난감하다.

역사는 유용성의 학문이 아니다. 진실을 말해서 그것이 국가에 도움을 줄 수도 있고 해를 끼칠 수도 있다. 하지만 그것은 역사학자가 판단할 문제는 아니다. 역사학자가 해야 할 일은 역사적 사실의 진실만 파헤치고 발언하는 것이다. 그런데 역사를 그렇게 말하기가 여간 어려운 것이 아니다. 역사를 해석하고 재구성하는 데 어떤 식으로든 시각이 끼어들지 않을 수 없기 때문이다. 그 가운데 대표적인 것이 민족주의이고, 그것은 국가와 연결되어 있어서 항상 역사 왜곡이 일어날 가능성을 안고 있다.

네루 왕조?

59

네루의 위대한 사회주의는 왜 실패했나?

네루는 반식민 투사이자 인도라는 근대 국민국가를 세운 사람이다. 그는 마하뜨마 간디와 함께 반영反英 민족운동에 앞장섰고, 독립 후에는 의회주의·세속주의·사회주의적 민주주의를 기틀로 삼아 국민국가를 건설하였다. 연방제를 구성하는 중앙 단위부터 지역 말단의 자치 기구까지 철저하게 민주주의의 구조를 세웠고, 3부는 물론이고 군軍이나 언론과 같은 또 다른 권력 기관의 독립성도 철저하게 보장해 주었다. 경제는 사회주의적 분배를 중시하는 국가 자본주의 체제를 구축하여 경제 정의의 실현에 최우선의 목표를 두었고, 이와 관련하여 급속한 산업화와 농업혁명, 국제경제 협력 등을 주요 정책 과제로 삼았다.

네루는 운동의 목표를 사회주의적 사회의 건설이 아닌 주권 국가의 건설로 삼았다. 다시 말하면, 그와 인도국민회의는 사회주의 사회의 건설이 아닌 국민국가 건설이라는 정치적인 목표를 제1의 의제로 설정한 것이다. 그는 사회적·경제적 변혁이 성공을 거두려면 우선 독립된 국민국가가 확립되어야 한다고 주장했다. 이를 통해 우리는 네루가 추구한 변혁의 기저가 되는 사상이 부르주아 계급이 주체가 되는 민족주의 사상 수준의 사회주의임을 알 수 있다. 결국 그가 세운 국가와 사회 구조의 토대는 식민 지배를 했던 영국의 방식을 철저하게 따랐던 것이다. 그는 산업화를 통하지 않고서는 당시 인도가 가진 절체절명의 과제인 빈곤을 해결할 수 없다고 보았다. 따라서 네루는 경제 성장 해법도 간디가 주장한 탈산업화 탈중앙의 농촌 중심의 소규모 산업 방식을 무시하고, 국가 주도의 대규모 중공업에 기반을 두는 방식을 채택하였다. 네루는 간디의 방식을 비현실적인 몽상 같은 것으로 보았다.

네루의 사회주의 인식은 철저히 실용주의적이었다. 그는 사회주의를 단순한 도그마나 이상주의적 논리가 아닌 철저한 실용적 태도로 보았다. 그는 공산주의자들이 너무나 교조적이고 이론적이며 인도 고유의 문화적 특성을 무시한 것에 대해 혹독하게 비판하였다. 식민 국가의 반민족적 정책에 반대하는 입장에서 출발한 데다 근본적으로 근대 사회에 강한 동경을 품고 있었던 그는 19세기 유럽에서 발전한 산업화 성장론의 포로가 되었다. 그러다 보니 전적으로 농업 사회인 인도에 농업 문제의 해결 없이 산업화와 경제 성장이라는 전략이 얼마나 비효과적인지 깨닫지 못했다. 네루에 의하면 근대 국민국가를 건설하는 사람은 무엇보다도 전체 사회의 변혁을 계획적으로 이끌고 나아가야 할 전문인이어야 했다. 이 전문인들이 과학과 기술로 이루어진 최근 지식을 섭렵하고, 경제의 면밀하고도 실증적인 상태에 대한 정보를 폭넓게 확보하며, 경제 진보를 위해 가장 효율적이고 폭넓게 수용 가능한 과정을 제안할 수 있는 균형 잡힌 탁월한 관점을 갖추고, 사회를 구성하는 각 집단의 요구와 이해관계를 조정 중재할 수 있어야 한다. 네루가 많은 공과대학을 육성하고, 자연과학 교육에 심혈을 기울여 오늘날 인도가 세계 산업의 인재풀로 자리 잡게 된 데에는 그의 이러한 '과학'과 '계획'에 대한 믿음이 있었다.

이러한 맥락에서 네루에게 가장 중요한 기능 주체로 부상한 것이 국가였다. 이러한 여러 가지 필요한 요소들을 정치적으로 한곳에 모으는 일은 유일하게 국가에 의해서만 가능하다고 판단했기 때문이다. 네루에게 국가는 인민 전체 이익의 균형을 잡고 그 이익을 최대치로 모으는 일을 하는 대표체였기 때문이다. 국가는 그래서 특정 집단이나 계급에 지배되어서는 안 되고, 계급 간 투쟁의 장이 되어서도 안 되며, 여러 가지 갈등 위에 서야 한다고 했다. 그리고 그 위치에서 국가가 수행해야 할 제1의 역할은 산업화였다. 식민지 인도를 해방시키고 단일한 국민국가를 건설하는 민족주의, 공리주의를 바탕으로 하는 점진적 사회주의, 국가를 지배 계급의 도구가 아닌 사회 복지의 도구로 보면서 산업화를 이끌어 가는 국가주의. 이 모든 사상이 다 융합된 사람이 네루였다.

그러나 실제 인도는 네루의 의지대로 움직여 주지 않았다. 정치적으로나 사회적·경제적으로 국가 운영은 난관에 봉착했다. 그의 점진적 사회주의는 지주제조차 제대로 철폐하지 못하는 등 사회 구조의 변혁에서 실패했고, 아버지의 뒤를 이어 총리에 오른 인디라 간디가 금융 국유화 등 경직된 정책에 함몰되어 독재에 빠지면서 관료제가 심각하게 부패하면서 네루 초기의 활력을 완전히 잃어버렸다. 특히 지주를 중심으로 한 농촌 권력 구조의 불변과 철옹성과 같은 관료제는 인도를 오랫동안 봉건 병폐의 나라로 몰고 갔다. 결국 1991년 이후 경제 개방이 이루어지면서 인도 정부는 네루식 사회주의를 사실상 폐기하였다. 네루의 '위대한' 사회주의는 결국 실패했고, 그 후 인도는 철저한 자본주의의 첨단으로 가는 중이다.

60

권력을 대물림했다고?

인도의 초대 수상은 네루다. 그의 딸인 인디라 간디도 수상이 되었고, 다시 인디라의 아들인 라지브 간디Rajiv Gandhi도 수상이 되었다. 네루 가문을 외가로 둔 가문에서 3대가 수상에 오른 것이다. 그리고 라지브의 아들 라훌 간디가 2014년 총선에서 수상 후보로 나왔다. 결국 패하긴 했지만 차기에 가장 유력한 대권 주자이다. 사람들은 네루와 간디(마하뜨마 간디와는 아무런 관계가 없다. 인디라가 페로제 간디Feroze Gandhi라는 사람과 결혼한 후 성을 네루에서 간디로 바꾼 것이다.)를 합쳐 보통 '네루 왕조'라 부른다. 이 주장은 어느 정도 타당할까?

자와하르랄 네루는 집권 17년 만인 1964년에 돌연 병사했다. 그 뒤를 이어 원로 정치인 샤스뜨리Lal Bahadur Shastri가 수상이 되었지만 그 역시 2년 만에 병사했고, 그 뒤를 네루의 딸 인디라가 이었다. 인디라는 수상에 오르는 과정에서 아버지 네루의 후광을 적극 활용하였다. 그러나 수상이 된 후에는 국민들의 지지를 얻지 못했다. 그래서 다른 곳에서 돌파구를 찾았다. 1971년 12월 방글라데시 해방 전쟁에 참전하여 승리를 거두고, 1974년에는 핵 실험을 성공시켰다. 긴박한 경제난은 놔두고 전쟁과 핵무기 개발을 통해 강한 국가를 천명하고, 파키스탄과 적대적 관계를 형성해 권력을 유지하였다. 그 후 고등법원에서 부정선거로 의원직 박탈 판결까지 받았으나, 인도 헌정 사상 처음으로 비상사태를 선포하고 독재 정치로 들어갔다. 그러나 국민 저항이 걷잡을 수 없이 커지자, 결국 민주주의 회복을 내건 반反인디라 간디 연합 전선을 구축한 국민당Janata Party에 정권을 내줬다. 비록 인디라 간디의 회의당은 2년 만에 국민당 연립 정권에서 권력을 되찾아 오지만, 또다시 실정을 거듭하던 인디라는 이를 무마하기 위해 종교 감정을 부추겨 시크 분리주의자들의 테러를 사주하기에 이른다. 그런데 사태가 예상보다 심각해지자, 1984년 인디라는 시크교 성지인 아므리뜨사르의 황금사원에 군을 투입해 테러리스트들을 소탕했고, 결국 그로 인해 시크교도에게 암살당한다.

인디라가 사망하자 집권당은 정치 초년생인 인디라의 아들 라지브 간디 수상 만들기 작전에 돌입한다. 전국적으로 추모 열기가 엄청나게 일어났고, 그와 동시에 델리에서는 시크교도 학살이 일어났다. 그리고 얼마 후 치러진 총선에서 네루의 외손자이자 인디라 간디의 아들인 라지브 간디가 사상 초유의 압도적인 지지로 수상에 오른다. 라지브는 재임 중 스리랑카 내전에 평화유지군을 파견하여 따밀 반군을 학살하는 데 적극적인 역할을 했다. 라지브의 인도 정부는 남아시아에서 패권주의를 유지하기 위해 스리랑카 정부를 도운 것이나, 따밀 사람들로서는 라지브에게 앙심을 품지 않을 수 없었다. 마치 5·18 이후 광주 학살을 자행한 전두환 일당을 지원한 미국 때문에 한국에서 반미주의가 시작된 것과 비슷한 이치다. 재임 기간에 국방 무기 도입과 관련해 뇌물 독직 사건이 터졌고, 그로 인해 라지브 간디는 정권을 내줬다. 그리고 야당 당수로서 그 다음 총선에서 선거 운동을 하다 따밀 반군의 자살 폭탄 테러로 암살당했다.

네루는 딸 인디라가 정치를 하는 데 일체 관여하지 않았다. 뼛속 깊은 민주주의 의식과 자식의 독립적 인격을 존중하는 정치인으로선 당연한 일이었다. 그러나 그가 죽은 뒤 인디라는 아버지의 후광을 적극 이용했고, 혈통과 가문을 중시하는 인도 국민들은 인디라만 한 정치인이 없다고 판단해 그에게 지지를 보냈다. 박근혜를 지지하는 사람들의 심정과 크게 다를 바 없다. 인디라 간디 또한 자신의 아들 라지브 간디에게 특별한 영향력을 행사하지 않았다. 그가 속한 당에서 그런 혈통주의를 키우는 차원에서 라지브에게 정치를 시키긴 했으나, 인디라가 권력을 세습해 준 것은 아니다. 라지브 간디가 사망한 뒤 회의당은 다른 인물을 내세워 권력을 잡았으나, 권력 재창출이 힘들어지자 또다시 혈통 정치를 꺼내 들었다. 라지브 간디의 아들 라홀 간디를 수상 후보로 내세운 것이다. 그러나 그 전술은 실패했다. 현재의 분위기로는 인디라나 라지브가 누리던 후광은 효력을 다했다. 결국 세습하는 왕조는 아닌 것이다. 그래도 '왕조'라는 말을 쓴다면, 그것은 국민들의 봉건 의식을 비판할 때여야 한다.

혈통에 의존하는 대물림의 국민 선택은 인도 외에도 아시아의 여러 나라에서 쉽게 찾아볼 수 있다. 파키스탄, 스리랑카, 미얀마, 인도네시아… 물론 박근혜의 한국도 여기에 속한다. 대부분 아버지 혈통을 강조하여 권력을 잡은 경우이다. '왕조'를 만든 것은 국민들이고, 그래서 나라가 거덜 났다.

61

인도에도 건국절이 있다?

　인도에는 국가 관련 국경일이 셋 있다. 하나는 1월 26일 공화국일Republic Day이고, 또 하나는 독립일, 즉 우리로 치면 광복절로 8월 15일이고, 마지막은 (국민)국가 인도를 낳은 아버지로 불린 간디의 탄신일로 10월 2일이다. 이 가운데 가장 크고 성대한 행사를 벌이는 날이 공화국일로, 1950년 1월 26일에 헌법을 발효해서 그날을 기념일로 삼은 것이다. 1947년 8월 15일 영국이 정권을 이양한 독립일로부터 시작된 인도라는 독립 공화제 국가 건설이 바로 이날 완성되었다는 의미를 살려 1월 26일을 국가의 기점으로 본 것이다. 단순히 식민 지배로부터 벗어나는 것보다 국민의 힘으로 새로운 국가를 세운 것을 더 의미 있게 본다는 뜻이다. 그런데 왜 1월 26일일까? 인도인들의 주도면밀한 역사관을 엿볼 수 있는 대목이다. 영국 지배 아래에서 민족운동을 격렬히 전개한 1920년대 후반으로 돌아가 보자.

　1920년대 들어 간디의 비폭력 불복종 운동은 별 성과를 내지 못한 채 실패로 돌아갔다. 그에 대한 비판이 쏟아져 나왔고, 점차 급진적 사회주의가 대두되며 무력 투쟁이 전면에 등장했다.

어쩔 수 없이 점차 권력 이양을 논의할 수밖에 없게 된 영국 정부는 독립국 인도의 정부 조직, 특히 대의제 및 정부 구성 원리 등을 논의하기 위해 1928년 사이먼John Simon을 위원장으로 하는 '사이먼 위원회'를 인도에 파견했다. 그런데 이 논의 자리에 인도인은 없었다. 정부 구성 논의에서 인도인이 철저히 배제되자, 모든 민족진영 정파 지도자들이 이 위원회를 거부하고 나섰고, 이를 계기로 다시 인도인들의 단합된 민족운동이 일어났다. 자와하르랄 네루 같은 사회주의 급진파들이 전면에 등장한 것이 이때이다. 1930년, 네루가 의장으로 있던 '인도국민회의'는 식민 지배로부터의 독립을 의미하는 '완전 자치purna swaraj'(뿌르나 스와라즈)를 천명했다. 자치를 천명한 날짜가 1929년 12월 19일이고, 인도의 국기가 게양된 것은 12월 31일, 인도국민회의가 국민들에게 독립일로 기념해 지켜 주기를 요청한 날이 1월 26일이다. 우리로 치면 3·1운동 때 독립국임을 선언한 것과 같은 날이다.

인도 인민은 1930년 1월 26일부터 본격적인 독립 투쟁의 길을 걸었고, 마침내 1947년 8월 15일 영국이 정권을 이양하고 떠나면서 본격적인 국민국가 건설의 여정에 들어갔다. 그 결실로서 연방 헌법이 완성되었다. 그런데 연방 헌법의 발효일이 그로부터 20년 전인 1930년 1월 26일 독립선언일이었다. 주도면밀한 계산이었다. 우리나라로 치면 1919년 3월 1일에 독립을 선언했음에도 아직 독립 국가는 세워지지 않은 상태에서, 그 투쟁의 일환으로 만주에 독립국 정부를 임시로 세운 날을 3월 1일로 맞춘 셈이 된다. 물론 우리의 경우, 남의 나라에서 날짜까지 맞춰 가며 임시 정부를 수립하기가 여의치 않았을 것이다. 그렇다면 헌법을 공표하는 날이라도 서둘러 몇 개월을 당기든지 조금 더 기다렸다가 3월 1일로 맞추었다면 어땠을까. 그렇게 되면 독립을 선언한 날도 3월 1일, 공화국 수립일도 3월 1일이 되었을 텐데 말이다. 그랬다면 무슨 건국절이니 하는 쓸데없는 논쟁이 벌어지지 않았을 텐데.

  인도는 이 과정을 모두 절묘하게 일치시켰다. 국가의 독립을 선언한 날에 헌법을 발효하여 효력을 발생시킴으로써 이날은 어떤 논쟁도 없는 인도 최고의 국경일이 된 것이다. 공화국일에는 뉴델리 대통령 관저에서 대통령이 기념일 선언 축사를 하고, 그곳으로부터 인디아 게이트를 통과하여 이어지는 인도 최대의 시가 퍼레이드가 벌어진다. 인도군을 구성하는 모든 종류의 군대가 퍼레이드를 하는데, 그 뒤를 각 지역의 문화를 보여 주는 다양한 퍼포먼스가 따른다. 사흘 동안 진행되는 이 축제에 외국 원수가 해마다 한 사람씩 지정되어 초청받는다. 이 축제가 전달하는 메시지는, 하나의 국민국가 인도를 유지하는 데에는 튼튼한 국방과 다양성 존중이 필요하다는 것이다.

62

왜 시크교도를 학살했을까?

1984년 10월, 인디라 간디 수상이 관저에서 두 명의 시크교도 초병에게 총으로 난사를 당해 현장에서 사망했다. 이 소식은 곧 알려졌으나, 하루 종일 델리 시내는 아무 소요도 없이 잠잠했다. 그런데 밤이 지나면서 상황이 급변했다. 갑자기 성난 대중이 생겨났고, 결국 사흘 동안 1만 명에 가까운 시크교도들이 살해되는 학살극이 펼쳐졌다. 누구나 두 가지 점에서 의문을 가질 만하다. 왜 잠잠하던 민심이 동요하여 학살로 이어졌는가? 그런데 왜 대상이 시크교도인가?

이 사건은 명백한 국가 폭력이다. 학살을 주도한 측은 계속해서 성난 대중이 우발적으로 일으킨 사건이라 주장하지만, 이 사건은 당시 집권당인 회의당이 주도적으로 기획하여 만들어 낸 거대한 학살극이다. 목표는 딱 하나, 그 다음 해에 있을 총선에서 압승하여 권력을 연장하는 것이었다. 인디라 간디를 죽인 시크를 희생양 삼아 인디라 간디를 중심으로 한 거대한 정치 공동체를 조성하려 한 것이다. 당시 시크교도들은 인도에서 벗어나 독립국을 세우려는 사람이 많았고, 인디라 간디는 시크교도를 설득하여 하나의 인도를 유지하려 했다. 정치인들에게는 어느 주장이 옳은지는 중요하지 않다. 어느 쪽이 자신에게 유리한지만이 중요하다. 그래서 회의당 무리는 시크교도를 적으로 만들었고, 대중을 사주하여 그들을 몰살하게 했다. "하나의 인도를 만듭시다. 모든 증오를 버리고 하나의 인도를 위해 희생합시다." 그 결과, 그 정치인들은 이듬해 역사상 최고 득표율로 최다 의원을 배출하는 압도적 승리를 거두었다.

왜 시크였을까? 시크교는 서로 완전히 이질적인 힌두교와 이슬람교가 만나 절묘하게 만들어진 종교다. 원래 경계가 흐릿한 힌두교는 시크교도 넓게 보면 힌두교의 일파라고 주장하기도 하지만, 경계가 분명한 이슬람은 시크교는 이슬람이 아니라고 못 박았다. 그러다 보니 1947년 분단 때 인도 쪽에 있던 시크는 그 자리에 남았고, 파키스탄에 있던 시크는 인도로 이주해야 했다. 그래서 힌두 입장에서는 자기 쪽을 택한 시크에 감사한 마음이 있었고, 새로운 이주지에 정착해야 했던 시크들은 인도의 집권당인 회의당과 매우 친밀한 관계를 유지했다. 사건 당시 델리에 살던 시크는 약 50만 명 정도로 추정되는데, 전체 델리 인구의 7.5퍼센트 정도였다. 그들 대부분은 분단으로 인한 실향민이었고, 한국의 이북 실향민이 그랬듯이 그들도 엄청난 노력으로 30여 년 만에 델리의 정치경제에 큰 영향력을 끼치는 세력으로 성장하였다.

당시 인디라 간디의 정치는 최악으로 치닫고 있었다. 정치적인 돌파구를 찾지 못하던 인디라 간디는 시크를 이용하기로 했다. 뻔잡에서 일부 극단주의자들이 간간히 외치던 "시크 나라 건국", 즉 인도에서 나가 시크만의 독립국을 세우자는 주장을 부추기기 시작한 것이다. 그들이 나라를 절단 내려 할 때 자신이 나서서 나라를 하나로 유지하자며 민심의 초점을 국가주의로 역전시키려는 정치적 술수였다. 그런데 인도 정부에서 비밀 지원을 받으며 독립국을 건설하려 한 시크교도 분리주의 운동 지도자가 뻔잡의 민심을 지나치게 자극한 것이 문제였다. 분리 독립의 민심이 과열된 나머지 지도자조차 그것을 통제할 수 없는 지경에 이르렀다. 급기야 분리주의자들이 정부 요인을 상대로 테러를 벌이기 시작했다. 사태가 각본과 너무 다르게 진행되자, 인디라 간디는 어쩔 수 없이 테러리스트들이 은신해 있던 시크교 성지 황금사원을 장갑차와 중화기로 짓밟아 버렸다. 그러면서 양쪽은 돌아올 수 없는 다리를 건너게 되었다. 수상 관저의 초병이 인디라 간디를 연발총으로 살해했고, 정치권이 이 사건을 악용하면서 애꿎은 시크 공동체가 몰살당했다.

단순화해서 말해 보자. 문제는 시크들이 잘사는 데서 출발했다. 델리에 사는 시크들이 잘살게 된 것은 실향민 처지를 극복하고자 크게 노력한 덕분이지만, 뻔잡에 사는 시크들이 잘살게 된 것은 인디라 간디의 녹색혁명 덕택이었다. 그러니 시크들은 자기들만 세금을 너무 많이 내는 것 아니냐고 볼멘소리를 하고, 또 정부에서는 소득이 있으면 세금을 내야지 그게 종교랑 무슨 상관이냐, 설사 그렇다 하더라도 정부 덕에 부자가 됐는데 이제 와서 나가겠다는 것이냐며 못마땅해하는 것이다. 여기까지는 그럴 수 있다. 인도 정치의 풍토에서는 얼마든지 있을 수 있는 논쟁이다. 비극은 이게 아니라, 인디라 간디가 권력을 이용해 자신의 아버지가 그렇게나 혐오하고 다시는 못 나오도록 관에 넣고 못질까지 한 종교공동체 갈등을 관에서 끄집어내 정치에 이용했다는 사실이다. 그 결과, 시크도 죽고 자신도 죽고 나라까지 절단났다. 인디라 간디의 책임이 크고도 깊다.

63

라지브 간디는
왜 따밀호랑이 손에 죽었나?

1991년 5월 21일, 전 수상이자 당시 야당 대표이던 라지브 간디가 따밀나두의 한 지역에서 선거 유세를 벌이던 중 자살폭탄 공격을 받아 그 자리에서 형체도 알아보지 못할 정도로 갈기갈기 찢겨 폭사했다. 어머니 인디라 간디의 소총 난사 암살에 이은 네루 외가의 연이은 비극이었다. 라지브 간디를 암살한 조직은 그 현장 지역인 따밀나두 사람들이 영국 식민 지배 시기에 노동자로 스리랑카로 건너가 100년 넘게 그 지역에 터를 잡고 살던 사람들이었다. 쉽게 말하자면, 인도 교포에게 암살을 당한 것이다. 그 이유는 라지브 간디가 수상으로 재직하던 중 스리랑카 정부의 요청을 받아들여 스리랑카 정부를 상대로 무장투쟁을 벌이던 따밀엘람해방호랑이Liberation Tigers of Tamil Eelam(LTTE) 소탕 작전에 진압군을 파병했기 때문이다. 왜 라지브는 자기 동포를 탄압하던 스리랑카 정부 편을 들었을까?

1796년부터 동인도회사의 지배를 받기 시작한 스리랑카는 150여 년이 흐른 1948년에야 독립했다. 독립 후 스리랑카는 여러 가지 천혜의 조건 덕에 아시아에서 가장 살기 좋은 나라 가운데 하나로 인정받았으나, 1970년대 들어 두 개의 큰 종족 집단 사이에 갈등이 심화되어 결국 40년간 이어진 내전을 겪으며 아시아 최빈국으로 전락했다. 종족 갈등의 기원은 역시 영국의 식민 통치 정책으로 거슬러 올라간다. 서구 근대주의와 기독교에 대한 반발로서 스리랑카인의 다수를 차지하는 불교도 싱할라족 사이에 '불교–싱할라 민족운동'이라는 일종의 불교개혁운동이 자라났다. 민족운동이 점차 거세지자, 이번에도 영국은 불교 공동체와 힌두교 공동체를 구분하고 둘 사이를 이간질하였다. 힌두교 공동체는 주로 인도 따밀 지역에서 동인도회사와 계약을 맺고 스리랑카로 이주한 노동자들의 후손으로, 이들은 영국 세력의 보호를 받으며 매판자본으로 성장했다. 그러다가 독립 후 스리랑카의 다수 세력이 된 싱할라족은 1956년 공용어법the Official Language Act을 만들고, 이 법안에 따라 다수 싱할라족의 언어인 싱할리를 사용하지 않는 소수를 행정적·경제적으로 배제하는 정책을 쓰기 시작했다. 우리의 '친일파 재산 환수법'과 비슷해 보이지만, 스리랑카의 상황은 우리와 전적으로 달랐다. 우선 우리는 친일파가 매국노의 개념이지만, 인도나 스리랑카에서는 친영파가 매국노는 아니다. 같은 맥락에서 그들의 재산 축적도 정당하다. 영국이 편 정책의 덕을 본 것은 사실이나 그게 부정한 방법은 아니다. 그런 점에서 동남아시아에서 화교 자본을 몰수한 경우와 비슷하다고 할 수 있겠다. 그런데도 독립 후 법을 제정해 따밀 사람들을 배제하려 한 것은 역사의 문제가 아니라 철저히 권력을 둘러싼 정치 문제였다.

졸지에 재산을 강탈당할 처지에 놓인 따밀 사람들은 바로 싱할라 세력에 대한 무력 저항을 시작했다. 그들의 주장은 그들이 주로 거주하던 스리랑카 북부를 독립국으로 인정해 달라는 것이었다. 1983년 7월에 발발한 내전은 2009년 5월에야 끝이 났다. 반군을 이끈 무장 조직인 '따밀엘람해방호랑이'는 북부의 자프나Jaffna주를 근거로 무려 26년간이나 싸움을 벌였으나, 반군 지도자 쁘라바까란Velupillai Prabhakaran이 사살되면서 패배했다. 이 내전으로 공식적으로 8만 명이 사망했고, 내부에서 발생한 이산민도 30만 명에 이른다.

내전이 격화되기 시작한 1987년, 스리랑카 정부는 인도에 평화유지군 파견을 급히 요청했다. 당시 집권하던 라지브 간디 수상은 이를 받아들여 군대를 파견하여 테러 집단을 학살했다. 학살 대상이 인도의 교포라는 사실은 인도 정치권에 아무런 영향도 끼치지 않았다. 남아시아의 패권국인 인도에게도 혈육보다는 정치권력이 더 중요했던 것이다. 라지브 간디는 스리랑카 파병 직후 또 다른 남아시아 국가인 몰디브에서 발생한 군사 쿠데타를 진압하는 데에도 군대를 파견했다. 그것이 남아시아에서 인도가 패권을 유지하는 정책이었다. 수상 취임 직후부터 쉴 새 없이 터진 여러 국내 사건들, 예컨대 보빨 가스 유출 참사, 보포르사社 방산 비리 사건 등으로 어려움에 처했던 라지브 간디는 그의 어머니처럼 사람들의 관심을 외부로 돌리다가 보복을 당한 것이다. 비극이다.

64

인디라 간디가 인도의 박근혜?

박근혜가 탄핵당하기 전, 나는 인도의 전 수상 인디라 간디를 박근혜와 비교하곤 했다. 우선 누구나 알고 있듯이 두 사람 다 여성 정치인이다. 그리고 인디라 간디는 인도의 초대 수상 네루의 딸이고, 박근혜는 박정희 대통령의 딸이다. 둘 다 아버지 후광에 기댄 혈통주의의 산물이지만, 자기 스스로 나름의 정치적 업적을 쌓아 최고의 자리에 올랐다. 인디라 간디와 박근혜는 어머니를 대신해 퍼스트레이디 역할을 맡은 것도 동일하다. 아울러 둘 다 제대로 임기를 마치지 못했다는 것도 같다. 둘 다 제대로 정치를 한 게 아니고 강압적인 권위주의적 정치를 하다가 권력의 종말을 맞이한 것이다. 인디라 간디는 사저 경비원에게 기관총 난사를 당해 즉사했고, 박근혜는 헌법재판소에서 탄핵을 당하고 교도소에 수감되었다.

그렇다고 인디라 간디를 박근혜와 같은 위치에 놓는 것은 인디라 간디를 모독하는 것이다. 무엇보다도 인디라 간디는 아버지 자와하르랄 네루의 손에 이끌려 민족운동에 앞장선 민족운동가 출신이다. 당에서 오랫동안 정치를 했기 때문에 대중과의 소통에 매우 능했고, 매우 검소하였으며 부정부패와 거리가 멀었다. 반면 박근혜는 청와대에 오랫동안 살면서 바깥세상과 단절된 채 살았고, 정치인으로 나서기 전에 그가 이 나라를 위해서 쌓은 업적이라곤 단 하나도 없다. 사람들과 소통할 줄 몰랐고, 매우 사치스러웠으며, 부정부패에 찌들어 있었다. 그러나 전체적으로 볼 때 인디라 간디는 민주주의에 기초한 정치인이었다. 비록 권력에 너무 집착한 나머지 계엄령을 선포해 헌정을 중단시키고, 시크 분리주의 운동을 부추겨 자신의 실정을 감추려는 얕은 수를 쓰다가 결국 그 때문에 암살당하기는 했으나, 기본적으로 "짐이 곧 국가다" 같은 뒤떨어진 생각을 한다거나 자질 자체가 문제가 있었던 것은 아니다. 오히려 인디라 간디는 뛰어난 연설가이자 지략가였다. "우리가 떨어뜨려야 할 것은 피가 아니라 서로를 미워하는 것입니다." 인디라 간디의 연설은 인도 국민들을 감동시켰다. 이 점도 박근혜와 다른 점이다.

무엇보다 인디라 간디와 박근혜는 비교할 수 없는 것이, 간디는 식량 정책을 성공리에 이끌어 기아로부터 인도를 구해 낸 사람이다. 인도는 1960년대 초반까지도 만성 기아에 시달렸다. 1965년 인디라 간디는 '녹색혁명Green Revolution'을 실시해 농업 생산력을 획기적으로 증대시켰다. 물론 대규모 농장을 경영하는 부농과 소농 및 농업 노동자 사이의 빈부 격차가 더 심해졌다는 비판을 받을 수도 있지만, 기아의 허덕임에서 나라를 구한 점만은 인정해 주어야 한다. 또한, 인디라 간디는 정치 위기를 정치로 극복한 전형적인 정치인이었다. 그는 1975년 비상계엄을 선포하여 독재 권력을 행사하다가 2년 만에 정치를 정상화시켰다. 1977년 총선에서 '국민당'에 패배하여 정권에서 물러났으나 절치부심하여 당을 재정비한 끝에, 1980년 총선에서 승리하여 다시 수상 자리에 오른 오뚝이 같은 정치인이다. 인디라 간디가 박근혜와 가장 다른 점은, 인디라 간디는 정치인으로서 매우 뛰어난 전략가이자 책략가였고 카리스마가 넘치는 그래서 일부에서는 '철의 여인'이라고 부를 정도로 강고한 권력을 행사하는 정치인이었다는 것이다. 정치를 감당할 능력도 자신도 없는 무능력자 박근혜와는 차원이 다르다.

인디라 간디는 인도 역사상 유일하게 권위주의 통치를 한 정치인이다. 그래서 유일하게 암살을 당했고, 그것이 인도 역사상 유일한 헌정 중단 사례가 되었다. 그는 파키스탄과 전쟁을 벌여 승리를 이끌었고, 그 결과 방글라데시를 독립시킨 후 지지율을 급속도로 끌어 올린 위험한 정치를 했다. 은행 등 금융기관의 대대적인 국유화를 이끌어 사회주의적 색채가 강한 경제 정책을 실시했으나, 인도 경제의 동맥경화를 심화시킨 장본인으로 평가받는다는 점도 빼놓을 수 없다. 전체적으로 공보다는 과가 많은 정치인임은 틀림없다. 그렇다고 박근혜에 비하랴.

영국, 식민의 기억

65

영국의 식민 지배는 언제부터일까?

인도가 400년간 영국의 식민지였다고 말하는 사람이 있다. 한편에서는 250년간 식민지였다고 하는 사람도 있다. 인도사를 전문적으로 공부하지 않은 사람들이 누군가가 쓴 글을 읽고, 그들이 서로 다른 이야기를 했을 터이다. 한국은 1910년에 일본의 식민지가 되었다가 1945년에 식민지에서 벗어났으니 35년간 식민 통치를 받았다는 데 이견이 있을 수 없는데, 인도는 왜들 말이 다를까?

인도는 한방에 식민지가 되지 않았기 때문이다. 당시 인도를 대표하는 무갈 왕조는 영국 혹은 영국 정부의 대리인인 동인도회사와 전쟁을 치르지 않았다. 전쟁을 치른 것은 각 지역을 다스리는 토후 세력이었다. 무갈 왕조는 살아 있어도 영토의 실효적 지배는 이루어지지 않은 채 아대륙 전체가 십여 개의 큰 세력으로 나누어져 있었다. 동인도회사는 이들 세력과 차례대로 싸워 이겼는데, 일부는 완전 복속, 일부는 보호조약을 맺고 독립국 상태로 두었다. 첫 싸움은 영국과 프랑스 간에 벌어졌는데, 데칸 지역의 하이드라바드Hyderabad를 놓고 1746년부터 1763년까지

251

싸웠다. 마치 조선을 놓고 중국과 일본이 싸운 것과 동일하다. 그 싸움에서 일본이 이겨 조선에 대한 일본의 영향력이 커졌다고 해서 그때부터 일본의 식민 지배가 시작됐다고 하지 않듯이, 하이드라바드에서의 싸움을 영국 식민 지배의 시작이라고 할 수는 없다.

영국의 실질적인 식민 지배는 1757년 동인도회사와 벵갈Bengal의 싸움부터 시작됐다고 봐야 한다. 이 싸움에서 승리한 영국은 천천히 벵갈과 인근 지역을 식민 지배했다. 그런데 그렇다고 해서 영국의 지배권이 벵갈 이외의 지역에까지 미친 것은 아니다. 벵갈을 정복한 동인도회사는 거기에서 확보한 토지세와 무역 수입 등으로 군대를 조직하여 그 군대로 다른 지역을 공략해 나갔다. 1799년 남부 인도의 최고 강자였던 마이소르Mysore가 영국과 그 보호조약 아래에 있던 하이드라바드 연합군에 패하면서 대세가 영국에게 기울었으나, 영토적으로 볼 때는 아직도 독립 상태인 지역이 많았다. 동부와 남부 인도를 복속시킨 영국은 서부로 진격했다. 물론 그 군인들의 대부분은 인도인 출신 용병이거나 보호조약 하에 놓인 토후국의 군인이었다. 몽골이 고려를 점령한 후 여몽 연합군이 일본 침략에 나선 것과 동일한 이치다.

서부에서는 마라타Maratha동맹 세력이 막강하게 버티고 있었다. 마라타동맹은 지금의 마하라슈뜨라 지역과 마디야 쁘라데시 지역을 장악하면서 막강한 군사력을 보유했다. 그러나 마라타도 여러 차례 이어진 영국과의 싸움에서 이기지 못하고 결국 1818년에 붕괴했다. 실질적인 마지막 싸움은 지금의 파키스탄과 인도의 뻔잡 지역을 지배하던 시크왕국이 맡았다. 시크왕국은 1849년 영국에 패배했다. 동인도회사는 형식만 남아 있던 무갈 왕조의 영향력이 큰 아와드Awadh를 1856년에 복속시킨 뒤로 영토 확장 전쟁을 더 이상 하지 않았다. 이미 모든 적대 세력을 다 복속시키고, 우호 세력은 562개의 작은 괴뢰국 상태에 만들었으니 더 이상 빼앗을 땅이 없었기 때문이다. 그리고 그 다음 해인 1857년 북인도의 거의 모든 지역에서 봉기가 터져 2년 가까이 싸우다가 1859년 진압하면서 무갈 왕조를 종식시킨다. 이때부터 동인도회사를 배제하고 영국 정부가 직접 통치를 시작한다.

그렇다면 영국의 식민 지배 시점을 영국 정부가 직접 지배하기 시작한 1859년으로 잡아야 하지 않을까. 천부당만부당하다. 이미 동인도회사를 대리자로 영국 지배는 시작되었다. 인도사에는 한국사에서처럼 1910년 8월 29일 같은 역사적 사건이 존재하지 않는다. 영국 식민 지배의 시작은 특정한 사건이라는 점이 아니라 여러 사건이 이어지는 선으로 보는 게 옳다. 인도 같은 큰 나라에서는 하나의 역사적 사건이 나라 전체에 유효한 경우가 별로 없다. 그 일련의 선 가운데 식민 지배의 시작 지점을 굳이 따지자면, 1757년 벵갈 침략이라고 하는 게 가장 합리적이라고 본다.

66

세포이 항쟁은 왜 실패했나?

영국의 식민 통치가 시작된 지 약 100년 만인 1857년, 델리 부근의 왕이 다스리는 토후국인 아와드 내 메러뜨Meerut에서 큰 봉기가 터졌다. 영국 군대가 주둔하던 곳이었는데, 군사의 대부분은 인도인 용병(세포이sepoy)이었다. 인도는 당시 하나의 민족이라는 의식이 없는 상태였기 때문에, 1757년 쁠랏시 전투 이후 벵갈 점령 후부터 전개된 영국의 영토 확장은 모두 인도인 용병의 손으로 이루어졌다. 이 봉기가 터지기 직전인 1856년 아와드 병합 때까지 약 100년 동안 내내 그러했다.

1857년 군대에 공식적으로 선교사가 부임하자, 많은 세포이들이 영국 동인도회사가 자신들을 기독교로 개종시키려 한다는 것에 거부감을 품었다. 실제로 동인도회사는 기독교 선교를 앞세웠고, 그것은 힌두 문화에 대한 멸시로 이어졌다. 사띠(과부 순장) 폐지 등 근대화를 위한 인도 사회문화 개혁은 인도인들에게 큰 반감을 불러일으켰다. 특히 영국인 여성들이 힌두 문화를 모독한 것에 대한 불만이 컸다. 이런 가운데 영국군의 군사 캠프에서 세포이 모반이 터졌다. 영국군이 탄창 기름으로 소와 돼지기름을 사용하게 하면서 그동안 쌓여 있던 불만이 폭발한 것이다. 소는 힌두가 숭배하는 동물이고, 돼지는 무슬림이 혐오하는 짐승이다. 그 소나 돼지로 만든 기름을 매일 만지고 입으로 뜯게 한다는 소문은 힌두나 무슬림에게 참을 수 없는 모욕으로 다가왔다.

발단은 그랬으나 봉기는 곧 민간인들의 봉기로 이어졌다. 봉기에 참여한 세력은 크게 봉건 귀족과 지주, 그리고 농민으로 구성되었다. 봉건 귀족들이 참여한 이유는, 동인도회사의 아와드 병합 후 그들이 관습적으로 세습받았던 봉건 귀족의 직위를 더 이상 누릴 수 없게 됐기 때문이다. 실제로 동인도회사는 귀족 지위의 세습을 인정하지 않았다. 이제 귀족이 사망하면 그 봉토는 동인도회사의 직할령이 되었다. 이에 경제적 손실과 함께 사회적 지위까지 잃게 된 귀족들도 봉기에 적극 가담한 것이다. 잔시 Jhansi의 왕비인 락슈미 바이Laksmi Bhai나 깐뿌르Kanpur의 나나 사히브Nana Sahib와 같은 귀족들이 바로 그러한 예이다. 그러나 모든 봉건 귀족이 그런 것은 아니다. 많은 봉건 귀족들은 동인도회사의 지배 자체는 부정하지 않았고, 동인도회사에 충성 서약을 맺은 이도 많았다. 반면에 농민들의 타깃은 동인도회사만이 아니라 고리대금업자도 포함되었다. 지역적으로도 같은 북부 인도지만 동인도회사의 지배권이 미치지 않는 곳이나 동인도회사에서 혜택을 받는 지역은 봉기에 참여하지 않았다. 1857년 5월 봉기군은 영국군이 주둔하던 메러뜨를 출발하여 델리, 럭크나우, 깐뿌르, 바라나시 등 북부의 주요 도시를 점령하며 기세를 올렸다. 그러나 4개월 후인 9월, 델리를 영국군에 빼앗기면서 세력이 크게 약화되어 결국 약 2년여 만에 봉기는 막을 내린다.

봉기가 실패로 돌아간 것은 무엇보다도 봉기 세력이 이 투쟁을 민족적 거사나 혁명으로 키우지 못했기 때문이다. 그들은 다 몰락해 버린 무갈 황제를 옹립하여 세력을 규합한다는 구태의연한 목적으로 내세웠고, 무엇보다 모든 민족 구성원이 참여하지 않았다. 영국 지배 하에 있던 모든 토후국과 소규모 토후 세력, 지식인, 대지주, 도시 상인 등은 봉기에 가담하지 않았고, 지역적으로는 대부분의 남부 지역과 벵갈, 신드Sindh, 뻔잡, 라즈뿌따나Rajputana 같은 지역도 참여하지 않았다. 영국은 이 봉기를 폄하하기 위해 '세포이 반란' 혹은 '세포이 항쟁'이라 불렀고, 일본 역사학자들도 그렇게 부르면서 한국에서도 '세포이 반란'이 되었다. 그러나 세포이는 처음 모반이 시작됐을 때에만 역할을 했을 뿐이므로 그렇게 부르는 것은 합당치 않다. 인도의 역사학자들은 '1857 군사 모반Mutiny'이라 부르기도 하고, 민족주의자들은 '반영독립전쟁'이라 부르기도 한다. 하지만 영국에 전쟁을 선포한 적도, 나가라고 한 적도 없으므로 '1857 인도 봉기'가 가장 적당한 용어라고 본다.

1857 봉기는 비록 그 방식은 구태의연했으나 반영 투쟁의 시발이 되었다. 특히 봉기는 이후의 독립 투쟁을 이끌어 갈 애국애족심과 민족적 자긍심을 고취했다는 점에서 역사적으로 중요한 의의를 갖는다. 봉기 이후 인도에서는 모든 계급과 분파, 종교를 초월하는 민족운동이 전국적으로 일어나게 된다. 농민, 수공업자, 노동자들이 자신들이 겪고 있는 극심한 빈곤의 원인이 영국 제국주의에 있다는 것을 인식하면서 영국 식민 통치에 반발하기

시작한 것이다. 인도 인민들은 제국주의가 '우리'의 적이며, '우리'는 같은 피해자라는 인식을 실로 100여 년 만에 갖게 되었다. 긴 세월 이어진 제국주의의 수탈과 민족 차별 정책이 인도인들의 민족의식에 불을 붙인 것이다.

67

어떻게 영국과 사이좋게 지낼까?

1940년 이후 영국의 식민 통치에서 벗어나야 한다는 목소리가 커질 때마다 마하뜨마 간디는 이렇게 말했다. 우리와 영국은 친구이니 떠나는 친구를 잘 보내어 사이좋게 지내야 한다고. 바로 이 말이 이번 물음에 대한 가장 적절한 대답일 것이다. 인도는 약 200년 동안 영국의 직간접 식민 통치를 받았다. 1757년부터 1856년까지는 동인도회사를 통해 나라의 대부분이 영국의 지배권 아래로 들어갔고, 그 이후에는 영국 여왕의 직속 지배 아래에 들어갔다. 1857년 인도 북부를 중심으로 엄청난 규모의 봉기가 일어나 2년 가까이 지속되었으나 결국 처참하게 진압되었다. 이때 대부분의 지식인들과 돈 있는 사람들은 봉기에 가담한 이들을 무식하고 역사 발전에 도움이 되지 않는 자들로 여겼다. 그들은 영국 사람들은 비록 수탈을 하긴 하지만, 궁극적으로 나라의 발전에 필요한 근대화를 시켜 주는 고마운 사람들이라고 생각했다.

영국이 근대화를 들고 인도 땅에 들어왔을 때, 인도는 나중에 중국이 그랬듯 엄청난 자기 충격에 빠졌다. 인도의 전통과 문화는 모조리 구태로 내몰렸고, 인도가 나아가야 할 미래는 영국의 처분에 달려 있었다. 많은 젊은이들이 영국이 들여온 근대화를 찬양했다. 영국 정부는 이런 오피니언 리더들을 규합하려 했다. 주로 영국 유학파 출신들이 그 대상이었다. 영국 정부는 그들에게 정당을 하나 만들라고 했다. 아무래도 영국에 호의를 가진 사람들이 앞장서서 '무식한 인민들'과 '그들을 개화시키려 애쓰는 영국인들' 사이에 가교 역할을 해야 한다는 논리였다. 소위 '가스레인지에 달린 안전밸브론'이다. 안전밸브가 있어야 가스 폭발을 미연에 방지할 수 있다. 그래서 만들어진 것이 현재 인도의 거대 양당 중 하나인 회의당(Congress Party)(I)이다. 인디라 간디의 영어 약칭인 'I'를 쓰는 이 회의당(I)의 전신이 바로 인도국민회의(Indian National Congress)다.

인도국민회의는 철저히 영국 정부에 건의하고 정책 시정을 요구하는 그런 성격의 정당이었다. 그러나 20년 정도가 지난 1905년까지 영국 정부는 그 요구를 전혀 들어주지 않았다. 그래서 좀 더 급진적인 민족주의자들이 등장하여 영국 정부를 비판하기 시작했다. 그렇지만 1940년대 이전까지 식민 지배를 끝내고 떠나라는 식의 주장은 전혀 나오지 않았다. 영국을 쫓아내야 한다는 사람들은 국민들에게도 외면당하는 소수파였다. 영국에 대해 심한 소리를 하면 당 내에서 바로 엄청난 비판을 당하고, 국민들에게도 외면을 받았다. 영국은 이 나라 백성을 살리려고 애쓰는 사람들이니 그들과 사이좋게 지내야 나라에 도움이 된다는 식이었다.

인도 민족이 영국에 이 나라를 떠나라고 한 것은 지배당한 지 180년 정도가 지난 1942년부터였다. 그들은 처음으로 영국인들에게 "인도에서 철수하라"를 외쳤고, 그로부터 5년 뒤 1947년 영국인들은 떠났다. 떠날 때 영국인들은 몇 가지 안전장치를 마련해 두었다. 가장 중요한 것이, 독립 후에도 양국 정부는 지속적으로 우호적 관계를 맺는다는 약속이었다. 공산화에 대한 두려움이 클 때였다. 독립 후 인도는 영연방에 주저 없이 들어갔지만, 그렇다고 일방적으로 미국과 영국 편에 서지는 않았다. 인도는 제3세계 비동맹운동을 이끌고 나갔다. 하지만 영연방 황제의 깃발 아래 같이 머무는 형제처럼 가까운 친구로 지내고 있다.

일제강점기의 우리 같은 독립군이나 임시정부가 인도에는 사실상 없었다. 일본이 침략하여 식민지가 된 미얀마에 근거지를 두고 인도 본토 침공을 기도한 인도국민군Indan National Army이 있긴 했지만, 비슷한 시기 상해와 만주 일대에 존재한 헌법상의 '대한민국' 같은 건 애당초 없었다. 그래서 인도에는 매국노도 없고, 친일파 같은 개념도 없고, 역사 청산이라는 것도 없다. 영국의 식민 지배는 분명히 '강제'였으나, 영국인들은 여러 가지 방식으로 인도인들의 '동의'를 교묘하게 이끌어 냈다. 인도인들에게 영국은 좋은 친구였고 그 관계는 거스를 수 없는 것이었다. 일부에서는 이를 두고 식민지 근성 혹은 노예근성이라 폄하하지만, 영국의 식민 성격은 일본이나 프랑스 등과 달라 함부로 평가하기 어렵다.

68

왜 미얀마 옆 섬이 인도 땅일까?

인도 국가 문장

인도의 국가 문장紋章은 기원전 4세기 마가다국 마우리야 왕조의 제3대 왕인 아쇼까Ashoka가 아프가니스탄에서 인도 남부에 이르는 지역 대부분을 영토로 확장한 후 주요 불교 사원이나 성지 등에 세운 돌기둥 중 사르나트Sarnath에 있던 돌기둥 머리인 '네 마리 사자상'에서 따온 것이다. 이 상징 문장은 의심할 바 없이 "인도는 하나"라는 의미를 강하게 부르짖는다.

영국 식민 지배로부터 독립한 인도는 파키스탄과 분리되는 과정을 겪고 이후 여러 토후국을 합병하는 문제를 헤쳐 가면서 더 이상의 분리는 없고, 오직 하나의 주권국가를 유지해야 한다고 천명했다. 그런데 약간의 문제가 있었다. 어디까지를 영토로 봐야 하느냐의 문제다. 영국이 들어오기 전에는 정치적으로 하나의 국가로 존재하지 않았다. 사회문화적으로 분명 하나의 나라였고 민족운동을 거치면서 정치적으로 하나의 국민국가를 형성해 왔음에도, 법적으로 당시 각 왕국들은 영국의 식민 속국이 아니라 독립국이었다. 그러니 이제 영국이 떠났으니 이 왕국들은 독립국일까 아니면 인도 연방의 일원이 되어야 할까. 일부는 인도 연방에 들어왔지만, 다른 일부는 독립하겠다고 나섰다. 그런데 토후국과 독립국의 차이가 애매했다. 네팔은 애초부터 독립국이라 당연히 따로 가는 것이고, 스리랑카는 인도에 속하지 않으니 따로 독립을 하는 것으로 의견 일치를 보았다. 한데 그래도 애매한 경우가 있었다. 바로 현재 미얀마와 태국 바로 옆, 인도네시아 위에 있는 안다만-니코바르 제도다.

영국령 인도 제국은 미얀마를 포함했고, 그 안에 안다만-니코바르 제도가 들어 있었다. 이제 이 섬들은 어느 나라 땅이 되어야 하는가. 역사적으로는 인도 땅이라고 보는 게 옳다. 과거 독도가 신라 영토에 속했으니 역사적으로 대한민국 영토라고 하는 주장과 같은 논리다. 이 섬들은 남부 인도 따밀나두에 뿌리내린 쫄라Chola 왕조가 늦어도 11세기에는 자기 영토로 복속시켜 수마트라와 동남아시아에 대한 지배력 확장을 위한 전진기지로 삼았던 곳이다. 17세기에도 인도 서부에서 출발하여 인도아대륙 대부분의 지역을 지배한 마라타 제국의 영토로 포함되었다. 그 후 유럽의 지배권이 인도아대륙으로 확장되면서 이 섬들은 덴마크에 넘어갔다가, 영국이 덴마크에게 사들이면서 다시 영국 땅이 되었다. 영국은 섬을 차지한 후 1858년 대규모의 봉기를 진압하고 이곳에 악명 높은 감옥을 세웠다. 바로 나중에 벤담과 푸코를 통해 널리 알려지게 되는 '원형 감옥'이다. 중앙에 높은 타워를 세워 한눈에 모든 죄수를 다 감시할 수 있게 한 최첨단 감옥이었다. 죄수들은 대부분 봉기 때 영국 통치에 저항한 민족운동가들이었다. 이 감옥을 중심으로 이곳에 사람들의 거주지가 처음 생겼다. 제2차 세계대전 중에는 인도국민군을 창설한 수바쉬 짠드라 보스Subhas Chandra Bose가 일본의 도움으로 이곳을 영국으로부터 빼앗으면서 이 섬들은 다시 일본의 수중에 넘어갔다. 인도 독립 후 처음에는 앵글로-인도인과 앵글로-버마인을 주민으로 독립국을 만들 계획을 세웠으나 실행되지 못했다. 그 후 미얀마와 인도가 모두 영유권을 주장했으나 별 분쟁 없이 인도 연방으로 합병되었다.

안다만-니코바르 제도는 1956년 인도의 연방영토로 행정 편성되었다. '연방영토union territory'란 주state와 달리 자치권을 부여하지 않고 중앙 정부가 직접 지배하는 행정구역을 말한다. 안다만-니코바르는 인도 연방 형성기에 도입된 연방영토 제도에 의거해 최초로 편입된 땅이었다. 이후 영국이 아닌 다른 나라로부터 독립하여 인도 연방에 포함된 영토들이 연방영토로 편입되었다. 포르투갈로부터 독립한 다드라와 나가르 하벨리Dadra and Nagar Haveli, 다만과 디우Daman and Diu, 프랑스로부터 독립한 뿌두쩨리Puducheri 등이 이 연방영토에 포함되었다. 이 밖에 뻔잡에서 분리되어 만들어진 하리야나Haryana주에 있으면서 이 두 주의 수도를 겸하는 짠디가르Chandigar, 아라비아 해의 여러 섬으로 구성된 락샤드위쁘Lakshadweep제도를 합쳐 현재 인도에는 모두 여섯 개의 연방영토가 있다.

　인도가 영국으로부터 독립한 후 가장 노심초사한 문제가 바로 하나의 나라를 유지하는 것이었다. 실제로 그동안 많은 지역에서 분리 독립 문제가 발생했다. 일부는 나라를 아예 나가겠다고 하고, 일부는 주를 분리해 달라고 했다. 주는 원칙적으로 언어를 기준으로 나누지만, 상황에 따라 종교나 역사적 공동체 의식으로 주의 분리를 허용해 주기도 했다. 연방영토라는 행정 체계는 이와는 또 다른 방식으로, 특별하게 중앙 정부가 직권으로 통제해야 한다고 생각한 경우다. 안다만-니코바르 제도가 그 대표적인 예다. 우리의 소원이 통일이라면, 인도의 소원은 한 나라 유지다.

69

하나의 인도가 영국의 선물?

인도는 과연 하나의 나라인가? 그렇다면 언제부터 하나였는가? 이 질문은 인도를 어느 정도 이해하기 시작할 때쯤 사람들이 갖게 되는 의문이다. 정치적으로 볼 때 인도와 파키스탄 그리고 방글라데시로 나뉘었지만, 사실 다양성의 정도로 볼 때 하나로 봐도 큰 문제는 아니다. 그런데 문제는, 인도가 200년쯤 영국의 지배를 받고 난 후 국민국가를 건설했기 때문에 인도라는 강력한 단일 '국민국가'는 영국 지배의 '선물'이라는 주장이 어느 정도 먹힌다는 것이다. 18세기 영국이 침략해 들어올 때 인도의 그 어떤 세력도 인도 전체를 하나의 민족으로 간주해 영국에 대항해 싸워야 한다고 주장하지 않았다. 처음 식민 지배를 받게 된 벵갈부터 마지막으로 영토가 병합된 아와드까지, 어떤 지역 세력도 인도 전체를 위해 싸운 적이 없다. 심지어 1857년 소위 '세포이 항쟁' 때도 그런 의식은 불분명했다. 인도인들이 자신들을 하나의 민족으로 자각하고 민족운동을 벌인 것은 그 이후이다.

그렇다면 인도가 하나의 민족 혹은 국민이라는 개념은 결국 영국에 대항해서 싸운 결과가 아닌가? 전혀 일리 없는 주장은 아니지만 사실은 그렇지 않다. 고대부터 인도인들은 이 나라를 하나의 단위로 인식했다. 인도 최고의 서사시 《마하바라따》를 보면 인도인들이 자신들의 땅을 오늘날의 카시미르 지역이 빠진 역삼각형 모양으로 인식했음을 알 수 있다. 히말라야는 동에서 서로 일직선 수평으로 뻗어 아대륙의 천장같이 인식되었고, 그 내부는 네 개의 삼각형으로 나뉘어 각각 서북부/동북부/중부/남부로 갈라져 있었다. 6세기경 바라하미히라Varahamihira는 지금의 인도아대륙 전체를 아홉으로 나누었다. 아홉은 현재의 델리 부근을 중심으로 여덟 개의 연꽃잎이 감싸고 있는 형태였다. 인도인들은 이 전체를 지리적으로는 '잠부드위빠Jambudvipa', 정치적으로는 '바라따와르샤Bharatavarsha'라고 불렀다. 전자를 한자로 차자하여 '염부제閻浮提'라 하고 있고, 후자는 '바라따족의 땅'이라는 뜻이다. 이후 인도는 '바라따'라고 불렸다. 불교에서도 이와 같은 인식이 있었으니, 최고의 이상군주인 전륜성왕은 히말라야 아래에서부터 세 바다에 이르는 모든 영역을 다스리는 군주로 인식되었다. 우리가 잘 아는 승려 혜초도 이 나라를 다섯으로 구성된 '천축국'이라 하였다.

내적으로나 외적으로 분명한 하나의 정체성을 갖는 지역 단위로 생각하고 있었다는 것이다. 그렇지만 인도인들은 정치적으로 통합을 이룬 적이 거의 없다. 기원전 3세기에 아쇼까의 마우리야 제국이 아대륙 전체와 아프가니스탄 지역을 하나의 영토로 포함하고, 16세기 무갈제국의 악바르Akbar에 의해 비슷한 수준의 영토가 유지되었을 뿐, 나머지 시기에는 정치적 통일체를 구성하지 못한 채 작은 봉건국가들로 나뉘어져 있었다. 다만, 카스트 체계는 어느 지역에서든 유지되었고, 윤회를 비롯한 힌두교의 여러 교리를 공동으로 신봉했으며, 산스끄리뜨어는 인도의 전체 문화를 지탱하는 언어로 쓰였다. 의식주 문화에서도 적어도 2,500년 이상 통일성이 유지되어 왔다. 영국이 들어온 18세기에도 사회문화적으로는 분명한 하나의 나라였음에도, 정치적으로 단일체를 유지하지 못했기 때문에 하나의 민족으로 대응하지 못했다. 그러나 영국 식민 통치에 대응하면서 공동의 적에 대한 타율적인 귀속 의식이 생겨나며 과거와는 다른 하나의 강한 인도를 만들었던 것이다. 나중에는 여러 가지 내·외적 이유로 인도와 파키스탄으로 분리되었지만 말이다.

인도와 정반대 상황인 아프가니스탄의 경우를 보면 좀 더 잘 이해할 수 있다. 아프가니스탄은 이란 동쪽의 유목민 거주 지역과 파키스탄의 일부 지역이 영국과 러시아의 주도로 합쳐져 만들어진 인위적인 국가이다. 정치적으로나 사회적·문화적으로 하나의 나라라는 개념이 애초부터 없었다. 인도는 이와는 다르다. 오랫동안 하나의 민족 공동체를 유지해 왔지만 그 정도가 한국과 달리 상당히 약하고, 전체를 포괄하는 통일성보다 각각의 정체성을 내세우는 다양성이 매우 강한 것이 사실이다. 그래서 인도라는 나라는 하나의 정체성identity이 아니라 여러 정체성들identities로 이루어진 나라라고 보는 것이다. 식민 세력의 침략을 받을 당시에 하나의 정치적 통일체가 없었다고 해서, 외세에 저항하는 과정에서 하나의 민족/국민국가를 이루었다고 해서, 그 세력이 인도에 하나의 민족/국민국가를 선물했다고 말할 수 있는가.

70

크리켓이 국민 스포츠?

인도인들의 크리켓 사랑은 대단하다. 거의 하루 종일 경기를 하면서 그것을 장장 일주일 동안 하는 경우도 있다. 길거리고 집이고 사무실이고 동네 상점이고, 4년에 한 번씩 열리는 월드컵 때는 온 나라가 들썩인다. 유명 선수는 거의 신격화되다시피 하고, 주요 경기가 있는 날이면 발리우드Bollywood(인도 영화계) 스타들도 빠짐없이 등장하니 가히 전국이 열광의 도가니에 빠진다. TV 중계가 쉴 새 없이 진행되고, 사람들은 밥 먹다 말고 TV만 쳐다본다. 광고 단가도 연중 이때가 가장 높다. 그럼 인도 사람들이 실제로 크리켓 경기를 하느냐? 그건 또 아니다. 학생 때에는 많이 하는 편이지만, 어른이 되면 경기를 직접 하는 것보다 주로 TV나 라디오 중계를 즐긴다. 한국의 야구 열기와 비슷하다고나 할까.

크리켓이 이렇게 인도의 '국민 스포츠'가 된 것은 그것이 도입될 당시의 역사적 상황과 맞물려 있다. 영국은 동인도회사를 앞세워 인도를 정복했다. 그 과정에서 많은 전쟁을 치렀고 저항도 컸으나, 영국의 서구 근대 문명을 환영하는 사람도 적지 않았다. 특히 영국인들이 처음 들어온 꼴까따Kolkata와 벵갈 지역의 상층 계급은 영국의 근대 문명을 찬양하기에 바빴다. 어떻게 해서든 영국인과 비슷해 보이려고 의식주 문화까지 바꾸면서 도시 문화를 적극적으로 선도해 나갔다. 이때 새로운 문화로 각광받은 것이 크리켓이다. 크리켓은 영국 사람들이 가지고 들어와 자기들끼리 즐기는 스포츠였는데, 토착 인도인들은 이를 배우고 싶어 안달이었다. 크리켓을 하면 영국인이 된다는 심리적인 현상이었다. 그렇게 해서 영국 근대 문화를 받아들이는 데 적극적으로 앞장선 벵갈의 브라만들은 영국인들에게 '신사'로 인정받을 수 있었다. 이후 벵갈을 중심으로 민족주의 운동이 전개될 때에도 인도인들은 영국이 뻐기던 크리켓에서 그들을 이김으로써 영 제국주의를 무찌르는 카타르시스를 즐기기도 했다. 이런 분위기는 민족주의 강화 분위기로 이어지며 스포츠를 통한 정치가 이루어졌다. 전두환이 도입한 프로야구에서 호남 사람들이 해태 타이거즈를 응원하며 설움을 달랜 것과 유사하다고나 할까.

크리켓이 인도에서 본격적으로 국민 스포츠가 된 계기는, 독립 후 파키스탄과의 분단 그리고 그 정치적 관계 때문이다. 독립 후에도 인도는 영연방 안에서 영국과 비교적 좋은 관계를 유지했고, 영연방 국가들은 크리켓을 공유하며 소속감을 확인하고 유대 관계를 강화하였다. 인도를 하나의 국민국가로 확고하게 다질 만한 마땅한 문화가 없던 터에 크리켓은 좋은 대안이 되었다. 1970년대까지 국제 크리켓 대회에서 별로 두각을 나타내지 못하다가 1980년대 들어 좋은 성적까지 내면서, 크리켓은 확실한 인도의 '국민 스포츠'가 되었다. 결정적인 계기는 역시 파키스탄에 대한 승리였다. 1970년대 말부터 불거진 시크교도의 분리독립운동, 인디라 간디 암살, 라지브 간디 암살, 파키스탄과의 군비 경쟁과 긴장 관계 심화 등은 국민을 하나로 총화 단결시킬 장치를 필요로 했다. 이때 크리켓 경기에서 파키스탄을 상대로 거둔 승리가 그 역할을 담당했다. 1987년에는 파키스탄과 공동으로 크리켓 월드컵을 유치하면서 크리켓은 명실공히 국가주의 발흥의 주요 기제가 되었다. 이후 인도 시장이 열리고, 인도 정부가 크리켓을 신자유주의 신경제 정책 홍보에 적극 이용하면서 크리켓은 황금알을 낳는 거위가 되었다.

그런데 크리켓을 보면 인도 문화와 참 잘 어울린다는 생각이 든다. 우선 비슷한 경기인 미국의 야구는 심판이 큰 역할을 하는 반면에, 크리켓은 심판이 할 일이 거의 없다. 전형적 영국식 스포츠인데, 특정인이 중심이 되어 통제하지 않는 인도 문화와 잘 맞아떨어진다. 야구에 비해 경기 규칙도 그리 복잡하지 않아서, 주자가 죽지 않으면 계속 경기가 진행된다. 세월아 네월아 경기가 지연돼도 신경 쓰는 사람이 없다. 참 아웃되기도 힘들구나, 생각하다 보면 정말 '인도스러운' 스포츠라는 결론에 이른다. 인도 전역의 그 많은 시골 사람들이 중계방송 들으며 시간 때우기에 안성맞춤이다. 정부 입장에서는 인도인의 느긋함과 잘 어울리고, 영국 문화를 동경하는 데 좋고, 국가를 하나로 만드는 데일조하고, 파키스탄에 대한 배타적 민족주의 키우는 데도 좋으니 육성하지 않을 수 없다. 그 결과, 인도가 세계 랭킹 1위인 스포츠 종목은 크리켓뿐이다.

71

라자스탄은 영국 식민지가 아니었다?

한국의 일제 식민 지배만 배운 학생들은 서구 제국의 식민 지배와 아시아 각국의 식민 역사가 어떻게 다른지 제대로 이해하지 못한다. 특히 인도는 한국의 경우와 매우 다른 식민 경험을 갖고 있다. 한국은 1910년 강제로 국권을 빼앗기는 조약을 맺어 특정 시점부터 영토 전부가 일본의 식민지가 되었다. 그러나 인도에서는 그런 일은 발생하지 않았다.

영국이 동인도회사를 앞세워 인도아대륙을 본격적으로 침략한 시점은 1757년 벵갈 전투부터다. 이 싸움에서 이긴 동인도회사는 벵갈에서부터 남으로 남으로 그리고 다시 인도의 서로 북으로 영토를 확장해 나갔다. 그렇게 100년 정도가 흐른 뒤인 1856년, 동인도회사는 당시 명맥만 유지하고 있던 무갈 제국의 수도 델리에서 그리 멀지 않은 아와드를 무력으로 병합했다. 그리고 더 이상 무력으로 영토 확장을 하지 않겠다고 선언했다. 이 말을 자세히 들여다보면 형식적으로는 여전히 무력 병합을 해야 할 땅이 있다는 것이고, 그러나 굳이 강제로 병합할 필요가 없다는 의미가 읽힌다. 이러한 나라들을 영어로 princely state, 즉 군주국 혹은 토착민 국가native state라 한다. 이 둘의 뜻을 섞어 일반적으로 '토후국'이라 부른다. 영국이 식민 지배권을 포기하고 인도와 파키스탄에 독립 주권을 이양한 1947년 8월 15일 당시, 이러한 토후국이 인도 전역에 562개가 있었다. 대부분이 영토 크기로는 작은 지역이면서 외교권을 영국에 넘긴 위성국 상태였다. 마이소르Mysore, 하이드라바드Hyderabad, 베나레스Benares, 카시미르Kashmir, 시킴Sikkim, 보빨Bhopal, 그왈리오르Gwalior, 꼬친Kochin, 뜨라반꼬르Travancore, 자이뿌르Jaipur, 조드뿌르Jodhpur, 메와르Mewar, 바로다Baroda, 주나가르Junagadh 등이 대표적인 토후국이다. 네팔이나 부탄은 토후국이 아닌 독립국이었다.

1947년 독립을 쟁취한 시점을 기준으로 볼 때, 인도아대륙의 영토와 인구는 대부분 토후국이 아닌 영국 식민지로 있다가 독립을 쟁취한 지역과 그 사람들이었다. 인도 독립을 이끈 인도국민회의의 지도자 네루를 비롯한 정치 지도자들은 대륙의 모든 토후국을 포함하여 인도를 하나의 연방 국가로 건설하겠다고 했고, 대다수 토후국의 군주와 국민들도 여기에 큰 이의가 없었다. 일부 몇몇 토후국만 인도 연방에 합류하기를 거부했다. 영국이 식민 지배권을 포기하면서 식민지뿐만 아니라 토후국에도 주권을 결정할 권한을 주었기 때문에 발생한 일이다. 인도에 속할지 파키스탄에 속할지, 아니면 독립국으로 남을지 토후국들은 각자 정할 수 있었다. 토후국 가운데 상대적으로 큰 나라들은 대부분 인도 연방에 속하겠다고 선언했다. 그 대표적인 예가 현재의 까르나따까주와 뗄랑가나주에 있던 마이소르 왕국이다. 하지만 마

272

이소르와 인접한 또 다른 주요 토후국인 하이드라바드는 인도 연방에 속하는 것을 거부하였다. 하이드라바드 외에 주나가르, 뜨라반꼬르, 카시미르, 시킴 등도 인도 연방에 소속되는 것을 거부했다. 이듬해인 1948년 네루 정부는 군사를 몰고 가 이 나라들을 강제로 합병시켜 버렸다. 그러나 시킴과 카시미르는 그렇게 하지 못했다. 시킴은 1975년 국민투표를 거쳐 인도에 병합되어 하나의 주가 되었다. 인도가 티벳 문제로 중국을 공격할 때마다 중국이 꺼내 드는 카드가 시킴이지만, 엄밀히 말해 시킴과 티벳은 다르다. 시킴은 자발적인 국민투표를 통해 병합되었기 때문이다. 이제 남은 지역은 카시미르뿐이다. 분단 당시 무슬림 군주는 파키스탄으로 가고 싶어 했고 대부분의 힌두 백성들은 인도로 가고 싶어 했는데, 인도 군대가 미리 치고 들어간 이후 이 지역은 국민투표도 거부한 채 현재 미해결 상태로 남아 있다.

토후국은 현재의 라자스탄주에 가장 많았다. 라자스탄은 한국 사람들이 많이 찾는 대표적인 관광지다. 이곳 사람들이 자기들은 식민 지배를 당한 적이 없다고 주장하는 것은 이 지역에 토후국이 많았기 때문이다. 그러나 그렇다고 해도 그들의 말은 틀린 말이다. 엄밀하게 말해 식민 지배를 받지 않은 것은 맞지만, 식민 종주국의 위성, 즉 괴뢰 국가였기 때문이다. 그들은 영국 지배에 저항한 세포이 항쟁에도 참여하지 않았고, 반영 민족운동에도 참여하지 않았다. 한국 같았으면 아마 고개도 못 들고 다녔을 것이다.

72

인도에는 독립군이 없었다?

영국 제국주의 식민 지배 당시 온건파인 간디의 영향력이 워낙 크다 보니 많은 사람들이 인도에는 한국의 임시정부와 광복군 같은 조직이 없었을 거라고 오해한다. 답부터 말하자면, 있었다. '네따지Netaji'(대장님)라는 별명을 가진 벵갈 출신의 수바쉬 짠드라 보스와 그가 이끄는 인도국민군이 그 주인공이다.

보스는 원래 인도국민회의 소속으로 간디와 함께 민족운동을 벌였으나 간디의 친영 온건주의 때문에 사사건건 마찰을 빚었다. 1920년대부터 1930년대까지 인도국민회의의 청년 급진파에 속했던 그는, 1938·1939년 인도국민회의 의장에까지 올랐으나 간디와 불화 끝에 1939년에 축출당하고 영국 정부에 의해 가택 연금을 당했다. 1940년 간신히 탈출에 성공한 보스는 이듬해에 독일로 넘어갔다. 인도를 점령한 영국과 맞서던 나치 독일의 힘을 빌려 인도 독립을 쟁취하려는 의도였다. 고대 인도의 국가 경영에 관한 경전인 《실리론》(아르타 샤스뜨라Artha Shastra)의 핵심 개념인 '적의 적은 친구' 전략이었다. 하지만 히틀러 측은 그의 요청을 받아들이지 않았다. 이때 보스의 손을 잡아 준 나라가 군국주의 일본이었다. 일본은 1941년 12월 홍콩과 싱가포르를 함락시키면서 인도군 6만 5천 명을 생포, 이 포로들을 조직하여 인도국민군을 창설했다. 당시 영국과 대립하던 일본은 영국 식민지 인도를 돕는다는 명분으로 인도를 점령할 심산이었다. 그런데 인도인병사들이 일본에 저항했다. 기본적으로 영국에 대한 미움이 크지 않은 인도인들로서는 일본 괴뢰군이 되어 모국을 공격하는 것에 반감을 느꼈을 것이다. 고민하던 일본 정부는 인도국민회의에 반발하여 뛰쳐나왔으나 여전히 인도인들에게 존경받던 수바쉬 짠드라 보스를 인도국민군 사령관으로 임명하기로 하고, 독일에 잠수함을 보내어 그를 일본으로 데려왔다. 보스의 인도국민군은 말레이시아와 싱가포르에 거주하던 인도인 민간인들까지 규합하여 더 큰 규모로 군대를 재정비했다. 보스는 지역, 종교, 종족, 성性의 관점에서 평등하고 다양하게 인도국민군을 조직했다.

1943년 5월, 보스는 도조 히데키 일본 총리와 협상하여 인도 독립을 위한 원조와 협력을 이끌어 냈다. 그리고 그해 10월 보스를 수반으로 하는 '자유인도임시정부'가 발족했다. 일본은 임시정부를 일본의 괴뢰로 이용하여 영국을 패배시킬 계획이었고, 보스는 보스대로 일본을 이용해 인도 독립을 쟁취할 생각이었으니 가히 동상이몽이었다고 할 수 있다. 드디어 1944년 3월, 지금의 인도 동북부 일곱 개 주 가운데 마니뿌르Manipur주의 수도인 임팔Imphal에서 일본과 영국-인도군 사이에 큰 전투가 붙었다. 보스는 인도국민군을 독립군으로서 가장 먼저 인도에 투입해 달라고 요청했지만, 일본군은 이 요구를 들어주지 않았다. 싸움에서 일본은 처절하게 패배했고, 보스는 패잔병 일본군과 함께 1945년 5월 방콕으로 돌아왔다. 보스는 베트남 호치민에서 일본의 패전 소식을 접했다. 그리고 이번에는 스탈린을 만나 도움을 청하려 소련행 비행기에 몸을 실었다가 비행기가 추락하면서 영국과 전쟁 한 번 치러 보지 못한 채 보스는 쓸쓸이 역사에서 사라졌다.

보스는 인도인들에게 "대장님"으로 불리며 존경받는다.

보스에 대한 평가는 매우 다양하다. 가장 대중적인 평가는 강한 카리스마로 대중들에게 큰 인기를 누린 정치인이었다는 것이다. 그가 조국을 사랑한 애국자였다는 데에는 이의가 없다. 하지만 형편없는 군대 조직으로 인도 공격을 감행하려 했다가 결국 아무런 성과도 내지 못한 무모한 지도자였다는 평이 일반적이다. 불타는 애국자였으나 그 방법에 문제가 있었다는 것이다. 무엇보다 영국과 싸우기 위해 독일과 일본이라는 파시즘 국가와 손잡았다는 점이 문제로 지적된다. 하지만 간디의 시대에 간디와는 다른 방식으로 인도를 독립시키려 한 정치인이란 점에서 보스는 인도 현대사의 중요한 존재로 평가받을 만하다.

슬픈 분단

73

인도에도 이산가족이?

　유학이든 비즈니스든 외교든지 간에, 인도와 제대로 된 관계를 맺으려는 한국인이라면 반드시 관심을 가져야 할 주제가 '분단'이다. 현재 인도가 처한 정치적 상황이 우리와 비슷하다는 점, 그리고 그 많은 쟁점들의 원천이 분단이라는 사실을 기억해야 한다. 물론 인도와 한국의 분단은 많은 점에서 다르지만, 두 나라가 안고 있는 정치적 문제의 원천인 데다 마치 블랙홀처럼 모든 국내 문제를 빨아들일 수 있는 파괴력을 지녔다는 공통점이 있다.

　인류사상 가장 거대한 규모의 인구 교환이었던 인도-파키스탄 분단은, 1947년 8월을 전후로 불과 몇 개월 사이에 1천 2백만이나 되는 사람들을 새로 만들어진 국민국가 인도와 동서로 구성된 파키스탄으로 이동시켰다. 대부분 난민인 약 1천만 명이 서쪽 국경을 넘었다. 그들은 유일하게 분단된 주州인 뻰잡을 넘어 무슬림은 서쪽의 파키스탄으로, 힌두와 시크는 동쪽의 인도로 갔다. 인도아대륙의 동쪽인 웨스트 벵갈 주에서도 서쪽 지역보다 그 규모는 작지만 인위적인 이주가 이루어졌다. 이 사건을 학문적 용어로 '파티션partition'이라 부른다.

'partition'의 가장 제대로 된 번역어는 '분할'이다. 1938년 제 2차 세계대전 중 유엔이 주도하여 팔레스타인 영토를 쪼갠 계획안도 'Partition Plan'이라고 부른다. 이 분할과 비슷한 의미로 한국에서는 '분단'이란 용어를 쓰는데, 분단을 의미하는 영어 단어는 'division'이다. 인도의 경우에는 '분할'이 더 적합하겠지만, 비슷한 역사적 사건을 경험하고 아직도 그 영향권 아래에 있는 한국인에게는 분할의 의미보다 분단이라는 용어가 더 잘 와 닿는다. 인도의 파티션은 엄밀히 볼 때 두 개의 서로 다른 민족/국민국가가 만들어진 것이니 '분단'은 아니다. 그렇다고 잠정적이라는 의미가 짙은 '분할'도 아니다. 우리말로는 '분할'보다 '분리(독립)'가 파티션의 의미를 더 잘 드러낸다고 생각한다.

어떤 말을 번역해서 쓸 때에는 맥락상 가정 적절한 의미를 뽑아서 쓰는 것이 좋다. 특히 역사적 사건처럼 그 의미가 복합적이고 중층적일 때에는 글자 그대로의 뜻보다는 그 속에 내포된 의미를 더 중시해야 한다고 믿는다. 인도와 한국의 경우를 비교해보면 이해가 쉽다. 인도의 'Partition'은 그 뜻 안에 '양자의 동의'가, 한반도의 'Division'은 그 안에 '타자에 의한 강제'가 내포되어 있다는 점에서 차이가 있다. 인도아대륙의 경우에는 두 개의 민족이 만들어지고 향후 통합의 의도가 존재하지 않는 반면, 한반도의 경우에는 새로운 민족이 만들어지지 않았고 향후 통합의 의도가 존재한다는 점에서도 달리 이해될 수 있다. 하지만 둘 다

식민주의의 결과로서 발생하였고, 그 사건 이후 현재까지 두 나라의 정치·경제·사회·문화 등 삶의 거의 모든 영역이 그것에 종속되어 있고, 나뉘는 과정에서 인류사에서 찾아보기 힘든 인위적 이주와 분쟁의 비극이 초래되었고, 그 여파로 아직도 양쪽에 이산가족이 존재한다는 점에서 두 사건이 의미하는 바는 거의 동일하다. 나는 이 두 역사적 사건에서 차이점보다는 유사점에 집중하는 게 더 옳다고 보고, 그런 의미에서 둘을 동일한 '분단'으로 본다.

인도 사람, 특히 인도 북부에 사는 사람들 가운데 지금의 파키스탄에서 건너온 사람들은 대부분 나이가 들어 죽었거나 그 언저리에 있다. 그곳에 돌아가신 부모를 두고 온 사람들, 자식을 놓고 온 사람들, 딸이 무슬림들에게 납치돼 강간당한 사람들, 무슬림을 피해 우물에 빠져 자살한 형수와 제수를 둔 사람들이 숱하다. 그 상처는 자식에게 물려진다. 자식은 당사자가 아니어서 그렇게 절절하지는 않아도 부모 세대가 느끼는 감정과 연결돼 있다. 내가 인도에 처음 유학 간 1983년에 KBS에서 '잃어버린 30년', 이산가족 찾기 프로그램이 있었다. 아침부터 밤까지 TV 앞에서 얼마나 울었는지 모른다. 그 프로그램이 인도에서도 방영되었다. 그것을 보면서 말도 이해하지 못하는 인도 사람들이 숱하게 울었고, 실제로 그 이야기를 하며 내 앞에서 눈물을 훔치는 친구 어머니도 계셨다. 1947년 분단은 현대 인도를 이해하는 매우 중요한 키워드이면서, 그들과 마음을 나눌 수 있는 좋은 지점이다.

74

인도-파키스탄-방글라데시?

1947년 8월 15일 인도아대륙은 영국 식민 지배로부터 해방되지만, 인도와 파키스탄으로 분단이 된다. 인도는 하나의 영토 안에 하나의 연방제 국가를 건설하지만, 파키스탄은 서로 1,600킬로미터나 떨어져 있는 동과 서로 나뉜 두 지역을 하나의 국가로 갖는 기이한 형태의 연방 국가를 건설한다. 지금의 파키스탄이 서파키스탄이고, 방글라데시가 동파키스탄이었다. 동서로 나뉜 파키스탄의 모든 권력은 서파키스탄에 집중되었다. 수상도 서파키스탄 출신의 진나가 맡았고, 국회·행정부·사법부·군대 등 모든 권력 기관이 모조리 서파키스탄에 집중되었다. 두 파키스탄의 공통점은 이슬람을 믿는다는 것뿐 그 외에는 공통점이라고는 찾아볼 수 없을 정도로 다른 나라였다. 그런데 그 이슬람조차 성격이 달랐다. 서파키스탄은 영국 식민 시기부터 이슬람 근본주의의 온상이었던 반면, 동파키스탄은 그보다는 훨씬 온건한 이슬람을 믿었다. 서파키스탄은 동파키스탄의 이슬람을 더럽혀진, 오염된 이슬람이라고 평가했다. 문화적으로도 달랐다. 서파키스탄은 보수적이고 호전적인 뻰잡 문화 중심이었지만, 동파키스탄은 훨씬 자유분방하고 더 관용적인 벵갈 문화였다. 언어도 달랐다. 서파키스탄은 우르두를 사용했고, 동파키스탄은 벵갈리를 사용했다. 이렇게 이질적인 두 지역이 하나의 나라로 묶였지만, 서파키스탄은 동파키스탄을 이등 국민으로 취급하고, 모든 것을 서파키스탄 문화로 이식시키려 했다.

두 지역의 갈등은 서파키스탄이 자신들의 언어인 우르두를 국어로 채택하려고 하면서 불거지기 시작했다. 동파키스탄의 반발이 심해지자, 서파키스탄은 그들을 빨갱이와 배신자, 국가의 적 등으로 매도하였다. 불만이 팽배해진 상태에서 치러진 1970년의 첫 민주적 총선에서 동파키스탄에 지지 기반을 둔 아와미 리그 Awami League 정당이 집권당인 무슬림 리그를 누르고 동파키스탄 지역의 1당이 되었다. 사실 인구 면에서는 동파키스탄 인구가 훨씬 많았기에 가능한 일이었다. 그러자 서파키스탄 정부는 동파키스탄의 아와미 리그 정부를 인정하지 않고 당을 해산하고 계엄령을 선포했다. 동파키스탄은 이때까지만 해도 분리를 요구하지는 않았다. 다만 자치를 달라고 요구했는데, 이 요구를 서파키스탄이 무력으로 진압하면서 85명이 사망하는 사태가 벌어졌다.

상황은 갈수록 악화되었고, 결국 1971년 3월 대규모 학살극이 터졌다. 3월 26일, 동파키스탄의 군인과 지식인, 시민 등이 치타공에 모여 방글라데시 독립을 선언했다. 이에 서파키스탄군이 동파키스탄으로 대거 파견되었고, 이에 항거하는 전쟁이 벌어졌다. 서파키스탄군의 우세한 화력에 방글라데시 해방군은 게릴라전으로 맞섰으나 감당하기 어려웠다. 작전이 일방적으로 전개되면서 서파키스탄의 군대와 이슬람 민병대는 이 지역에서 많게는 300만 명 적게는 50만 명을 학살하고 20~40만에 달하는 이 지역 여성들을 강간했다. 그들은 특히 대학교수 및 지식인들을 대거 학살하였다. 전쟁이 터지자 3천만 명이나 되는 인구가 인도로 피난을 갔다. 1971년 12월, 인도의 인디라 간디 수상은 동파키스탄의 해방전쟁을 지원하기 위해 인도군을 파견해 서파키스탄과 전쟁을 벌였다. 표면상 해방전쟁 지원을 내세웠으나, 적대국인 파키스탄을 견제하려는 의도가 명백했다. 사실상 인도가 동파키스탄을 사주하여 독립전쟁을 유발한 것이다. 당시 경제 파탄으로 국내적으로 위기에 빠져 있던 인디라 간디 정부로서는 이 위기를 외부로 돌리려는 목적도 있었다. 이제 전쟁은 인도와 파키스탄의 전면전으로 확대되었고, 결국 인도의 승리로 끝났다. 동파키스탄은 방글라데시로 독립했다. 인디라 간디의 국내 지지율도 치솟았다.

이후 방글라데시는 인도와 좋은 관계를 유지하고 있다. 국경 분쟁이 있긴 하지만 지금까지 두 나라 사이가 크게 악화된 적은 없다. 방글라데시 국민들은 인도를 가장 가까운 우방으로 여기고, 인도 또한 마찬가지다. 두 나라 사이에 종교가 달라서 발생하는 갈등 같은 것은 거의 없다. 반면에 똑같이 이슬람을 신봉하는 방글라데시와 파키스탄의 관계는 매우 좋지 않다. 파키스탄과 인도의 관계도 좋을 리 없다.

75

인도가 언제부터 친미국?

과거 1990년대 이전만 해도 파키스탄이 친미親美였고, 인도는 친소親蘇였다. 인도는 제3세계의 비동맹을 주창함으로써 형식적으로는 독립적인 중간자 역할을 추구했으나, 사실은 소련 쪽이었다. 네루는 1930년대 이후 소련이 달성한 국가 생산력 증강을 침이 마르도록 칭찬을 했고, 소련의 국가 주도형 계획경제 시스템을 인도의 근간으로 삼았다. 그래서 유혈 혁명과 공산당 일당 독재 부분만 제외하고 국가의 근간을 소련의 운영 체계에 따라 정립했다. 그 대표적인 것이 국가 주도 계획경제다. 인도는 소련에서 의약품 등 원조도 많이 받았고, 문화 교류 관계도 매우 돈독했다. 무기도 소련에서 주로 구매했다. 그러다 보니 미국은 파키스탄과의 관계를 돈독히 하는 데 신경 썼다. 파키스탄은 여러 차례 군사 쿠데타를 일으킨 독재 국가였지만, 미국의 대외 전략 차원에서 미국과 가까운 관계가 되었다.

그런데 이제는 인도의 분위기가 완전히 바뀌었다. 무기만 해도 전적으로 미국으로부터 구매한다. 무기만이 아니다. 무역 규모도 러시아가 미국의 상대가 되지 않는다. 인도 산업의 견인차 역할을 하는 소프트웨어 산업은 전적으로 미국의 아웃소싱에 달려 있고, 모디 정부가 강력히 추진하는 '메이크 인 인디아Make in India' 또한 전적으로 미국 시장 확대에 달렸다. 국민들의 의식도 완전히 바뀌었다. 미국에 대한 친근감이 매우 강하다. 같은 선상에서 일본에 대한 태도도 마찬가지다. 인도가 비로소 자본주의의 심장부로 진입한 것이다. 미국은 인도 교포가 가장 많이 사는 나라이고, 그들은 고향 및 친지와의 유대 관계가 매우 돈독하다. 서울 사는 친척 없는 한국 사람 없다고 하듯, 미국 사는 친척 없는 인도 사람이 없을 정도다. 미국에 사는 인도인 가운데 소위 사회적으로 성공을 거둔 사람은 러시아의 경우와는 비교조차 할 수 없다.

인도가 미국과의 관계를 돈독하게 유지하는 이유 중에는 중국에 대한 견제도 한몫한다. 현재 중국은 미국이 견제하는 가장 큰 상대이다. 경제적으로도 그렇고 군사적으로도 그렇다. 비록 자본주의 시장화가 대부분 진척되었지만, 중국은 여전히 공산주의 국가다. 그런 중국을 견제할 지렛대로 삼을 만한 나라가 인도다. 인도는 핵 보유 인정 국가다. 시장 규모 또한 중국을 대체할 가능성이 있는 나라로는 유일하다. 국민들의 의식이나 저변에 깔린 자본주의적 문화나 사고 체계는 영국 식민 지배 이래 이어져온 것이니 매우 탄탄하다. 민주주의 또한 세계에서 가장 의심 없이 진행되는 나라다. 인도의 국제적 위치는 이뿐만이 아니다. 현재 국제적으로 미국의 가장 큰 골칫거리는 테러로 무장한 이슬람 근본주의다. 아프가니스탄 탈레반도 골치고, 세계를 공포로 몰아넣고 있는 IS도 마찬가지다. 그런데 이슬람 테러리즘의 새로운 근거지가 된 곳이 파키스탄이다. 미국으로서는 파키스탄마저 통제하지 못할 경우 인도까지 위험해질 수 있고, 그러면 이슬람 테러리즘의 확산은 걷잡을 수 없어질 것이다. 미국의 공포가 바로 여기에 있다.

파키스탄을 견제하려는 미국의 집념은 여러 가지로 나타난다. 하나는 파키스탄을 쪼개는 전략이다. 이란과의 접경 쪽에 발루치스탄이라는 지역이 있는데, 여기 사는 사람들은 파키스탄 주류로부터 핍박을 받는다고 생각한다. 한국에 나와 있는 이곳 출신 이주 노동자들은 아예 자기들의 나라를 파키스탄이라 하지 않고 발루치스탄이라고 부를 정도다. 미국은 이곳에 공을 들이면서 인도를 활용하려 하고 있다. 그런데 현재 인도 정부는 반反

【 파키스탄 내 발루치스탄의 위치 】

아프가니스탄
파키스탄
이란　발루치스탄
인도
아라비아해

무슬림 입장에 교묘하게 서 있다. 미국은 과거 반공을 위해 아시아의 독재 정권을 지원했듯, 반이슬람을 위해 모디 정부의 힌두 근본주의를 지지하는 데 어떠한 문제의식도 없다. 원래 미국 입국이 불허되었던 모디 수상이 언제 그랬냐는 듯 2017년 트럼프 대통령과 정상 회담까지 가졌다.

인도의 경제력은 말할 것도 없고 국제 관계에서 인도가 갖는 위상은 대단하다. 세계 최고의 슈퍼파워 미국은 물론이고 세계 최고의 경제 대국인 일본과도 가까운 관계를 유지하고 있으며, 중국을 외교적으로 견제할 수 있는 나라도 인도이다. 그런 인도를 아직도 제3세계의 거지 대장쯤으로 여긴다면 잘못돼도 크게 잘못된 것이다.

인도에서 비즈니스를 하려면

76

인도가 G3?

1947년 영국 지배로부터 독립할 당시만 해도 인도는 아시아의 대표적인 강대국이었다. 비록 파키스탄과 분단되고 카시미르 문제는 해결되지 않았으나 여러 토후국 통합을 해결하여 하나의 연방제 국민국가를 별 무리 없이 건설했고, 중공업 중심의 산업이 상당히 발전한 나라였다. 헌법을 완성하고 카스트 차별을 반대하는 법이나 혼인에 관한 법 등 여러 법들을 완비하여 사회적인 안정을 꾀하는 작업도 성공리에 진행되었다. 초대 수상 네루는 전국적으로 엄청나게 많은 교육 기관을 세우는 등 교육 입국 정책을 폈는데, 특히 전국에 여러 개의 인도공과대학Indian Institute of Technology을 세워 기술공학을 육성하는 데 매진했다. 농민에게는 세금을 면제해 주고, 노동자들을 위해서는 최저임금제를 도입해 실시하였다. 중공업 국유화를 실행했고, 댐이나 관개 수로를 확충하여 수력 발전과 농업용수를 확보하는 등 농업 진흥에 총력을 기울였다. 그러면서 소비재 상품의 생산은 억제하여 내수 중심의 보호무역 정책을 폈다. 경제 정책으로 보면 자본주의지만 사회주의적 성격이 강한 국가자본주의 아래서 인도는 활력이 넘치는 나라였다.

그러나 1964년 네루 사후에 인도는 국가적으로 엄청난 좌절을 겪었다. 가장 큰 문제는 경제 침체로, 특히 빈곤 문제가 심각했다. 경제성장률이 네루 이후 30년간 2퍼센트 대에 머물러 국제적으로 '힌두 성장률'이라는 조롱까지 받았다. 인도는 힌두의 나라가 아닌 데다, 힌두교와 경제 정책은 아무런 관련이 없음에도 종교와 경제를 결부시켜 조롱한 것이다. 1965년 이후 인디라 간디가 주도한 녹색혁명으로 나라가 기아 상태에서 벗어나긴 했으나, 나라 전체가 마치 동맥경화에 걸린 것처럼 경제 흐름은 막혔고 여러 가지 사회 문제가 터져 나왔다. 가장 큰 문제는 정부가 경제와 산업에 관한 모든 권한을 다 휘어잡고 막강한 권력을 좌우하는 시스템이었다. 공무원은 막강한 권력으로 끝없는 부패를 창출했고, 인디라 간디가 권력을 연장할 목적으로 공산당 세력과 연대하여 금융 분야 등에서 실시한 국유화 정책은 국가 경제 실패의 주요 원인이 되었다. 실업 문제는 해결되지 못했고, 빈부 격차가 심해지면서 경제는 나아질 기미가 보이지 않았다.

네루의 가장 큰 책임은 '인허가 통치license raj'라고 불릴 정도로 정부가 막강한 인허가권을 휘두르게 했다는 점이다. 영국 지배를 '라즈the Raj'라고 부르는데 그에 빗대어 비꼰 것이다. 네루는 영국 식민 지배가 많은 부를 빼앗아 갔고, 자본주의 체계의 중심에 이익의 극대화를 꾀하는 사기업이 있다고 보았다. 그렇다고 해서 당시 소련과 같이 공산주의를 통해서 그가 바라던 사회주의적 사회가 이루어지리라고 생각한 것은 아니다. 그는 정부가 모든 권력을 틀어쥐고 사기업을 통제하면서 그 운영을 엘리트 집단에게 맡겨 국가를 이끌어 가게 하는 것이 가장 바람직하다고 보았다. 그래서 나온 정책이 5개년 계획경제 정책을 국가의 근간으로 삼아 국가를 대리하는 국영 기업에 모든 권력을 일임한 것이다. 그러나 예상과 달리 그 안에서 부패와 비효율이 버섯처럼 커져 갔고, 부패는 인도의 별명이 되었다.

지금 인도는 개국 이래 최고의 전성기를 구가 중이다. 비단 경제뿐만 아니라, 외교와 군사, 국제 통상 면에서도 인도는 세계를 이끌어 가는 주요 리더 가운데 하나로 자리 잡았다. 실패한 나라에서 세계를 이끌어 가는 나라로 탈바꿈한 것은 연평균 7퍼센트 이상의 경제 성장 덕분이다. 그 시작은 1991년 세계통화기금(IMF)의 재정 원조를 받으면서 그 악명 높은 인허가 통치의 빗장이 풀리면서다. 불과 30년도 안 되는 기간에 벌어진 일이다. 이런 기세라면 머지않아 미국, 중국과 함께 G2니 G3니 회자되어도 시비 걸 사람이 없을 것이다. 가난하고, 더럽고, 게으른 나라, 덩치만 컸지 내실이 없는 나라가 이렇게 급변하고 있다.

네루의 국가자본주의는 적어도 경제 면에서는 실패했다. 그렇다고 해서 현재 그 대척점에 있는 신자유주의가 경제적 성공을 담보한다고 할 수 있는가. 그러나 인도는 1991년 이후 신자유주의를 통해 과거엔 보기 힘들었던 활기를 갖게 되었다. 지금 인도는 아무도 무시할 수 없는 세계 경제의 동력이다. 단순한 포스트차이나가 아니다. 이제 인도를 무시하고서 한국 경제를 생각한다는 것은 어리석은 일일 수밖에 없다.

77

왜 한국 기업은 인도에 무관심할까?

내가 대학 들어갈 때 인도를 전공으로 택한 것은 그 유구한 문명의 역사 때문이었다. 유학을 할 때부터 교수가 된 뒤에도 인도는 여전히 '떠오르는 대륙'이었다. 떠오르기만 하지 떠오른 적은 없다는 불평이 완전히 사라진 것은 2000년 대 초이다. 당시 인도는 세계 신흥 시장의 대명사인 브릭스(BRICs)의 일원으로, 인도 진출을 꾀하는 국내 기업들에게는 일약 기회의 땅이었다. 현대자동차, 엘지전자, 삼성전자, 대우자동차 등 대기업들이 앞장서 성공 신화를 만들었고, 그 과정에서 몇몇 사람은 신화의 주인공으로 언론을 타기 시작했다. 비즈니스맨들은 너나 할 것 없이 "가자, 인도로!"를 외쳤고, 인도 첸나이와 델리 등지에는 교민들이 넘쳐나기 시작했다. 이상한 일은, 이런 호황을 맞고서도 전문적인 인도 연구자는 전혀 늘지 않았다는 점이다. 대학 이기주의 때문이다. 인도를 전문적으로 연구하는 사람은 20여 년 전과 거의 다를 바 없다. 경제 전문가는 상당히 생겼지만, 역사나 사회, 정치 등을 연구하는 전문가는 거의 늘지 않았다. 여전히 인도어과가 주축이 되어 인도 연구에 아무 도움이 되지 않는 '힌디어'만 가르치고 배우는 교수만 충원하는 선후배 동종교배가 대학

내에서 벌어지고, 여기에 아무도 시비를 걸지 않는다. 학생들은 변화하는 인도를 대할 새로운 시각을 가질 수 없고, 인도로 진출하는 기업인들은 전문가의 도움 없이 맨 땅에 헤딩을 하고 있다.

2000년대 초반 다수의 한국 기업들이 인도에 진출해 성공할 수 있었던 것은, 당시 일본을 비롯한 여러 나라들이 아직 본격적으로 인도 시장을 두드리지 않았기 때문이다. 일본에는 인도 역사와 사회 등을 연구하는 연구자 수가 한국의 수십 배는 된다. 그들은 인도의 역사, 사회, 정치는 물론이고, 급변하는 도시와 농촌 구조와 문화, 사회 갈등, 정치 구조 등을 면밀히 연구했다. 그 결과, 이제 일본은 인도 정부와 밀접한 관계를 맺고 그나마 한국 대기업들이 차지하고 있던 자리를 다 가져가 버렸다. 그사이 한국 정부는 그 누구도 인도에 관심을 갖지 않았다. 외교 관계를 맺은 지 40년이 넘었지만, 외교부 안에 인도통 하나 없다. 다 그런 것은 아니지만, 인도대사관으로 발령받은 외교관들은 인도를 스쳐 지나가는 포스트 정도로만 인식할 뿐 뭔가를 해볼 생각은 아예 엄두도 내지 않는다. 인도라는 나라가 워낙 크고 복잡하다 보니 뭔가를 시도하기에는 위험 부담이 크기도 하지만, 인도를 제대로 연구해 볼 생각도 않고 그냥 '패싱'하고 있는 것이다. 인도 전문가가 없어서 생긴 일이다. 정부 기관이 뒷받침해 주지 못하는 상황에서 많은 중소기업이 고군분투하고 있지만 그 한계가 분명하다.

인도 전문가가 아니더라도 국제 정치와 경제 흐름을 상식 수준으로 파악하는 사람이라면 인도라는 나라가 한국 기업 입장에서 그냥 건너뛰고 말 대상이 아니라는 것은 누구나 알 수 있다. 이 나라의 일인당 국민소득이 어떻고, 시장 규모가 어떻고, 소비 문화가 어떻고, 도시화가 어떻고, 정부 정책이 어떻고 등은 자세히 모를지라도, 한국 기업이 돈을 벌어오고 우리 청년들이 일하러 갈 수 있는 곳으로 인도가 우리에겐 중국 다음으로 중요한 나라임을 모르기 어렵다. 그런데 아무도, 정말 아무도 관심을 갖지 않는다. 그러면서 하는 소리가 '이제 13억의 거대한 코끼리가 잠을 깨고 있다'는 소리만 하고 있다. 코끼리가 일어나서 활동한 지가 언젠데, 잠은 누가 자고 있었는지 모르겠다.

인도에 대해 가르쳐 주고, 보여 주고, 같이 논의해 주는 자리를 깔아도 정부 측은 물론이고 돈깨나 벌 줄 안다는 대기업에서도 아무도 오지 않는다. 주최 측 체면을 생각해 젊은 실무자 몇 명 보내 잠깐 얼굴 내미는 수준에 그친다. 적어도 의사 결정 선상에 있는 핵심 인사가 와서 진지하게 새로운 시장에 대해, 그곳에 어떻게 접근해야 하는지를 듣고 머리를 맞대야 하는데 현실은 그렇지 않다. 대기업 경영권이 오너 3세로 넘어가면서 1, 2세대가 시도했던 어려운 분야를 다시 공부하고 당장의 불이익을 감수하며 돌파해 보는 기업가 정신이 사라진 것도 주요 원인일 것이다. 대학과 정부, 대기업 3자가 만든 묵시적 카르텔이다. 국내에서 노동자 해고하고, 파업하는 노동자에게 손해배상 청구하고, 비정규직 만드는 방법 찾는 데 쏟는 노력의 10분의 1만 쏟으면 인도 시장에 진출하여 누이 좋고 매부 좋은 결과를 얼마든지 낼 텐데 말이다.

78

눈이 오지 않는 나라?

인도에 대해 개괄적으로 소개할 때마다 내가 하는 이야기가 있다. "인도를 이러이러한 나라라고 말하는 것은 대개 맞지만 다 맞는 말은 아니다." 인도의 다양성을 쉽게 생각하지 말라는 의미다. 힌두교와 카스트 그리고 의식주의 다양한 성격을 고려하라는 뜻이 크다. 종족이 다르고 언어가 다른 것도 크지만, 지리적 다양성도 결코 무시할 수 없는 요인이다. 인도는 세계에서 일곱 번째로 땅덩어리가 넓은 나라다. 이 대목에서 "어, 생각보다 작은데?"라고 놀라는 사람이 많을 것이다. 중국은 물론이고 오스트레일리아나 브라질보다도 더 작다니. 그런데 내부의 다양성은 이들 나라를 압도한다. 왜 그럴까?

인도는 국토의 맨 위부터 맨 아래까지의 길이가 칠레 다음으로 길다. 카시미르 맨 북쪽 끝 스리나가르에서 아대륙 맨 남쪽 끝 깐냐꾸마리Kannyakumari까지 기차로 가면 족히 70~80시간은 걸릴 것이다. 물론 그런 노선은 없다. 러시아의 블라디보스톡에서 출발하여 이르쿠츠크까지 가는 시베리아 횡단 열차보다 거리는 짧지만, 다양성 면에서는 전혀 다른 차원을 경험하게 될 것이다. 경도의 차이는 낮밤의 시간 차이를 만들고, 위도상 차이는 온도의 차이를 만든다. 즉, 위도가 길면 아주 추운 데부터 아주 더운 데까지 존재하게 되어 농업 생산물과 의식주의 형태가 크게 달라진다. 여기에다 인도는 단순히 긴 것을 넘어 세계에서 가장 높은 산맥이 있고, 고원이 있고, 사막이 있고, 정글이 있고, 분지가 있고, 해안 산맥이 있고, 유라시아 대륙에서 가장 넓은 농업 경작지 셋(나머지는 중국과 유럽) 중 하나가 있다.

히말라야 산맥 지역은 추운 지역이다. 특히 겨울이 되면 눈이 많이 와 도로가 끊기고 고립되는 지역이 많다. 잠무 카시미르Jammu & Kashmir에서부터 히마짤 쁘라데시Himachal Pradesh, 웃따라칸드Uttara Khand를 거쳐 시킴, 동북부 일곱 개 주까지 뻗어 있는 히말라야 지역에서 생산되는 것은 그 아래 지역에서 생산되는 일차 산물들과 매우 다르다. 비록 한국보다 위도는 낮지만, 기후와 풍토가 한국과 유사한 곳이 많아 웬만한 한국 농산물이 다 생산된다. 한국인이 먹는 자포니카 쌀, 콩 종류, 여러 다양한 과일도 있다. 약간 차이는 있지만 한국 사과나 배, 수박도 있다. 심지어 지리산이나 강원도에서 나는 것보다 훨씬 다양한 약초와 산채가 무궁무진하다.

남부의 항만 도시 첸나이 주변에서만 살다 온 사람들에게 인도는 1년 내내 후텁지근한 나라다. 온갖 열대 과일이 즐비하지만, 한국 사람들에게 익숙한 농산물은 별로 나지 않는다. 전형적인 아열대 기후다. 위로 조금만 올라가면 데칸고원이 있다. 이

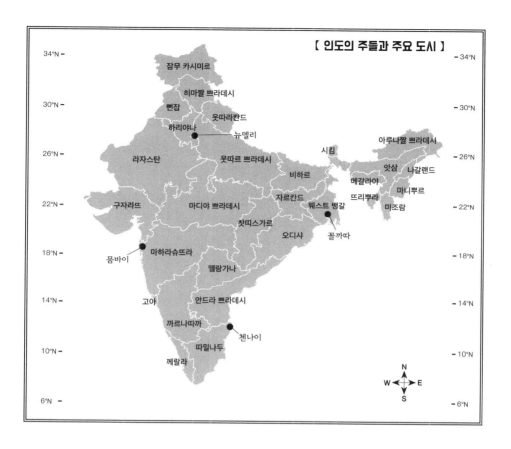

【 인도의 주들과 주요 도시 】

지역은 1년 내내 적당히 더운 상춘 기온이다. 높은 지대로 가면 고랭지 작물이 잘 재배된다. 서부에 있는 라자스탄 사막 지역은 또 어떤가? 한국과 전혀 달라 이 지역 농산물은 한국에서 구할 수 없다. 이외에도 열대다우 정글 지역, 분지 지역, 해안산맥 지역 등 우리가 접하지 못하는 지리적 환경이 다양하게 펼쳐져 있다. 그리고 그 다양한 환경에서 다양한 농산물이 생산된다.

한국 기업인들은 인도라는 나라를 경제 파트너로 생각할 때 흔히 IT산업이나 대규모 인프라 구축 혹은 세계 최고 규모의 소비재 시장의 차원으로만 생각하고 접근한다. 그렇지만 조금만 달리 생각하면 인도는 그야말로 농산물의 보고寶庫. 그 다양성이 이루 말할 수 없을 정도다. 인도는 더운 나라라는 선입견에 빠져, 그리고 델리나 첸나이를 중심으로 한 한국인 거주지 위주로만 생각하여 히말라야 지역의 존재를 망각할 때가 많다. 열대나 아열대의 농산물은 물론이고, 히말라야와 데칸고원 지역에서 나오는 농산물과 임생산물에 눈을 돌리면 다른 게 보일 것이다.

장님 코끼리 만지기 이야기는 인도에서 만들어진 이야기다. 인도와 관련해 뭔가를 하려는 사람들이 꼭 기억해 둘 얘기다. 공부를 하든, 연구를 하든, 비즈니스를 하든, 외교를 하든, 문화 교류를 하든, 선교를 하든, 인도에 대해 말할 때 '인도의 무엇'이 아니라 '벵갈의 무엇'이나 '데칸의 무엇'과 같은 식으로 사고하는 습관을 가져야 한다. 인도를 하나의 단위로 생각해 버리면 안 맞는 게 너무 많다. 인도는 다양성의 나라다.

79

인도식 실리주의 '주가드'란?

'주가드jugad'라는 게 있다. 일상에서 작은 문제가 발생했을 때 특별히 돈 들이지 않고 대충 교묘하게 해결하는 장치를 말한다. 이륜 스쿠터에 6인 혹은 9인 이상 탈 수 있도록 좌석을 넓혀 운행한다거나, 톱에다 자전거를 연결해서 자전거 페달을 굴리면서 톱질을 하게 한다거나, 자전거 앞바퀴에 청소 솔을 달아 자전거를 타고 다니면서 길거리를 청소하는 장치 같은 것을 말한다. 더 작고 사소한 것도 많다. 앉은뱅이 의자를 스쿠터 운전석 앞에 고정해 어린이 좌석을 만든다거나, 페트병 뚜껑에 송곳으로 구멍을 몇 개 뚫어 화분에 물을 주는 스프레이로 사용한다거나 하는 등 주로 고장 난 것을 수리하거나 폐품을 이용해 새로운 용도를 만들어 내는 것을 주가드라 한다. 기본적으로는 물자가 부족한 나라 사람들이 갖는 절약하는 습관에서 나온 것이다. 나쁘게 보면 임시방편이거나 심지어는 눈속임이기도 하고 잔머리라고 폄하할 수도 있으나, 변화하는 환경에 적응하는 능력의 문화라고 하는 게 더 낫다.

구글, 노키아 등 세계적인 기업의 CEO 자리에 오른 사람들 가운데에는 인도인이 상당히 많다. 그들이 그런 위치까지 올라가면서 한결같이 강조하는 게 변화하는 환경에 대한 신속한 적응과 창의적 사고다. 그리고 그것이 인도인의 주가드 문화와 관련되어 있다고 말하는 것에 주목해야 한다. 그래서 요즘 주가드는 특히 위기 상황을 타개하는 경영 전략으로 인정받고 있다. 주가드는 '지금 여기', 허락하는 환경 내에서 위기를 타개한다는 점에서 매우 현실적인 방편이다. 마땅한 도구를 갖추지 못하고 재료가 넉넉하지 못한 상황에서 예기치 않은 일이 발생했을 때 취할 수 있는 문제 해결책이다. 따라서 주가드는 발명도 아니고, 기업 혁신과도 직접적인 관계가 없다. 더 크기가 큰 제품으로 확장시킨다거나 항구적인 기능을 장착한 제품 개발로 연결되는 경우도 많지 않다. 10여 년 전 웃따르 쁘라데시의 한 마을에 '소복합cow complex'이란 주제로 현지 조사를 갔을 때, 소똥을 모아 저장해 놓은 저장고에 가스관을 연결해 거기서 나오는 가스로 음식을 조리하는 시스템을 보았다. 정부에서 지원하면 더 큰 규모의 설비로 확장될 가능성이 보였으나 결국 그렇게 되지 못했다.

주가드는 분명 임시방편의 땜질식 태도이다. 그렇지만 그런 태도 때문에 인도의 제조업이 발달하지 못했다고 하는 것은 과하다. 인도에서 제조업이 발달하지 못하는 데에는 여러 사회경제적 요인이 있다. 양자는 별개다. 우리가 주가드를 눈여겨봐야 하는 것은 인도인들이 일상 문화에서 보이는 태도 때문이다. 그들은 이런 임시방편의 해결 방식을 비난하지 않는다. 인도인 특유의 유연함이다. 인도인들은 카스트라는 불평등한 문화 속에서 사람을 차별하고 살지만, 상명하복의 군대식 문화에 찌들어 있지는 않다. 그들도 우리처럼 동문 의식이 강하고 연줄 문화가 있고 서열이 있지만, 우리처럼 경직된 틀에 박혀 선배는 하늘이라는 식의 문화는 없다. 전형적인 일원론의 세계 속에서 이것이 이럴 수도 있지만 저럴 수도 있지 않느냐라는 의문을 쉽게 제기할 수 있고, 누구나 그에 대해 논리적으로 대화를 나눈다.

상대방을 무시하든 그 말을 경청하든, 그냥 서로 다른 대로 인정하는 것이 인도인의 힘이다. 유연하기 때문에 아랫사람의 의견을 잘 듣고 포용한다. 그 사이에 권위 의식이란 없다. 그렇다고 평등 의식이 있다는 건 아니다. 그들은 매우 불평등하다. 굳이 한국 사람들과 비교해 보면, 우리는 평등하지만 권위 의식이 많고, 인도 사람들은 불평등하지만 권위 의식이 없다. 한국 사람들은 원칙을 더 중시하고, 인도 사람들은 융통성을 더 중시한다. 한국 사람들은 외형에 신경을 많이 쓰고, 인도 사람들은 외형에 신경 쓰지 않는다. 인도 사람들은 오로지 실리實利다. 겉모양이 바뀌든, 폼이 나든 안 나든 그런 건 개의치 않는다. 자신에게 실리만 주어지면 오케이다. 이럴 수도 있고 저럴 수도 있는 게 인도인의 세계다.

80

왜 인도에는 한류가 없지?

몇 년 전 주駐인도 한국 대사관에서 한류가 인도에서 널리 유행할 수 있는 방안을 찾고 정책을 세워 공격적으로 시행하려 조사 준비 중이라는 소식을 들었다. 단호히 말했다. 쓸데없는 짓 하지 말라고. 국민 혈세 그렇게 함부로 쓰지 말라고 말이다. 내 의견이 들어갔는지는 알 수 없다. 조사를 해서 공격적으로 정책을 펴다가 실패해서 아무 결과가 안 나오는 건지, 성공 가능성이 없는 것으로 판단하고 접었는지는 모르겠다. 어쨌든 한류는 인도에서 히트를 치지 못했다. 앞으로도 가능성은 없다고 본다. 그 이유를 생각하기 전에, 우선 소위 말하는 한류의 정체부터 생각해 보자. '한류'란 90년대 후반 중화권에서 H.O.T 신드롬이 일어나고, 이어 아이돌 댄스 그룹과 드라마가 청소년층에 인기를 끌면서 생긴 문화 현상이다. 처음 우려했던 것과는 달리 상당히 오랫동안 지속되고 있고, 그 분야 또한 계속 확장 중이어서 요즘은 디지털 게임이 대세를 이루는 등 상당히 길고 넓게 성장 중이다. 지역 또한 중국, 일본, 동남아를 넘어 미국은 물론이고 유럽의 상당 부분에서도 한류 바람이 불고 있다. 그런데 유독 인도만은 예외다. 거의 거들떠보지도 않는다고 말할 수 있는 수준이다.

무엇보다 한류의 존재 근거는 인터넷이나 케이블TV다. 이를 사용할 설비가 없는 곳에서는 아예 성장 자체가 어렵다. 게다가 한류의 내용은 서구적이면서 상업적이다. 상당 부분 자본주의의 천박한 면이 부각되어 있다. 그래서 이런 문화에 완전히 노출된 세계의 청소년층에 크게 어필하는 것이다. 그런데 전 세계가 이런 문화로 뒤덮인 상황에서도 유독 인도만은 그렇지 않다. 인도는 세계에서 거의 유일하다 싶을 정도로 서구의 세계관과 다른 세계관이 지배하는 곳이다. 세계 모든 나라의 영화가 할리우드 영화에 밀려 설 자리를 잃을 때에도 인도만은 전혀 그렇지 않았다. 그들의 액션은 할리우드 영화보다 훨씬 과장이 심하고, 진지하지 않고 코믹하다. 그들이 듣는 가요 또한 서구의 팝송과 전혀 다르다. 듣기에 따라서는 촌스럽기 그지없고, 신파조 일색이다. 그 노래조차 영화를 통해서만 팔리니 서구의 팝송 같은 게 들어설 자리가 없다. 춤도 마찬가지다. 서구에서 계발된 섹시하고 선정적인 춤은 볼 수가 없다. 드라마는 말할 필요도 없다. 크게 봤을 때 권선징악 아니면 코미디다. 악당이 나오고 음모가 펼쳐지지만, 신이 나타나고 주인공이 이긴다. 인도는 서구는 말할 것도 없고, 한국이나 일본, 중국 그리고 동남아 청소년들의 일상을 뒤덮고 있는 문화의 영향을 전혀 받지 않는 그런 곳이다.

그런데 인도 내에서 유독 한류가 크게 히트를 치는 곳이 있다. 소위 '일곱 자매들'이라고 하는 동북부의 일곱 주다. 그리고 이 지역들과 여러 가지로 여건이 비슷한 시킴에서 그렇다. 이들 지역에서 부는 한류 열풍은 대단하다. 정우성, 이민호 같은 이름을 부르면서 한국말로 인사를 건네는 젊은 여성을 여럿 봤다. 제주도나 서울 인사동에 가고 싶다는 사람도 봤고, 심지어 내가 한국 사람이라는 이유로 같이 사진을 찍자고 하고, 한국말로 사인을 해 주라는 사람도 여럿 만났다. 그래서 한글로 '정.우.성.'이라고 정자로 그의 이름을 적어 주기도 했다. 왜 그들만 한류에 열광할까? 그들 세계에서는 기독교가 주류다. 그래서 힌두교를 기반으로 만들어진 이야기나 노래, 춤 같은 컨텐츠에 거의 관심이 없다. 그래서 발리우드 영화는 거의 보지 않는다. 술도 자유로이 먹고, 연애도 자유롭게 즐긴다. 문화적으로 볼 때 베트남이나 태국 같은 동남아와 유사한 모습이다. 그들이 미국이나 유럽보다는 한국을 동경한 것은 꽤 오래됐다. 자신들과 거의 똑같이 생긴 한국 사람들을 통해 욕망을 소비하는 것이다. 일단 생김새에서 친근감을 느끼고 그게 상당히 중요한 역할을 하는 것 같다.

핵심은 컨텐츠를 담아내는 시각이다. 인도 '본토'는 한류가 보여 주는 문화와 너무나 다른 인도만의 것이 강하게 뿌리내리고 있어 새로운 자극을 주기 어렵다. 그런데 동북부 인도 지역은 한류 속의 인종적 풍경이 자기들과 흡사해서 동경의 대상이 될 수 있다. 어차피 환타지인데 히말라야 스리나가르 호수에서 춤추는 인도 '본토' 사람들보다는 한강다리 건너 강남 클럽에서 춤추는 한국 사람들한테 감정 이입이 되는 것이다. 한류가 얼마나 오래갈지 얼마나 많은 나라로 퍼질지는 모른다. 하지만 발리우드 영화로 대변되는 자국 문화가 강하게 뿌리내린 나라에서는 쉽지 않을 것이다. 정부가 정책을 세우고 홍보를 한다고 해서 될 일이 아니다.

81

한국어가 드라비다어에서?

한국과 인도와의 '특별한' 관계를 주장하는 여러 이야기들 가운데 가장 짜증 나는 것이, 한국어가 드라비다어와 같은 계통의 언어에 속한다는 주장이다. 드라비다어는 현재 인도의 남부 5개 주인 따밀나두, 께랄라 등에서 사용되는 따밀, 말라얄람 등 4개 언어의 공통 조어祖語이다. 그 근거를 대라고 하면 엄마, 아빠가 같다는 것이다. 세상에 엄마, 아빠는 수도 없이 많은 언어에서 같거나 유사하다. 아이가 태어나서 처음 보는 사람이 엄마고 아빠이고, 아이가 처음 내뱉을 수 있는 음가가 ma와 pa이기 때문이다. 즉, 우리말의 '엄마'나 영어의 'mother, mom'이나 같은 말이다. 아빠도 마찬가지다. 다 비슷하다. 다른 근거를 대라고 하면 밥, 쌀, 젖, 목, 이(빨), 날(日), 나라(國) 등을 근거로 대는데, 체계가 없고 중구난방이다. 어떤 사람은 한자어 '안부安否'도 같다고 한다. 언어학자들에 의하면 세계 모든 언어의 5~7퍼센트 정도는 음가가 유사하다고 한다. 우연의 일치가 그 정도 된다는 의미다. 어순이 같지 않느냐고? 세계의 모든 언어는 그 어순이 둘 중 하나다. 주어-술어-목적어/보어 아니면 주어-목적어/보어-술어이다. 이 가운데 한국어와 드라비다어는 후자에 속할 뿐이다.

어떤 어휘가 유사한 음가를 가졌다고 하면 그 어휘의 형태소를 나눠 봐야 한다. 즉, 그 말이 명사인지 동사인지 형용사인지를 봐야 하는데, 그런 과정 없이 그냥 비슷하게 들린다고 같다고 해선 안 된다. 명사 하나만 보더라도 그 어휘가 한자어인지, 토착 한국어인지, 어근인지, 어미인지, 어조사인지 정도는 봐야 한다. '이리'가 같으면 이쪽, 이곳, 이 사람 등의 용법을 함께 살펴서 그 어휘의 어근이 '이리'인지 '이'인지를 따져야 한다. 비슷하게 들린다고 다 친족 관계를 주장한다면, 한국어와 인도-유럽어도 같은 계열이다. 한국어의 '똥'과 영어의 dung이 같고, '많이'와 many가 같고, '푸르다'도 blue와 같지 않은가. 마음먹고 찾으면 얼마든지 더 있다. sister와 (아)씨는? 백 번 양보해서 한국어가 드라비다어에 영향을 받았다고 치자. 그렇다면 어떻게 그런 일이 벌어졌을까? 인도는 한국에서 매우 멀리 떨어져 있는데? 허왕후가 올 때 가져왔다고 하는 사람까지 있다. 뒤에서 자세히 말하겠지만 허왕후는 역사적 인물이 아닌 신화 속 인물이다. 그럼에도 허왕후가 가져왔다고 치자. 그러면 허왕후와 그를 따라온 일행 몇 사람이 한국어 자체를 드라비다어로 바꾸었단 말인가? 그때까지 우리 땅에 우리말이 없었다고? 언어라는 것은 한 시기, 몇 사람 혹은 몇몇 사건으로 전파되거나 이식될 수 없는 매우 복잡한 것이다. 어휘 몇 개가 비슷하다고 언어들 사이의 친연성을 주장할 수 없다는 얘기다.

정확하게 말하자면 현재로서는 한국어와 드라비다어 사이에 어떤 언어적 친연성이 있는지 확인할 수 없다. 있을 수도 있고 없을 수도 있다. 그러나 적어도 지금 일부 사람들, 남부 인도 사람이 한국에 살면서 혹은 한국 사람이 남부 인도에 살면서 배운 몇몇 단어로 드라비다어 기원설을 주장해서는 안 된다. 사실 이 주장의 시작은 헐버트H.B.Hulbert라고 하는 한국에서 오래 산 미국인 선교사의 주장이었다. 인도 남부에서도 몇 년간 살았던 그는 두 언어의 유사성을 발견하고 1905년 이 같은 주장을 펼쳤다. 한국어의 기원인 우랄알타이어와 드라비다어에 어떤 유사성이 있을 수 있고, 드라비다어가 남부 인도에서부터 동남아시아를 거쳐 한국 남부로 흘러들어와 두 언어 계통이 만났을 수 있다는 것이다. 실제로 일본인 학자 스스무 오노(大野晉)는 일본어와 따밀어가 같은 계통의 언어라는 방대한 학설을 주장한 바 있다. 이 주장이 학계에서 검증된다면 한국어의 드라비다어 친연설을 재검토해 볼 수는 있다. 하지만 지금으로서는 한국어와 드라비다어를 다 아는 학자가 아무도 없어서 구체적인 연구물이 나온 게 없다. 더군다나 이 주장이 신빙성을 얻으려면 한국어의 우랄알타이어 계통설에 필적할 만한 근거가 뒷받침되어야 한다. 따라서 현재로서는 이렇게 말할 수밖에 없다. 가능성을 배제할 수는 없으나 단정할 수 없다.

82

허왕후가 인도에서 왔다고?

인도와 한국의 교류 이야기에서 빠지지 않는 주제인 허왕후 이야기를 해 보자. 논문과 책에 아무리 쓰고 이야기해도 사람들은 여전히 역사적 진실은 무시한 채 부풀린 이야기에만 관심을 갖고 있다. 진실과 상관없이 보고 싶은 것만 보는 것이 사람 일반의 특성이지만, 허왕후 신화의 진실은 무엇이고 사람들이 보고 싶어 하는 것은 무엇일까?

하왕후가 인도에서 왔다는 이야기는, 지금은 사라지고 없지만 그 일부가 《삼국유사》에 채록되어 '가락국기'라는 이름으로 전해지는 글 안에 담겨 있다. 가락국의 김유신계가 자기 가문의 영광을 창달하기 위해 시조 수로왕의 부인을 불교의 나라 인도에서 온 것으로 만든 이야기다. 처음 만들어진 이야기 뼈대에 불교의 나라라는 의미의 '아유타'가 나말여초에 어떤 불교 지식인에 의해 삽입된 것으로 보인다. '아유타'는 인도 최고最古의 서사시 《라마야나》에 나오는 라마가 다스리는 이상향으로, 불경을 통해 '인도'라는 나라를 의미하는 어휘로 쓰였다. 그런데 이 이야기가 〈가락국기〉가 편찬된 1076년 이후, 또 《삼국유사》가 편찬

된 1281년 이후 이 지역의 여러 이야기와 섞이면서 허왕후 신화를 부풀린다. 그 대표적인 내용이 허왕후가 인도에서 올 때 풍랑이 심해 파사석탑이라는 돌탑을 싣고 와 무사히 항해를 마쳤다는 것이다. 원래 이야기인 〈가락국기〉에는 없는 후대 창작 이야기다. 그 후 조선시대인 15세기 중반 무렵에 그동안 아무런 언급도 없던 허왕후릉이 느닷없이 등장한다. 허왕후가 죽었다는 시기를 기준으로 보면 1,400년 후의 일이다. 이런 능을 실재했다고 믿을 수 있을까? 이 시기 중앙 정치에서 큰 역할을 하던 두 명의 양천 허씨 관찰사가 주동이 되어 허왕후라는 이야기 속 인물을 실제 인물로 만들어 낸 것이다. 이후 김해 주위의 여러 불교 사찰에서 허왕후가 인도에서 왔고 그때 그와 함께 그의 오빠인 장유화상이라는 사람이 같이 왔다거나, 허왕후가 수로왕과 결혼하여 아들을 열 낳았는데 그 가운데 한 사람이 김수로왕의 대를 잇고 일곱은 신선 혹은 부처가 되고 둘이 허씨의 시조가 되었다는 등의 여러 이야기들이 추가로 만들어졌다.

그 후 허왕후 이야기는 아무런 주목을 받지 않은 채 《삼국유사》에 나오는 그저 그런 옛이야기로 알려졌는데, 이종기라는 아동문학가가 '어린이들에게 꿈과 희망을 주고 싶어' 인도에 답사까지 다녀오면서 쓴 《가락국 탐사》라는 역사르포 형식의 책이 세간의 주목을 끌었다. 그런데 고고학을 전공한 김병모 교수가 이를 원용 각색하여 몇 편의 논문을 발표하고, 언론에 널리 알리면서 허왕후 이야기는 일약 '국민신화'가 되었다. 박정희-전두환 시절, 민족/국가주의가 한창일 때 언론이 조성하고 학자가 왜곡하고 국민들이 열광적으로 받아들인 결과다. 결국 이 이야기가 거꾸로 인도에까지 퍼져, 인도의 힌두 국수주의 정권이 그들의 정치 이데올로기인 '위대한 힌두 민족주의'에 꿰어 맞춰 한층 더 키우는 중이다. 그사이 김해 김씨 종친회는 인도 북부 아요디야 Ayodhya의 한 곳을 허왕후가 태어난 곳으로 비정하여 그곳에 탄신비를 세웠고, 이를 받아 한국 정부가 성역화 사업을 계획 중이다.

모든 것을 다 차치하고, 아요디야라는 곳은 김수로왕이 살던 서기 1세기 때 인도 땅에 존재조차 하지 않던 곳이다. 지금은 아요디야라는 도시가 있지만, 이 이름을 가진 도시는 아무리 빨라 봤자 서기 5세기경에 처음 등장한다. 뿐만 아니라 아요디야는 인도아대륙의 한가운데에 위치해 있다. 그곳에서 배를 타고 뱅갈만으로 나와 다시 동남아를 거쳐 가락국으로 온다는 것은 물리적으로 불가능에 가깝다. 그렇다고 그곳에서 육로로 지금의 미얀마 쪽으로 넘어가 다시 배를 타고 가락국으로 온다는 것도 말이 안 된다.

설화를 문화 행사에 활용하는 것은 바람직하다. 설화는 엄연한 문화적 자산이고, 설화와 문화 행사가 반드시 역사적 사실에 근거해야만 하는 것은 아니기 때문이다. 그렇지만 잊지 말아야 한다. 설화는 문학이나 예술을 구성하는 하나의 요소이자 이야기로서의 문화 자산이라는 사실을 말이다. 설화를 역사적 실체로서 인정하는 순간, 모든 것이 엉망이 된다. 허왕후 설화를 인도의 신화 요소를 차용하여 만들어 낸 이야기로 받아들여야지,

이를 실제 있었던 일로 간주하며서 여러 웃지 못할 일들이 벌어지고 있다. 설화를 역사적 사실로 격상시킨다고 없던 민족적 자부심이 생기고 강화될까. 최근 힌두 민족주의 역사학에 경도된 인도국민당 정부가 그 옛날 인도 공주가 한국 땅에까지 가서 문명을 전파했다는 내용을 교과서에 싣겠다고 하여 논란이다. 어디서나 수구 민족주의는 위험하다.

83

힌디를 아는 게 비즈니스에 유리할까?

인도 헌법 부칙 제8조에 의하면 인도 연방의 주 공용어는 스물두 개다. 인도-아리야어가 힌디를 비롯해 사어로만 존재하는 산스끄리뜨와 네팔어 등을 포함해 열다섯 개이고, 드라비다어가 따밀어를 비롯하여 네 개이며, 티베토-버마어가 마니뿌르어와 보도어 둘이고, 문다어 계통이 산딸어 하나다. 연방 공용어는 힌디와 영어 둘이다. 이 가운데 힌디는 제3언어로서 구사 가능한 인구가 약 5억 3천만 정도 되고, 그 분포는 주로 데칸고원 이북 지역이다. 하지만 이 지역이 아니더라도 인도의 남부 5개 주를 제외한 대부분의 지역에서 힌디가 널리 통용된다. 근대 이후 전 지역에서 이주가 많이 일어났고, TV와 영화가 널리 보급된 영향이 크다. 영어는 제3언어까지 포함해 약 1억 2천만의 인구가 구사하는 언어이니, 인도 인구의 약 10분의 1이 조금 못 되는 수치다.

인도에는 국어national language가 지정되어 있지 않다. 독립 후 현재의 연방 집권 여당인 인도국민당의 전신인 국민단Jan Sangh이 주장했고, 강력한 국민국가를 추진하던 회의당도 힌디 국어화 정책을 추진하려 했으나, 힌두주의에 치우친 국민단의 과도

한 민족주의에 대한 온건 시민들의 반발과 힌디 중심의 독주에 반감을 품은 다른 언어를 사용하는 지역의 시민들이 반대하여 이루어지지 못했다. 특히 인도 근대 문화를 이끌어 왔다고 자부한 벵갈어를 사용하는 지역인 웨스트 벵갈과 힌디의 모어母語라고 자부하는 뻔잡어를 사용하는 뻔잡 지역, 그리고 힌디와는 전혀 다른 계통의 언어인 드라비다어를 사용하는 남부 인도에서 반대가 극심하였다. 이 가운데서도 따밀어를 사용하는 따밀나두 지역에서는 독립 전인 1935년부터 독립 후인 1965년까지 대학생을 비롯한 많은 시민들의 대규모 시위가 끊이지 않았다. 그 바람에 드라비다 민족주의를 주장하는 정당이 뿌리를 내렸고, 이후 회의당은 이 지역에서 주요 정당의 위치를 차지할 수 없게 되었다. 국어가 없는 상황에서 영어는 실질적인 국어의 위치를 차지했다. 델리를 비롯한 주요 대도시의 주요 대학에서 강의와 연구가 모두 영어로만 이루어지고, 시험은 형식적으로는 영어와 힌디를 허용하지만 실질적으로는 힌디로 시험을 보는 학생은 극소수이다. 교수들은 모든 논문과 책을 거의 영어로만 냈고, 학내 행사도 영어로만 이루어졌다.

비즈니스에서는 더욱 심했다. 비즈니스는 그 특성상 다양한 지역 사람들을 만나야 하고, 외국인도 자주 만나고, 국수적 민족주의 사고는 발붙이기 어려워서 힌디를 사용하는 경우가 거의 없다. 서로 많이 친해지면 두 개의 언어를 사용하는 경우가 많아진다. 사적인 대화는 힌디로 하다가, 공적인 대화는 영어로 하는 그런 형태다. 마찬가지로 격식 없이 자유로운 대화를 나누는 경우, 예를 들어 어렸을 때 동네 이야기를 한다거나 학교 동창 이야기를 한다거나 하는 경우에는 힌디를 사용하지만, 뭔가 격식이 필요한 경우에는 영어를 사용한다. 단, 아랫사람들을 꾸중하거나 명령을 할 때는 영어를 사용하지 않는다. 상류층 사람들은 개에게 먹이를 주거나 말을 걸 때에도 영어를 쓴다. 인도의 비즈니스맨들이 두 언어를 현란하게 사용하는 걸 보면 어지러울 정도다. 외국인 눈에는 그들이 대체 무슨 말을 하는 건지 종잡을 수 없을 때가 많다.

대개의 인도 사람들은 외국인이 힌디를 사용하면 매우 반가워하면서 좋아한다. 그러나 그 외국인이 서양인이거나 한국인, 일본인처럼 잘사는 나라에서 온 경우에만 그렇다. 차림새가 누가봐도 외국인일 때. 반대로 차림새가 허름하거나, 인도 동북부의 일곱 자매 주인 앗삼, 나갈랜드Nagaland, 마니뿌르 혹은 네팔과 같은 못사는 곳 출신으로 보이는 사람들이 힌디를 사용하면 전혀 다른 대접을 받는다. 보통의 인도 사람들은 이들 지역의 사람들을 아주 낮춰 보고 무시한다. 그래서 가끔 한국인이 힌디를 사용했다가 이들 지역 사람으로 오해받아 큰 무시나 봉변을 당하는 경우가 적지 않다. 반면에 한국인 비즈니스맨이 영국식 영어를 유창하게 사용하면 보는 눈이 달라진다. 인도에서 비즈니스를 잘하려면 힌디를 알아서 손해날 건 없다. 그러나 힌디를 함부로 사용했다가 여러 가지 예기치 않은 봉변을 당할 수 있음을 명심해야 한다. 인도에는 언어에도 등급이 있는 것이다.

84

실리콘밸리의 40퍼센트가 인도인?

중국 교포를 화교, 인도 교포는 '인교印僑'라 한다. 인도 외무성은 인교를 크게 두 가지로 분류한다. 하나는 재외인도인Non-Resident Indians으로, 보통 약칭으로 'NRI'이라 한다. 다른 하나는 인도계 재외동포Persons of Indian Origin으로 'PIO'라 한다. 전자는 현재 600만 명 정도이고, 후자가 약 2천만 명 정도다. 인도계 재외동포가 거주하는 나라 가운데는 PIO의 비중이 그 나라 인구의 50퍼센트 전후가 되는 나라가 상당하다. 그런 나라로는 49퍼센트의 피지, 53퍼센트의 가이아나, 74퍼센트의 모리셔스, 40퍼센트의 트리니다드 토바고, 37퍼센트의 수리남이 있다. 이 나라의 PIO는 모두 인도가 영국에 식민 지배를 당할 때 동인도회사의 사탕수수 플랜테이션 계약노동자로 이주해 간 인도인들이다. 이 외에도 남아공, 우간다, 케냐, 자메이카, 말레이시아 등에 PIO가 많이 산다.

동남아시아에는 재외인도인이 100만 명 이상 거주하는 나라들이 꽤 있다. 말레이시아가 대표적인 나라이고, 싱가포르와 홍콩도 NRI가 많이 사는 나라들이다. 북아메리카의 미국, 캐나다,

유럽의 영국, 프랑스, 네덜란드 그리고 오스트레일리아, 뉴질랜드 등도 NRI가 많이 사는 나라들이다. 이들 나라에는 주로 1940년대부터 1970년대까지 이주해 간 인도인들의 후손이 많이 사는데, 당시 이미 산업 선진국 대열에 오른 이 나라들은 인도인들을 대거 이주시켜 부족한 생산력을 메웠다. 유럽국들은 주로 과거 자기들의 식민지였던 곳에서 노동력을 충당했고, 인도 사람들도 주로 영국으로 갔다. 이때까지만 해도 이주민들은 대개 비숙련 노동자였다. 1960년대에 오스트레일리아, 뉴질랜드, 캐나다 등이 아시아계 주민들에게 문호를 개방하면서, 영국이나 유럽 혹은 아프리카에 살던 인교들이 다시 재이주하게 되면서 이들 나라에 인도계 주민이 많아졌다.

1970년대 이후 세계 경제 구조의 변화는 또 다른 차원의 인도인 이주를 만들어 냈다. 학력과 기술력 그리고 유창한 영어 구사 능력을 갖춘 이주민이 미국이나 캐나다 그리고 영국을 비롯한 서구 여러 나라로 대거 이주해 갔다. 이들은 대개 도시 중산층 출신으로 숙련된 기술자, 법조인, 의료인, 회계사 등 전문 기술을 가진 사람들로 고액의 연봉을 받으면서 스카우트되어 갔다. 고급 인력의 이주는 인도에서 고급 두뇌 유출이라는 사회 문제로까지 번졌다. 특히 세계적인 IT산업의 활성화로 세계 각지로 이주하는 인도인들이 증가했고, 1960년대 이후 서아시아의 여러 나라가 석유 개발을 활발히 전개하면서 두바이 같은 곳에도 인도인 노동자의 이주가 활발해졌다. 현재 미국 실리콘밸리에 있는 창업 기업 중 40퍼센트 정도가 인도계 소유이고, 전체 엔지니어의 40퍼센트 가량이 인도인이라는 사실은 인도의 고급 인력이 얼마나 선진국 여러 나라로 이주해 갔는지를 짐작하게 한다. 그러나 NASA(미항공우주국)의 전문가 중 40퍼센트가 인도인이라느니, IBM에는 30퍼센트, 인텔에는 25퍼센트니 하는 소리는 터무니없는 과장이다. 이를 입증하는 어떤 통계 자료도 없다. 인도인이나 한국인이나 자민족 중심주의가 병적인 수준이다. 세계 곳곳, 특히 미국에서 몇몇 인도인들이 정부나 기업의 최고 요직을 차지하는 것을 두고 인도 민족의 우수성 운운하는데 이는 과장이다. 최근 인도의 고급 인력이 두각을 나타내는 것은 민족이 우수해서가 아니다. 네루 정부의 기초 과학 중심 교육, 공학 인재 양성 전략, 영어 및 외국어 구사 능력, 인도 정부의 외교 능력 등이 합쳐져 빚어낸 결과일 뿐이다.

인도인들도 다른 나라 사람들과 마찬가지로 어느 나라를 가나 자민족 공동체를 구성해서 산다. 시간이 가면서 점차 이주해 간 나라의 문화에 융화되면서 의식주 풍습이나 언어를 잊고 그 사회에 동화되기도 하나, 인도인 거주 지역은 자민족 문화 공동체의 성격이 상당히 짙다. '문화 공동체'라 함은 인도라는 나라 전체가 아니라 뻰잡, 구자라뜨, 따밀 같은 준민족적 단위의 문화를 가리킨다. 이와 관련해 특기할 점은, 인도인은 자기들끼리 국민국가의 범주를 넘어서는 초국가적 네트워크를 형성하기도 한다는 것이다. 이 네트워크를 통해 때로는 인도 국내 정치에 깊이 관여하기도 한다. 그 대표적인 사례가 1984년 델리 학살(인디라 간디 암살 직후 벌어진 시크교도 학살. 이후 인디라 간디의 아들 라지브 간디가 압승하여 수상직에 올랐다.) 직후 10여 년 동안 지속된 시크 인교의 시크 독립국 칼리스탄Khalistan 독립 지원과, 1990년대의 힌두 극우 세력인 민족의용단(RSS)이나 세계힌두협회(VHP) 등에 대한 엄청난 자금 지원을 들 수 있다. 대부분의 교포가 다 그렇듯, 인교 또한 떠나온 땅을 그리는 수구지심首丘之心이 몹시 강하다. 그들이 고향에 보낸 송금액이 인도 경제 발전에 큰 역할을 할 정도이다. 인도 정부는 PIO와 NRI의 국내 투자를 이끌어 내기 위하여 혈안이다. 원하면 하늘에 있는 별까지 따다 줄 태세다.

85

인도는 어떻게 IT 강국이 되었을까?

최근 '포스트 차이나'란 별칭으로 인도 경제가 급상승 중이다. 이 경제 성장을 이끌어 온 분야가 IT산업이다. 한국은 IT 기반 시설이 잘 갖춰져 있지만 정작 IT산업 자체는 그리 큰 역할을 못 하고 있는 반면, 인도는 IT 기반은 취약해도 산업은 매우 발전해 있다. 2014년 인도의 서비스 수출은 1,556억 달러에 달했는데, 이 가운데 대부분이 IT산업 서비스 수출에 따른 것이다. 2014년 인도 소프트웨어 시장 규모는 40억 달러 수준으로, 전년 대비 8.3 퍼센트 성장했다. 주로 금융, 통신, 제조 분야 소프트웨어에서 발생한 수익이 큰 부분을 차지한다. 인도의 IT산업은 1990년대 부터 본격적으로 성장했다.

그런데 인도는 어떻게 최고의 IT산업 발전국이 되었을까? 그 계기는 1980년대 후반 기업 구조조정을 위해 미국이 IT 아웃소 싱을 시작했을 때로 거슬러 올라간다. 이때 관련 업계 전문성과 영어 구사 능력을 갖춘 인도가 기회를 잡은 것이다. 물론 미국의 시장 변화가 결정적인 계기가 되었지만, 기본적으로 인도에 그 런 인력이 풍부했기에 가능한 일이었다. 우리의 예상과 달리 당시 인도에서 고급 인적 자원이 제대로 육성되고 있었다는 것이다. 인도 정부가 초대 정부 이후로 변함없이 추진하고 있는 정책이 대학교 등록금이 거의 없는 고등교육 정책이다. 엘리트가 나라를 이끌어 가고 과학으로 나라를 세워야 한다고 생각한 네루가 추진한 정책이다. 네루 정부 이후 정부의 교육 투자는 주로 자연과학과 공학을 중심으로 이루어졌다. 수학, 물리학, 농학 등과 여러 가지 공학에 대한 집중적인 투자가 이루어져 해마다 뛰어난 과학·기술 인력을 양성해 냈다. 게다가 그 인력들 대부분이 영어까지 자유롭게 구사했으니 자연스럽게 글로벌화된 인력이 된 것이다. 아직은 국민소득이 낮아 대학 진학률도 매우 낮기 때문에 과학 기술 인력이 태부족이지만, 절대 수는 계속 증가하고 있다.

이 같은 IT산업의 성장과 발전 뒤에는 정부가 앞장서서 조성한 공정한 시장경제 질서가 있다는 점에 주목해야 한다. 1991년 국제통화기금의 지원을 받은 이후 본격적으로 시작된 신경제정책New Economy Policy은 외부 무역의 자유화, 정보 기술 제품의 수입 관세 철폐, 관련 산업 규제 완화 등을 본격적으로 실시하였다. 인도 정부는 재정 인센티브도 크게 제공했는데, 수출 지향 단위(EOU), 소프트웨어 기술 파크(STP), 특별경제구역(SEZ) 등의 정책이 IT산업의 획기적 발전에 크게 기여하였다. 초기의 단순한 아웃소싱 업체들로부터 벤처 창업과 글로벌 기업으로의 성장이 이어진 것이다. 불과 얼마 전의 일이다.

지금은 세계적인 기업이 된 인포시스Infosys는 1981년에 단 7명의 엔지니어가 단돈 250달러로 시작했고, 위프로Wipro는 소규모 식용유 제조회사에서, 사티얌Satyam은 소규모 직물과 건설업체에서 세계적인 IT기업으로 업종 전환에 성공했다. 이런 성공 사례가 많은 이유는 가능성이 큰 새로운 시장이 열리게 되면 그 안에서 모든 기업이 공정하게 경쟁하는 질서를 정부에서 보장해 주기 때문이다. 그 덕분에 미국의 실리콘밸리와 같은 여러 선진국에 진출했던 많은 인도 엔지니어들이 다시 고향으로 돌아와 사업을 활발하게 시작할 수 있었다. 소위 텃세나 진입 장벽과 같은 것이 없기 때문에 가능한 일이다. 한국의 IT산업은 어떤가? 대부분 재벌 대기업이 장악하고 있다. 경쟁력 유무에 관계없이 뛰어드는 모양새가 자기 밥그릇 지키기 차원이라 해도 과언이 아니다. 규모가 큰 IT 기업은 대부분 재벌과 공기업 계열사들이고, 벤처 기업으로 성공한 IT 기업은 눈을 씻고 봐도 찾기 어렵다. 재벌 기업들은 하청을 통한 수익 창출에 혈안이 되어 있고, 불공정한 관행에 앞장서고 있다. 이런 구조 안에서 중소 IT 기업이 살아남는다는 것은 하늘의 별따기라고 봐야 한다. 재벌의 폐해와 정부의 무능 때문이다. 인도는 IT 인력이 들어오는 나라고, 한국은 빠져나가는 나라다. 그 가장 큰 이유가 정부 차원에서 공정한 경쟁을 유도하고 보장한다는 점임을 기억해야 한다.

86

정권 교체가 잦다고
사업적 리스크가 클까?

인도에 대한 투자, 어떤 장점이 있고 단점은 무엇인가? 이에 관한 분석 글을 보면 재미있는 사실 하나를 알 수 있다. 누군가는 장점으로 꼽은 점이 다른 사람의 글에선 단점이 되기도 한다는 것이다. 물론 사람의 관점은 다 다를 수 있지만, 이는 관점의 차이라기보다는 해석의 잘못으로 보인다. 흔히 "정치적 불안정이 안고 있는 리스크"로 표현되는 부분이다. 인도 정치의 불안? 무엇이 불안하다는 거지? 자세히 들어보면, 정권 교체가 잦다는 것과 권력의 분산이 불안 요소로 지적된다. 과연 그러한가? 인도는 세계에서 가장 많은 인구가 참여하는 최대 민주주의 국가다. 그 민주주의의 질에 대해서는 평가하는 사람에 따라 다를 수 있으나, 인도 정치가 불안한가 아닌가는 이와 다른 문제이다.

인도 정치가 불안하다고 말하는 사람들이 드는 근거는, 정부가 너무 자주 해산되고 그래서 총선이 너무 자주 있고 정권 교체가 너무 잦다는 것이다. 1947년 이후 회의당의 40년 1당 지배체제가 끝난 1991년까지는 회의당이 실질적인 1당 지배 체제를 강고하게 구축하고 있었으니 이 지적은 해당 사항이 없다. 1991

년 이후만 보면 연방 정부를 기준으로 회의당과 인도국민당 두 당이 번갈아 가면서 정권을 잡았다. 총선이 있던 해를 기준으로 보면, 1991년에는 회의당, 1996 · 1998 · 1999년은 인도국민당, 2004 · 2009년은 회의당, 2014년은 인도국민당이 연방 정부의 집 권당이 되었다. 정상적인 상황에서는 5년에 한 번씩 총선이 있 다. 절대 다수당이 나오지 않으면 제1당이 다른 당과 연립해서 정부를 구성해야 한다. 전형적인 의원내각제이기 때문이다. 그 런데 제1당과 다른 당이 연립해서 정부를 구성하기로 해 놓고 서 로 주고받는 거래에서 합의하지 못하거나, 합의한 사항을 이행 하지 못할 경우에 연립 다수당 정부를 구성하지 못하는 일이 벌 어진다. 이런 경우에는 의회를 해산하고 총선을 다시 치른다. 1991년 이후 이와 같은 일은 1998년과 1999년 두 차례 일어났다. 두 경우 모두 회의당이 다수당이 되었고, 1999년에는 연립 정부 를 잘 구성해 2004년 제14대 의회를 구성했다. 두 차례의 의회 해산과 조기 총선이 있었지만, 정치가 불안해진 적은 없다. 민의 를 제대로 반영하는 과정을 거치며 그에 따른 비용을 지불한 것 뿐이다.

인도에서는 권력을 결정하는 선거가 총선만 있는 것이 아니 다. 주 정부와 주 의회로 구성된 각 주들도 선거로 주 의회를 구 성한다. 몇몇 주를 제외하고는 대부분이 주 의회도 양원제이고, 그 가운데 하원을 직접 선거로 구성한다. 이뿐만이 아니다. 주 이하 지자체 선거도 모두 직접 선거로 뽑는다. 인구 100만 이상 의 광역시도 의회 선거를 실시해 선거로 선출된 의원들로 정부를 구성하고, 그람gram 빤짜야뜨–질라zila 빤짜야뜨–블록block 빤짜야뜨(촌락에서 단위가 작은 수준부터)의 세 개 단위로 구성된 지역 자치 기구인 '빤짜야뜨'도 다 선거를 통해 의회와 정부를 구성한다. 주 의회도 5년에 한 번씩 선거를 치르게 되어 있지만, 연방 의회와 마찬가지로 선거를 치르는 시기가 정치 상황에 따라 달라질 수 있다. 그래서 연방 정부와 같은 해에 선거를 치르는 주도 있고 다른 해에 치르는 주도 생긴다. 그러다 보니 정치적으로 큰 쟁점이 생겨 민심이 요동치면 연방 정부와 주 정부의 선거 결과가 크게 엇갈리기도 한다. 그러면 정책을 일관되게 실행하기 어려워진다.

그렇지만 이런 다양성과 역동성이 큰 사업적 리스크가 된다고 보기는 어렵다. 물론, 외국 투자자 입장에서는 그렇지 않아도 관료적이고 부패가 심한 인도에서 로비를 벌이고 줄을 대야 할 통로가 많아지는 것은 사실이다. 하지만 이를 달리 해석하면 그 사업 자체가 특정 정치 세력의 독단으로 완전히 묻힐 가능성도 그만큼 적다는 뜻이다. 연방 정부와 주 의회의 집권당이 서로 다르다면 서로 견제를 하기 때문에 더욱 그렇다. 가장 중요한 점은, 인도의 민주주의는 연방과 주 그리고 그 아래 지자체까지 모두 의원내각제에 기반해 있기 때문에 연방 정부가 바뀌었다고 해서 하루아침에 정책이 바뀌거나 사라지는 경우는 절대로 없다는 것이다. 실제로 지난 25년간 회의당과 인도국민당이 권력을 주거니 받거니 하고 있지만 국가의 큰 틀은 결코 바꾸지 않았다.

이런 구조는 중국과 비교해 보면 더 쉽게 이해할 수 있다. 중국은 선거가 없는 나라다. 모든 권력이 공산당에 있다. 공산당, 특히 상무위원은 무소불위의 권력과 면책권을 가지고 있다. 당이 마음먹으면 모든 것을 하루아침에 바꿀 수 있다. 엄청난 재산을 가지고 있는 재벌기업 총수를 하루아침에 사형시켜 버릴 수 있는 나라다. 하지만 인도에서는 그런 일이 있을 수 없다. 민심의 흐름을 읽고 그 위에서 예측 가능한 사업을 하는 것을 정치적 리스크라고 할 수는 없다.

87

부패가 얼마나 심하길래?

인도 사람들에게 인도의 가장 큰 문제가 뭐냐고 물으면, 이구동성으로 '부패'라 대답할 것이다. 2005년 국제투명성기구에서 발표한 바에 따르면, 92퍼센트가 넘는 인도인이 공무직 일자리를 얻기 위해 뇌물을 써 본 적이 있다고 답했다. 2016년 국제투명성기구의 부패인식지수를 보면, 조사 대상 176개국 가운데 인도가 79위, 파키스탄이 116위를 차지했다. 아프리카의 여러 나라보다는 덜 부패했고 중국과는 동률, 한국이 52위이니 인도의 부패가 그렇게까지 심각하지는 않다고 생각할 수도 있으나, 인도에서 살아본 사람들의 체감도는 훨씬 높다.

부패 문제 때문에 정치적으로 격변이 일어난 것도 여러 번이다. 초대 수상 네루 이후 40여 년간 선거를 통해 일당 지배 체제를 구축해 온 회의당의 아성이 무너지기 시작한 것도 보포르사社 뇌물 사건 때이다. 20년 가까이 진행된 여당 정치인들의 부패 추문을 1989년 당시 라지브 간디 정부의 재정부 장관 겸 국방부 장관이던 싱V. P. Singh이 폭로하면서 40년 정권이 순식간에 무너져버렸다. 또 하나의 큰 정치적 사건은 2013년 델리에서 일어났다.

회의당의 일당 지배가 끝나고 1990년대부터는 회의당과 인도국민당의 양당제가 확고하게 자리 잡아 가던 중 2013년 지방자치체 선거에서 '보통사람당Aam Admi Party'이라는 신생 정당이 갑자기 수도 델리의 시정부를 접수한 것이다. 보통사람당은 오로지 하나, 부패 척결만을 외쳤다. 이때 델리 주지사로 선출된 께즈리왈Arvind Kejriwal은 부패 반대운동을 이끈 공무원 출신 시민운동가였다. 그리고 이어 힌두 근본주의를 바탕으로 하는 수구 세력인 모디의 인도국민당이 절대 과반을 차지하며 총선에서 압승했다. 인도 국민들이 힌두 근본주의 정당에 표를 몰아 준 것은, 종교공동체 간의 갈등을 경시해서라기보다는 지긋지긋한 부패 문화를 종식시키고 경제 도약으로 나아가길 바라는 마음에서였다고 보는 게 합리적이다.

그렇다면 인도는 왜 그렇게 부패했고 부패가 근절되지 않는가? 가장 큰 이유는 국가 건설 과정에서 정부와 공무원에게 너무 많은 권한을 부여했기 때문이다. 초대 수상 네루는 엘리트가 국가를 이끌고 나가야 한다고 생각했다. 이에 따라 산업 구조는 철저하게 인허가제로 구축되었다. 자연히 인허가권을 쥔 공무원의 힘이 막강해졌고, 해당 공무원이 관여하는 산하 위원회의 횡포가 심했다. 여기에 간디가 이끈 반영反英 민족운동 과정에서 전국적인 조직으로 확대된 관련 조직이 공무 기관으로 작동하며 간디의 이름을 팔아 공공연히 부패를 자행했다. 이 조직의 영향력은 시골 끝까지 뻗어 있었고, 이들 지역에서 마하뜨마 간디의 영향력은 대단했다. 네루는 관료제를 크게 육성했다. 그런데 관료제가 워낙에 크고 방대한 데다 형식과 절차를 중시하고, 실제 결정 과정을 전혀 공개하지 않아 부패를 심화시켰다. 게다가 공무원의 급여가 매우 낮게 책정되어 있어서 그들이 유혹에 넘어가기에 안성맞춤이다. 가장 악명 높은 영역인 세금은 현실화되지 않고 납세 체계가 과도하게 복잡하여 조세 공무원의 전횡이 끊일 수 없는 구조다.

법치가 약하게 작동하는 인도 특유의 문화도 부패를 키웠다. 전국에 성문법으로 통일된 민법이 없다 보니 민사 소송에서는 전통법을 따라야 한다. 그러다 보니 지역 유지의 영향력이 막강해지고, 그 영향이 거꾸로 여러 법체계에 미치는 구조가 되었다. 대표적인 사례가 마을 원로회의 정도로 번역되는 '빤짜야뜨'이다. 인도 전역은 최소 지방자치 단위인 빤짜야뜨로 촘촘히 구성되어 있다. 빤짜야뜨의 우두머리인 촌장은 지역 유지로서 막강한 권한을 행사하는데, 나라의 법조차 그에 미치지 못하는 경우가 많다. 모두 카스트 문화와 관련이 있다. 카스트는 불문법 체계다. 이 체계에서는 돈 많고 지체 높고 인구수가 많은 사람이 무소불위의 권력을 행사하게 되어 있다. 그가 말하는 것이 곧 법이니, 그는 신과 같은 존재다. 그에게 줄을 서지 않고는 아무것도 할 수 없다.

인도에서 살 때 내가 죽기보다 싫어한 일이 관공서에 가는 것이었다. 불친절하기가 이루 말할 수 없고, 아무 이유 없이 퇴짜 놓고, 툭하면 자리 비우고, 따지면 쫓아내고… 인도 공무원들의 힘은 막강했다. 그 모든 것이 부패의 사슬로 이어지는 것이다. 지금 인도는 그 사슬을 끊는 중이다. 부패의 원천이라 할 공무원 주도 인허가제가 크게 축소되었다. 잘 될지 모르겠으나, 쉽지는 않을 것이다.

88

포스코의 오디샤 프로젝트가
실패한 이유는?

2005년 6월, 포스코가 인도 동부 오디샤주에 120억 달러(13조6
천억원)를 투입해 철광석을 조달해 열연 강판을 만드는 일관 제철
소를 설립하겠다며 오디샤주 정부와 제철소 부지, 철광석 채굴
권, 전용 항만 제공 등의 내용이 담긴 양해각서(MOU)를 체결했
다. 인도 사정에 밝은 인도의 철강기업 미딸 철강Mittal Steel 등도
뛰어들지 않는 사업에 한국의 포스코가 뛰어들어 많은 사람들이
깜짝 놀랐다. 그 후 포스코가 과연 이 사업을 제대로 완수할 수
있을지에 사람들의 이목이 쏠렸다. 포스코는 서두르지 않겠다면
서 20년 정도 걸릴 것으로 자체 예상했다. 그러나 2017년 3월,
프로젝트 출범 12년 만에 포스코는 부지 반환 의사를 밝히며 사
실상 철수 단계에 들어갔다. 포스코 프로젝트는 왜 실패했을까?

가장 큰 패인은 인도라는 나라를 몰랐거나 우습게 봤다는 데
있을 것이다. 지금은 많이 달라졌지만, 인도는 세계에서 가장 늦
게 코카콜라와 맥도날드 등 다국적 기업이 들어간 주요 나라다.
미국 최대 기업인 엔론Enron도 결국 발전소 건설에 실패하고 철
수했는데, 포스코가 인도의 민주주의 전통을 다소 경시하지 않

았는가 생각한다. 인도의 행정 체계는 철저하게 중앙 정부와 주 정부가 분리되어 있고, 중앙과 주 모두 행정부 내각과 의회가 또 분리되어 있다. 뿐만 아니라 지역의 하위 행정 단위에도 독립적 자치체가 구성된다. 우리 식으로 말하자면 시도 광역단체뿐 아니라 시군구 안의 동과 면리까지도 선거로 행정부와 입법부가 구성된다는 말이다. 그리고 그 권한은 그 위의 행정부·입법부의 권한과 별개로 독립되어 있다. 그뿐인가? 행정부와 사법부의 관계 또한 철저히 독립적이다. 행정 관리와 의원의 부패가 아무리 심하더라도 한국에서처럼 대통령 말 한 마디로 모든 것을 바꿀 수 있는 무소불위의 권력 체계가 아니다.

가장 작은 지역 단위의 촌락 자치체는 철저하게 그 지역 여러 조직들의 이익에 좌지우지된다. 촌장의 힘이 막강하고 그 촌장을 움직이는 촌장의 배우자, 즉 여성의 힘이 더 막강한 경우도 많다. 그들을 움직이는 카스트나 가문 조직은 두말할 나위가 없다. 이런 상황에서 촌락 주민들이 죽기 살기로 뭉쳐서 저항하면 촌락 자치체가 그들을 설득하거나 억압하거나 돈으로 매수할 수도 없다. 폭력으로 진압하다간 더 큰 저항을 맞는다. 무서운 폭동이 일어난 게 한두 번이 아니다. 물론 높은 지위에 있는 정치인들은 걱정하지 말라고 한다. 하지만 그들의 "노 프라블럼No problem"을 그대로 믿어서는 안 된다. 고위 정치인들이 주민을 설득할 방법은 없다. 수상 할아비가 와도 안 된다. 법을 바꿔 주민들을 몰아낼 수도 없다. 그것은 헌법 위반이기 때문이다. 이런 경우에는 주민들이 왜 결사반대하는지부터 알아야 한다.

포스코는 해안의 항만과 깊은 산속 광산에 공장을 지으려 했다. 해안에 사는 주민들은 '밀당'으로 문제를 해결할 수 있었다. 그 주민들은 인도 카스트 체계 내부의 사람들이라 고향을 떠나더라도 돈만 받으면 다른 지역으로 가서 살 수 있다. 그런데 광산이 있는 산속에 사는 주민들은 달랐다. 그들은 전통 카스트 체계 바깥의 사람들이다. 헌법에서도 '지정부족'이라 하여 따로 분류해 놓는 그들은 거기서 쫓겨나면 어디서도 살 수가 없는 사람들이다. 가난하게 살든, 거지같이 살든, 동굴에서 살든 어디서든 살아야 하지 않는가. 억만금을 받는들 무슨 소용인가. 이런 주민들을 교육하고 이끄는 사람들은 인도의 환경운동가들이다. 그들은 힌두교의 영성과 자연의 삶 그리고 어머니 땅과 숲을 지킨다는 논리로 원주민에게 접근하여 개발론자들과 싸워 이긴 예가 많다. 이들은 인도에서 유일하게 무장 폭력으로 혁명을 주장하는 마오주의자들과도 연계되어 있다. 이 지역은 멀리 네팔까지 산맥으로 연결되어 있기도 하고, 인도 정부도 그냥 공존을 목표로 하기 때문에 이들이 주민들과 함께 투쟁하면 기업이 이기기는 매우 힘들다.

포스코의 오디샤 프로젝트가 저지른 가장 큰 잘못은, 경영 컨설턴트가 아닌 인도의 인문사회 전문가들과 상의하지 않았다는 점일 것이다. 경영이 아닌 주민과의 상생의 관점에서 접근했더라면 좀 다른 결과가 나오지 않았을까.

89

강성 노조 때문에 사업이 어렵다고?

인도에서는 복수노조가 허용돼 있다. 그래서 웬만한 기업에는 노조가 대여섯 개는 된다. 주요 노동조합 연합은 11개이고, 그 안에 등록된 노동조합만 해도 7만 개 정도 된다. 여기에 비공식적인 것까지 합치면 10만 개 이상일 것이다. 주요 노동조합은 정당과 긴밀한 관계를 맺고 있다. 현재 대표적인 중앙 노조로는 인도공산당 산하의 전인도노동조합회의(AITUC)가 있고, 독립 후 오랫동안 집권한 회의당이 공산당 노조에 대항하여 조직한 인도국민노동조합회의(INTUC), 1990년대에 본격적으로 세를 불려 현재 집권당이 된 인도국민당 계열의 인도노동자단(BMS), 인도공산당(M) 계열의 인도노동자중심(CITU) 등이 있다. 인도 노동조합은 장기간의 폭력적인 파업 때문에 강성으로 알려져 있다. 과거에는 분규로 공장이 멈추는 사례도 많았다. 그렇지만 이런 평가는 과거의 신화에 갇혀 그동안에 일어난 변화를 간과한 것이다. 과연 인도의 노조는 한국인 기업이 사업을 할 수 없을 정도로 과격하고 급진적인가?

전 세계를 휩쓴 신자유주의의 광풍이 불어닥친 1990년대 이후 인도의 사업장에도 큰 변화가 일어났다. 무엇보다도 중앙 정부와 주 정부가 공무원 인원을 대거 감축하고 공기업 민영화를 추진하면서 인도 노동조합의 주요 주체이던 공공 부문 노동자가 감소하여 노조운동이 큰 타격을 받았다. 2000년대 들어서는 민간 부문의 고용이 증가하여 노조와 조합원 수가 크게 늘어났으나 노사 분규 건수는 거꾸로 감소하였다. 그동안 정당과 연계하여 벌이던 정치 투쟁이 줄어든 이유도 있으나, 노조와 조합원들이 자제하고 있는 것이다. 물론 명예퇴직과 성과급, 계약직, 파견법 등으로 노조를 압박하는 기업의 힘이 커진 것이 가장 큰 이유다.

현재 인도에 진출한 한국 기업이 강성 노조 때문에 기업 활동에 어려움을 겪는 사례는 보고되지 않고 있다. 심지어 많은 사업장이 노조 없이 운영되고 있다. 하지만 임금 인상 요구와 정규직 채용 요구에 따른 갈등 가능성은 잠복해 있다. 무엇보다도 한국 기업이 인도 노동 문화에 무지하거나 그들을 무시해 노사 갈등을 자초할 위험성이 크다. 이러한 경우까지 노조와 노동자들의 문제로 돌리는 것은 사실을 왜곡하는 것이다.

인도에 진출한 한국 기업인들에게 여전히 부족한 것은 인도인과 인도 문화에 대한 이해다. 결국 노사 갈등도 이러한 몰이해에서 생겨난다. 한국 기업인들 중에는 노조 자체를 파트너로 인정하지 않으려는 이들도 많다. 안에서 새는 바가지가 밖에서도 새는 격이다. 중간 관리자 이상이 적극적으로 나서서 그들을 한 가족으로 존중하고 그들의 문화 안에서 다가서면 인도 노동자들은 한국인 노동자들 이상으로 회사에 충성할 가능성이 크다. 인도 인은 전통적으로 국가보다 자신을 먹여 살리는 조직에 충성하는 문화가 있기 때문이다. 관건은 그들을 진정으로 내 '가족'으로 존중하느냐이다.

다음은 한국의 어떤 큰 기업이 노무 관리 차원에서 만들었다는 '인도 사업장과 집에서 절대로 해서는 안 되는 행동' 목록이다. 이런 보고서가 나왔다는 것 자체가 상전벽해다.

- 절대 한국말로 욕하지 말기
- 현지인과 물리적 싸움 하지 말기
- 큰소리로 고함을 지르거나 현지인 관리자 혼내지 말기
- 국가나 민족성에 관해 언급하지 않기
- 보복성 징계 하지 말기
- 업무 지도 시 지나치게 세세하게 하지 말기
- 업무 추진 시 너무 촉박하게 밀어붙이지 말기
- 영어 문서 한글 번역 작업 자제하기
- 신체적인 접촉 조심하기
- 화가 나더라도 물건 던지지 말기
- 현지인 팀장을 부를 때 "애들"이라는 표현 삼가기
- 직원 이름 대신에 부품/파트 이름 부르지 말기
- 한국인끼리 공식 회의 삼가기
- 음주운전 절대 하지 말기

- 거주하는 동네에서 처신 잘하기
- 성희롱 관련 조심하기
- 주재원 부인들 사이에 군대식 서열화하지 말기
- 파출부나 기사를 비하하지 말기

이제 인도에 강성 노조는 없다. 문제가 발생한다면 무례한 한국인 사용자 탓일 가능성이 크다. 세계 어디에서나 현지화는 다른 문화에 대한 존중에서 출발한다.

90

어떻게 재벌이 존경을 받지?

한국에서 '재벌' 하면 대부분 좋은 소리가 나오지 않는다. 밥줄이 걸려 있어 불만을 참고 있지만 재벌을 존경하는 사람은 그리 많지 않다. 그런데 인도에서는 그렇지 않다. 악명 높은 기업도 있지만 '타타Tata 그룹' 같은 경우는 모든 인도인들에게 존경을 받는다. 타타가 비단 영국 지배 당시 민족운동을 지원해서만은 아니다. 그들은 번 돈을 사회에 환원하는 것을 기업의 의무로 여기는 사람들이다. 기업의 지배 구조나 종업원 복지제도가 선진국의 기업 못지않게 뛰어난 것은 물론이고, 인도 기업문화 특유의 '기업의 사회적 책임Corporate Social Responsibility'(CSR)에 앞장서서 솔선수범하기 때문이다.

인도는 고대부터 인간은 물론이고 동물이나 자연과 더불어 함께 산다는 개념을 계승해 왔다. 인간과 자연을 둘로 나눠 생각하지 않고 하나의 일원론 안에서 생각하는 세계관의 산물이다. 그래서 힌두교는 물론이고 불교나 자이나교, 시크교 모두 사회에 대한 자선과 박애를 중심으로 한 공동체 정신이 매우 발달했다. 각 종교 사원을 중심으로 재가 신자들이 기부를 하고, 사원이 그

재단 기금으로 사회 복지를 운영하는 전통이 오랫동안 지켜져 왔다. 1930년대에 마하뜨마 간디가 천명한 "부富는 자신의 것이 아니라 신으로부터 위탁받은 것이니, 사회에 기여하는 것이 의무다"라는 말을 따르면서 그때부터 성장한 민족자본 기업은 부의 사회 환원을 의무로 여겨 왔다. 그 대표적인 기업이 타타 그룹이다. 타타 그룹은 공동체에 기여하는 것은 물론이고, 기업 내의 종업원 복지 및 지배 구조에 이르기까지 간디의 신탁 사상을 충실히 따랐다. 독립 이후 인도의 기업은 대부분 국가가 운영하는 국영 기업이었고, 그들은 사실상 사회적 책임을 의무 사항으로 준수했다. 2007년에는 CSR을 지배 구조 개선, 환경 보호, 인권 보호, 노동 개선, 공정한 조직 운영, 소비자 이익 실현, 지역 사회 개발 등 7대 원칙으로 구체화시켰고, 2013년에는 인도 정부의 기업부Ministry of Corporate Affairs가 발의한 기업법Companies Act 개정안이 대통령 승인을 받았다. 이에 대한 기업의 반발은 없었다. 오래전부터 이를 자발적으로 실천해 온 기업문화 덕이다. 이로써 인도는 기업의 사회적 책임을 법으로 명기한 최초의 국가가 되었다.

최근에는 기업의 사회적 책임을 '투자'로 인식하는 경향이 짙어졌다. 그것이 자발적이든 법적이든 인도에서 비즈니스를 하려면 반드시 준수해야 할 의무 사항이라는 인식이 자리 잡고, CSR이 오히려 지속 가능한 발전에 도움이 된다는 공감대가 만들어진 것이다. CSR로 사회에 만연한 빈곤이 구제되고 그것이 공동체 복원에 기여하면 기업 평판까지 높아진다는, 소위 누이 좋고 매부 좋은 경영 전략임을 기업들이 깨달은 것이다. 이렇게 되자 인도 기업뿐만 아니라 다국적 기업들도 CSR에 적극적 자세를 취하기 시작했다. 그들은 교육, 환경, 의료 보건, 장학 사업 및 인재 개발 등 다양한 활동에 참여한다. 특히 농촌과 산림 지역에서 대규모 개발 계획이 추진되면 주민들이 반발할 수밖에 없는데, 그때 기업의 사회적 책임을 제대로 이행하지 않는 기업은 결국 손 털고 포기할 수밖에 없다. 그 대표적인 사례가 한국 포스코의 '오딧샤 제철소 투자 프로젝트'다. 특히 대규모 건설 프로젝트 때문에 발생하는 충돌은 그 지역 주민들에 대한 충실한 CSR로 풀어야 한다. 이주민 정착촌을 어떤 규모로 짓고, 정착촌의 도로와 상하수도, 전기, 의료 보건은 어떻게 할지, 더 나아가 대학을 설립하고 인재를 채용하는 문제까지도 고려한 구체적이고 성실한 대책을 제시해야만 문제가 풀린다. 인도의 기업은 이를 선심성 환원이 아닌 당연한 의무이자 명예로 여긴다.

인도에서는 재산을 사회에 환원하겠다고 약속해 놓고 온갖 술수를 동원해 약속을 어기고 재산을 빼돌리는 일은 상상조차 할 수 없다. 기업이 그 지역에서 번 돈은 당연히 자신들에게 돌아와야 한다는 시민의식이 분명하고, 기업도 사회 환원을 명예로 여기기 때문이다. 노블리스 오블리주nobless oblige는 시민과 기업의 노력, 그리고 인식 변화가 만들어 내는 값진 결과물이다. 한국 기업이 이 정신을 갖추지 않고 인도에서 성공하리라 생각하는 것은 큰 착오다.

91

영어를 배우려면 인도로 가라?

2015년 일본에서 베스트셀러가 되었다는 책 한 권이 국내에 소개되었다. 《영어는 인도식으로 배워라》이다. 난 인도를 공부하는 학생들은 물론이고 인도와 관계없이 단순히 영어를 배우려고 해외 연수를 계획하는 사람들에게 영어를 잘 배우고 싶으면 미국이나 호주 그런 데 가지 말고 인도로 가라는 이야기를 자주 해왔다. 인도에서 영어는 헌법에서 규정하는 두 개의 공용어 중 하나다. 다른 하나인 힌디는 전체 인구의 절반 정도가 사용하는 언어지만, 비즈니스나 외교를 하는 사람들에겐 별 필요 없는 언어다. 물론 알아서 나쁠 거야 없지만. 반면 영어는 전체 인구의 15퍼센트 정도가 제2 외국어로 사용하지만 실질적인 비즈니스 언어이고 유일한 법원 사용 언어다. 영어를 사용하는 인도 사람들은 그 나라에서 상당한 영향력이 있는 사람들이다. 인도에서 뭔가를 하려면 그 사람들과 친분을 유지해야 하고, 그러려면 영어가 필수다. 그런 차원이 아니고도 인도에서 영어를 배우면 좋은 점들이 있다.

좋은 점은 여러 가지가 있지만 그중 가장 좋은 점은, 우선 인도 사람들은 사람들 자체가 말이 많고 외국인에게도 말을 잘 걸고 친절하다. 한국 사람은 인도 사람들이 좋아하는 외국인 가운데 하나다. 그래서 인도 사람들하고 영어를 실습할 기회가 많다. 미국은 쉽게 갈 수도 없는 데다 미국이며 영국, 호주, 캐나다 사람들은 친절하게 말을 건네거나 대화를 나눠 주지 않는다. 언어 연수라는 게 교실에서 배우는 게 다이다. 그렇지만 교실에서 배우는 건 한국에서도 얼마든지 할 수 있지 않은가. 뿐만 아니다. 인도는 영어를 사용하는 아시아국인 필리핀이나 아프리카국인 남아프리카공화국에 비해 안전한 나라다. 인도 영어는 표준화되어 있어 배우기도 쉽고 쓰기도 쉽다. 언어의 속성상 원어민이 구사하는 언어는 문법이나 표준에서 벗어나는 게 보통인데, 제2 외국어로 구사하는 사람들의 영어는 그렇지 않다. 속어나 숙어 같은 데 몰두하지 않는다. 그래서 인도인이 구사하는 영어는 쉽고 고급스러운 정통 영국식 영어라는 평가를 많이 받는다. 영어를 배우려는 한국인에게 더할 나위 없이 안성맞춤이다.

사실 영어는 기본 패턴 100개와 단어 500개 정도만 알면 웬만한 표현은 다 할 수 있다. 그러니 굳이 원어민들이 현지에서 쓰는 '이상한' 말에 몰두할 필요가 없다. 물론 영어를 아주 잘하는 사람이라면 미국 같은 곳에 가서 현지어를 배우는 것이 좋지 굳이 인도에 가서 영어를 배울 이유가 없다. 하지만 영어를 배우고자 하는 대부분의 한국 사람들에게 무엇보다 필요한 것은 기본 문법과 말하고 듣고 쓰는 실습이다. 또 한 가지, 현재 세계의 실질적인 공용어는 영어다. 그러다 보니 영어를 모어로 사용하는 몇 나라를 제외하고는 그 나라 사람들이 내뱉는 영어 발음은 대부분 미국식이 아니다. 네덜란드 사람이든 프랑스 사람이든 멕시코 사람이든 인도네시아 사람이든, 미국식의 심한 연음이나 악센트 따위에 신경 쓰지 않고 발음한다. 이렇게 영어를 '자국식' 발음으로 편하게 구사하는 대표적인 나라가 인도다. 그리고 대부분의 외국인들과 만나서 인도식 발음의 영어를 쓰는 게 하등 문제 될 것이 없다.

영어를 배우는 목적이 무엇인지를 다시 한 번 생각해 보면 답은 의외로 간단하다. 외국인과 의사소통하고자 함인가, 아니면 멋있게 보이기 위함인가? 후자가 목표라면 미국으로 가면 되고, 전자가 목표면 인도에 가서 영어를 배우라. 세계 어디를 가도 미국 원어민처럼 발음해야 한다는 강박을 갖는 나라는 한국밖에 없을 것이다. 너무나 미국 중심적이고, 다양성을 존중하지 않기 때문이다. 한국 사람들 눈에는 미국밖에 보이지 않아서 실리를 놓치고 폼만 중시하는 경우가 많다. 굳이 인도에서 사업을 하거나 공부를 하지 않더라도, 영어를 배우기에도 인도는 매우 좋은 나라다.

흔들리는 '하나의 인도'

92

분리를 주장하는 주들이 많다고?

인도 동북부 미얀마 접경 지역에는 우리와 비슷하게 생긴 사람들이 산다. 티벳-버마 계통 종족들인데, 우리에게 친근감을 표시하고 인도 '본토' 사람들에 대해서는 별 친밀감을 갖지 않는 사람들이다. 그래서 그런지 인도에서 유일하게 한류가 히트 치는 지역이다. 종교도 대부분 기독교이고 힌두교도는 소수다. 종족도 다르고 언어도 다르고 문화도 다른 그들은 왜 미얀마에 속하지 않고 인도에 속할까?

요즘 인도에서 갈등의 중심에 서 있는 다르질링Darjeeling 이야기부터 풀어 보자. 다르질링은 현재는 웨스트 벵갈에 속하지만, 원래는 시킴의 땅이었다. 19세기 영국의 동인도회사가 인도 아대륙을 하나씩 침략하여 정복할 무렵, 네팔에 사는 인도 고르카족(영국의 용병으로 유명한 구르카족이 아니다)이 시킴과 전쟁을 벌여 승리하면서 이 지역에 영향력을 확대하였다. 그런데 이후 영국이 네팔과 싸워 이겨 그 대가로 다르질링 지역을 양도 받게 된다. 그런 상태에서 한참 뒤 인도가 영국으로부터 독립하자, 다르질링은 언어와 문화나 종족 할 것 없이 모든 것이 이질적인 인도의 웨스트 벵갈 주에 속하게 된다. 그런데 1975년 독립국이던 시킴이 국민투표를 통해 인도의 한 주로 병합하기로 결정하면서 문제가 복잡해졌다. 다르질링 사람들은 웨스트 벵갈로부터 자신들, 즉 고르카족의 주를 분리해 달라고 요구했다. 이것이 현재 인도 연방에서 가장 오래된 지역 분쟁인 '고르카랜드Gorkhaland 분리운동'이다. 현재 고르카랜드 분리운동은 무장 투쟁으로까지 번져 사상자가 속출하는 심각한 상태이다.

인도에서 가장 최근에 분리를 이룬 주는 2014년 2월에 정식으로 주의 분립을 연방 정부로부터 승인 받은 뗄랑가나주다. 동인도회사 지배 시절에 하이드라바드의 니잠nizam(무슬림 군주)이 다스리던 토후국의 영토였는데, 1956년 언어에 따른 주의 재정비 법령에 의거하여 동인도회사 때 마드라스 관구에 속했던 남쪽으로 인접한 같은 언어를 쓰는 안드라주와 통합하여 안드라 쁘라데시를 이루게 된다. 그러나 뗄랑가나 사람들은 거듭 주의 분리를 요구했고, 결국 2014년에 분리되었다. 언어는 같지만 문화가 달라 분리를 한 경우다. 또 다른 경우로 하리야나주를 들 수 있다. 하리야나는 인도와 파키스탄으로 분리될 당시 뻔잡에 속했으나, 뻔잡의 무슬림들이 많이 살던 곳이 파키스탄으로 떨어져 나가면서 무슬림도 아니고 힌두도 아닌 시크들이 인도를 택하면서 분리 주를 요구하게 된 경우이다. 당시 수상 네루로서는 종교 때문에 나라가 절단 난 상황에서 또다시 종교 문제로 주를 분리해 주면 앞으로 연방 자체를 구성하기 어려울 것이라고 판단하고 끝까지 그들의 요구를 들어주지 않았다. 그러나 1965년 인디

고르카랜드 분리 투쟁에 정부가 도로를 봉쇄해 버리자, 비정부기구 단체들이 구호물자를 실어 나르고 있다.

라 간디 수상이 분리를 승인하면서 문제가 일단락되었다. 이 경우는 문화는 같지만 종교가 달라 분리된 경우다.

이 지역들보다 더 근본적인 분쟁을 겪는 곳들도 있다. 미얀마 접경지대에 위치한 소위 '일곱 자매'로 불리는 앗삼, 아루나짤 쁘라데시Arunachal Pradesh, 나갈랜드, 마니뿌르, 미조람Mizoram, 뜨리뿌라Tripura, 메갈라야Meghalaya가 그곳들이다. 동인도회사 지배 당시 이 지역에서 가장 큰 세력은 앗삼이었는데, 그 다수 주민은 티벳-지나 계통 언어를 쓰는 몽골계 부족민과 아리야어 계통인 앗삼어를 사용하는 힌두들이었고, 그 외에 매우 다양한 종족이 섞여 있었다. 앗삼 외에 마니뿌르와 뜨리뿌라만 토후국으로 존재하고 나머지 지역은 특별한 정치 형태로 묶여 있지 않았다. 이들 일곱 주는 언뜻 보면 종족적으로 비슷해 보이지만, 그들 간의 종족 친연성이 매우 희박해 정체성을 경계짓기가 어려웠다. 그러다 보니 이들 내부에서 왜 인도 연방에 속해야 하는지 의문을 제기하는 목소리가 많았고, 그렇다고 따로 독립해 국가를 이룰 처지도 아니었다. 이미 영국 지배기에 종족이 섞여 분리하기 어려웠고, 산간 부족만 따로 떼어 낼 수도 없었다. 결국 인도 정부가 마련한 '언어에 따른 주 설립' 원칙을 따르기로 했으나, 그 언어 또한 너무나 다종다양해서 경계를 규정하기가 어려웠다. 결국, 주민들은 분리하여 새로운 국가를 수립하겠다며 저항했고, 이를 인도 정부가 탄압하면서 아직까지도 그 불씨가 완전히 꺼지지 않은 상태다. 앗삼-마니뿌르-뜨리뿌라 이후 나갈랜드가 1963년에 맨 먼저 독립 주로 분리하는 데 성공했고, 메갈라야가 1972년에, 미조람과 아루나짤 쁘라데시가 1987년에 각각 독립 주로 분리되었다.

어디서부터 어디까지가 인도인지는 정확하게 말하기 어렵다. 그것은 중국도 마찬가지고, 러시아도 마찬가지다. 모두 연방국이기 때문이다. 종족으로 경계를 지을 수도 없고, 언어로도 어렵다. 문화나 역사를 말하는 사람도 있지만 그것처럼 애매한 것도 없다. 다만, 현재 인도에서 연방 탈퇴를 주장하며 분리국가를 주장하는 지역은 없다. 70년 후반부터 80년대까지 이어져 온 시크들의 칼리스탄 운동이 가장 최근의 일이다. 그렇지만 분리 요구는 끊이지 않는다. 현재 분리를 주장하는 주들의 요구를 다 들어주면 인도는 50개 주가 된다. 인도는 그 문화만큼이나 경계도 분명치 않은 곳이다. 한국처럼 모든 것이 분명한 나라에 사는 사람들로선 이해하기가 쉽지 않다.

93

힌두와 무슬림은 사이가
얼마나 안 좋을까?

오래전부터 인도는 민족의식 혹은 공동체 의식이 상당히 약한 편이다. 한 사회에 함께하고 있다는 공동체 의식은 두말하면 잔소리다. 한국인처럼 한 민족, 한 국가 의식이 강한 나라의 사람들로서는 잘 이해하기 어려운 부분이다. 우리는 아무리 지역 공동체 의식이 강하다 하더라도 그것이 민족이나 국가를 우선하지는 않는다. 반면에 인도는 전통적으로 카스트나 언어적인 공동체 의식이 상당히 강한 편이다. 그런데 카스트는 작은 규모의 촌락 공동체 수준에서 중요할 뿐 국가적으로는 그리 큰 문제가 되지 않는다. 언어 공동체는 지금도 상당히 큰 위력을 발휘하는데, 그나마 언어를 중심으로 각 주를 편성하고 '힌디 국어화 운동' 같은 것을 밀어붙이지 않아서 이로 인한 사회적 갈등은 크게 표출되지 않는 편이다.

심각한 것은 종교공동체 문제이다. 이슬람이 인도에 대거 들어와 본격적으로 섞이기 시작한 12세기 이후 영국의 식민 지배가 본격화된 20세기 초까지는 인도의 각 마을에서 힌두와 무슬림은 하나의 카스트 체계 안에서 별 다른 문제없이 살았다. 서로 다르면 다른 부분을 인정하면서 사는 인도 특유의 문화였다. 무슬림은 카스트를 인정하지 않지만 무슬림 자체가 하나의 카스트로 인정되었다. 그런데 1947년 인도-파키스탄 분단 이후, 1990년대부터는 본격적으로 이러한 공존이 깨지기 시작했다. 오랫동안 힘없는 야당으로 지내 온 인도국민당이 '힌두스러움'을 외치며 무슬림을 적대시하고 정치적으로 무슬림을 핍박하면서 양 집단의 갈등에 불이 붙었다. 선거를 앞두고 힌두 극우 분자들이 무슬림을 학살하고, 이에 대해 무슬림이 테러로 보복하는 일이 1990년대부터 최근까지도 자주 일어나고 있다.

사람들이 동일한 종교를 따르는 사람들의 집합체를 하나의 공동체로 인식하기 시작하면서 그것이 전국적 규모의 공동체주의로 성장했다. 이를 학문적 용어로 '커뮤날리즘Communalism'이라고 부른다. 원래 커뮤날리즘은 넓은 의미에서 종교·지역·언어 등을 공동으로 소유한 집단을 하나의 공동체로 여기는 인식 체계를 의미하지만, 인도 역사에서는 실질적으로 종교를 기반으로 한 공동체주의를 의미한다. 그래서 여기서는 '공동체주의'보다 '종교공동체주의'로 번역하는 것이 타당하다. 종교공동체주의의 뿌리는 영국 제국주의가 원활한 식민 통치를 위해 구사한 '분리 통치divide & rule' 정책에 있다. 당시 인도의 민족 지도자들 역시 확고한 민족 공동체 의식이 없는 상태에서 인민들을 통합하려 하다 보니 '우리'로 묶을 만한 가장 큰 단위인 힌두교를 이용했다. 그렇게 힌두교가 아닌 무슬림이 '우리'에서 '남'으로 갈라서면서 민족운동이 활활 타올랐고, 힌두와 무슬림 간의 갈등도 심화되어 결국 인도-파키스탄 분단으로 이어졌다. 그 상태에서 1990년대 수구 세력이 다시 종교 갈등을 조장하면서 최근까지도 종교공동체 갈등이 인민들이 정치를 판단하는 제1의 기준이 되었다.

그러나 이는 어디까지나 정치적인 문제일 뿐이다. 지금도 인도 촌락에서는 한 마을 안에 힌두와 무슬림이 하나의 카스트 공동체를 이루며 문제없이 살아가고 있다. 촌락 사회에서는 종교가 다르다고 해서 적대적인 관계가 만들어지지 않는다. 도시에서도 무슬림은 자기들끼리 모여 살기 때문에 힌두들과 부닥칠 일이 별로 없다. 물론 서로 결혼을 한다거나 음식을 나눠 먹는 등의 친밀한 관계도 맺지 않는다. 그러나 서로 상종하지 않기는 상층 카스트와 하층 카스트도 마찬가지다. 종교가 달라서 그렇게 된 것이 아니라는 의미다. 2002년 구자라뜨 학살 때에도 이웃에 사는 힌두가 무슬림을 자기 집에 몰래 숨겨 주고 보호해 준 일이 많았다. 문제는 항상 외부인, 특히 정치인들이다. 정치 조직의 사주를 받아 강간과 폭행, 살인 등의 폭력을 행사하는 자들은 모두 정치 깡패들이다. 아무리 종교가 다르다고 한마을 사람들끼리 돌변하여 죽이고 강간하고 그러겠는가?

94

터번이 무슬림의 상징?

인도를 잘 모르는 사람들에게 인도 사람을 그려 보라고 하면 상당수가 터번을 말한다. 영화나 만화에서도 터번을 두르고 수염을 기른 모습으로 인도 사람을 표현하는 경우가 많다. 그러나 터번에 수염은 인도 전체 인구의 1.7퍼센트에 불과한 시크교도의 특징이다. 극소수에 불과한 시크교도가 왜 인도인 전체를 대표하게 되었는지는 나중에 좀 더 연구해 봐야겠지만, 시크들이 왜 그렇게 기를 쓰고 터번을 두르는지는 살펴볼 필요가 있다.

대학원 2학년이던 1984년 10월, 나는 델리에서 벌어진 시크 대학살을 생생하게 목격했다. 시크는 주로 인도-파키스탄 분단 때 지금의 파키스탄 뻰잡에서 이주해 온 사람들로, 델리에서 오랜 고생 끝에 경제적 위치를 확고하게 잡고 있었다. 그 경제력 때문에 정부와 갈등이 생겼고 결국 대학살의 희생자가 되었다. 힌두 극단주의 테러리스트들이 인간 사냥을 벌일 때 사냥꾼들의 표적이 된 것이 바로 터번이었다. 시크들은 살아남기 위해 터번을 벗고 가위로 상투와 수염을 잘랐다. 그런데 일부는 죽으면 죽었지 그럴 수 없다고 버티다 희생당했다. 시크 남성에게 머리카

터번은 서아시아부터 인도 북부에 이르는 지역에서 널리 쓰이는 다용도 모자다.

락과 수염을 자르는 것은 목을 자르는 것보다 더 수치스러운 일
이기 때문이다.

영화 〈내 이름은 칸〉(2010)에는 '칸'이라는 이름 때문에 미국
에서 극단주의 이슬람 테러리스트로 오해받아 각종 봉변을 당하
는 인도인이 등장한다. 2001년 9월 알카에다의 뉴욕 세계무역센
터 테러 이후에 나타난 슬픈 장면이다. 이후 무슬림은 테러리스
트라는 인식이 무분별하게 전파되었고, 그 와중에 터번을 쓴 빈
라덴이나 알카에다 테러리스트의 모습이 방송에 시도 때도 없이
등장하며 느닷없이 "터번을 쓴 사람은 무슬림, 무슬림은 곧 테러
리스트"라는 오해가 널리 퍼졌다. 이슬람과 아무 관계없는 시크

교도들이 테러리스트로 오인 받아 부당한 인권 침해를 당한 것이다.

모든 시크교도 남성은 반드시 터번을 착용해야 한다. 터번은 인도 사람들이 애용하는 여러 머리수건인데, 시크들이 많이 사는 서북부 지역에 가면 다양한 형태의 터번을 볼 수 있다. 그것은 아프가니스탄과 그 너머 이란, 이라크, 사우디아라비아 등 중동의 모든 지역 사람들이 똑같이 공유하는 하나의 의복 전통이다. 시크교에서는 시크 입문식을 거행할 때 반드시 알파벳 철자 K로 시작되는 물건 다섯 개를 가져야 한다. 자르지 않은 머리카락(Kes), 빗(Kangha), 사각팬티(Kaccha), 쇠팔찌(Kara), 단검(Kirpan)이다. 터번은 이 다섯 가지 가운데 자르지 않는 머리카락과 관련이 있다. 물론 일부 면도를 하고 머리카락도 자르는 시크도 있다. 모든 종교공동체에서 다 볼 수 있는 자유주의자들인 셈이다. 이 지유주의자들은 시크 공동체 내에서 무시를 당한다. 특히 해외로 나간 이주민들은 더욱 자신들의 정체성 수립에 열중하면서 터번 착용을 강조하는 경우가 많다. 그런데 9·11 사태 이후 터번을 두른 시크가 미국이나 캐나다에 들어갈 때 입국심사 과정에서 무슬림 테러리스트로 오해 받아 생각보다 심각한 문제들이 종종 발생하고 있다.

이제는 터번을 두르지 않는 시크 남성들이 늘었다고는 하지만, 아직도 시크의 제1 정체성은 남성의 터번이다. 시크 남성에게 터번은 숫사자의 갈기와 같은 역할을 한다. 실제로 모든 시크의 이름은 '사자'를 뜻하는 '싱Singh'이다. 시크는 터번이 벗겨져 머리가 헝클어진 모습을 남에게 보이는 것을 가장 수치스러운 일로 여긴다. 거꾸로 그런 모습을 보여 주는 사이라면 가족과 같은 돈독한 관계라 할 수 있다. 터번도 흰색만 있는 것은 아니다. 빨강, 보라, 검정, 초록 등 다양한 색깔의 천으로 터번을 만들어 쓴다. 다만, 아버지를 잃은 자는 반드시 흰색 터번만 착용한다. 조선시대 선비들이 쓰던 갓처럼, 터번에는 시크 남성들의 품위와 절제, 명예 등이 용해되어 있다.

95

인도에도 환빠가 있다?

한국에나 인도에나 극도로 과장된 민족주의 역사학이 있다. 한국에서는 유사 역사학 혹은 사이비 역사학이라고 부르는 것인데, 비어卑語로 '환빠'라 부른다. 《환단고기》라고 하는, 계연수라는 사람이 1911년 혹은 그 이후 언젠가 창작한 책을 신봉한다고 해서 이렇게 부른다. 이 책의 주장에 의하면 한민족은 기원전 7197년 혹은 기원전 6만 7080년부터 환국桓國을 세웠고, 군주 환인이 3301년 혹은 6만 3182년 동안 다스렸다. '환빠'들의 층위는 다양하지만, 자기들의 주장을 따르지 않는 자들은 모조리 식민주의 역사학으로 몬다는 공통점이 있다. 그들의 주장에 동의하는 역사학자는 없다. 하지만 민족주의에 매몰된 사람들에게 상당히 매력적인 내용이 아닐 수 없다. 그래서 역사학자들이 거들떠보지도 않는 사이에 환빠들과 교분이 있는 정치인들이 생겨나며 그 위세가 갈수록 확장되고 있어 우려스럽다.

인도에도 이와 유사한 현상이 있다. 그 시작은 한국과 마찬가지로 식민 지배 때로 거슬러 올라간다. 그들은 고대 동남아에 인도 문화가 널리 전파된 것을 일종의 식민화로 보았다. 그러면서 기원전 1500년경부터 시작된 아리야인의 이주를 기원전 4000년으로 올려 잡아 세계 최고最古 메소포타미아 문명과 어깨를 나란히 하고자 했다. 사실 역사학이라는 건 딱히 답이 있는 게 아니고 해석하기 나름이라, 이런 시도는 어찌 보면 민족주의 역사학의 하나라 할 수도 있다. 한국에도 건전한 민족주의 역사학이 있었다. 20세기 전반기 신채호, 박은식의 역사학은 민족주의에 기울어 다소 과한 면도 없지 않으나 역사학의 범주에 들어간다고 본다. 그런데 인도는 비교적 최근인 1977년부터 이 문제가 다시 시작되었다. 30년 만에 정권을 잡은 인도의 수구 민족주의 세력은 인도 역사 교과서를 심하게 비판하며 판매금지 처분을 내렸다. 마르크스주의에 경도되어 과학적 역사관으로만 역사를 기술한 결과, 인도 고유의 문학적 역사관, 우리로 치면《삼국유사》를 기술한 역사관이 철저히 부인되어 버렸다는 것이다. 그들은 힌두 신화에 나오는 라마나 끄리슈나와 같은 신의 행적을 역사적 사실로 인정해야 한다고 주장했다. 신의 이야기가 역사에 들어오는 순간, 인도는 모든 면에서 세계에서 가장 오래된 문명국으로 우뚝 설 것이라고 본 것이다. 이 세계 최고의 고대 문명이 무슬림과 기독교도 같은 이민족들이 들어오면서 쇠퇴하기 시작했다는 논리도 만들어진다. 결국 정치적 속임수다.

라마는 인도 사람들이 가장 널리 믿고 따르는 대표적인 신 가운데 하나다. 신화《라마야나》에서 그는 이상적인 왕이자 부모에게 복종하고 효도하는 최고의 인간적 미덕을 발휘하며 악을 처단하여 다시 태평성대를 가져오는 주인공이다. 라마와 대립한 악마는 랑까Lanka 섬의 왕이었는데, 라마의 장군 하누만이 히말라야를 번쩍 들고 날아와 다리를 놓고 건너가 이 악마를 물리쳤다. 많은 인도인들이 그 랑까가 현재의 스리랑카라고 생각한다. 역사학적으로 볼 때 그 가능성은 없다. 그런데 그 스리랑카와 인도 남부 따밀나두 사이 해협에 석회암 바위가 섬 위로 떼 지어 있고 섬 밑으로도 깔려 있다. 이는 지질학적으로 스리랑카 섬이 인도아대륙에서 떨어져 나올 때 생긴 것인데, 이를 인도의 새로운 민족주의자들이 '라마의 다리'라고 주장하는 것이다. 이런 예는 또 있다. 드와르까Dwarka라는 곳은 신화에서 끄리슈나가 세운 도시로, 신화에 의하면 궁궐이 90만 개로 모두 크리스탈로 건축되었고 은과 에머랄드로 장식되었다고 한다. 사람들은 지금의 구자라뜨주에 그 드와르까가 있다고 믿는다. 물론 여기에도 역사적 근거는 없다. 그런데 이 드와르까 앞바다에서 우연히 바다 속 건축물이 발굴되었다. 역사학자들은 기원전 3세기부터 5세기 사이에 지각 변동이 일어나 섬 일부가 가라앉으면서 건축물도 가라앉았다고 본다. 그런데 일부 인도판 '환빠'들은 이것이 바로 신화 속 드와르까라고 주장한다. 심하게는 플라톤이 상상한 전설 속 대륙 아틀란티스라고까지 말한다.

딱 이 정도다. 인도에도 과도한 민족주의 역사학이 있고 그것이 정치와 연계되어 있지만, 그렇다고 한민족이 중국 전체를 지배했고 심지어 아시아 전체를 삼국이 지배했다고 하는 정도는 아니다. 인도는 수준 떨어지는 민족주의 열풍이고, 한국은 질병 수준이다.

96

따즈마할이 원래 힌두 사원이라고?

인도는 아시아에서 가장 활발하게 진행된 선거를 통한 정권 교체를 이룬 나라다. 그런데 사실상 1990년대 이후부터 본격화된 정권 교체의 대부분은 힌두 수구 세력이 자행한 난동과 연계되어 있다. 그 시작은 1992년 12월 6일 벌어진 아요디야의 이슬람 사원인 바브리 마스지드 파괴로 거슬로 올라간다. 지금의 집권당인 인도국민당과 그 연대 세력인 힌두 극우 수구 세력이 멀쩡하게 있던 무갈 제국의 시조 바바르Babur가 세운 사원을 곡괭이와 망치, 도끼 등으로 완전히 파괴해 버렸다. 그들은 왜 많고 많은 건축물 중에 '아요디야'에 있는 바바르의 모스크를 파괴했을까? 이 사건은 이후 인도 민주주의의 모순과 무슨 관련이 있을까?

1947년 건국 이후 인도의 정당은 실질적으로 회의당 하나뿐이었다. 회의당은 1885년 창당 이후 60년 이상 민족운동을 이끌어 오면서 간디, 네루 등 많은 지도자를 배출하고 지역 곳곳에 조직을 갖추고 있었던 반면, 야당은 변변한 존재감조차 없었다. 40년 동안 거의 한 번도 제대로 정권을 잡지 못했던 야당 세력이 네루 가문이 쇠퇴하는 상황에서 새롭게 계발한 전술이 힌두와 무슬림 두 종교공동체 간의 갈등을 본격적으로 조장하는 것이었다. 물론 그 갈등이라는 것이 이전에 전혀 없었던 것은 아니나, 이를 전국 규모의 선거로 키운 것은 이들이 처음이었다. 극우 힌두 종교공동체주의자들은 힌두 신화 속의 이상적인 왕인 라마 신이 탄생한 아요디야에 왜 라마의 사원이 없는가 물었다. 왜 그곳에 이슬람의 사원이 있는가? 그러면서 이슬람을 믿는 외부 세력인 바바르가 힌두 성지 아요디야를 파괴했고, 그때 라마 사원도 파괴되었다고 주장했다. 라마 사원 자리에 이슬람 사원을 세웠다는 것이다. 이슬람을 믿으면서 인도 땅에서 500년 넘게 살면서 인도 민족이 된 선조와 그 후손들은 인도인이 아니며, 그들이 세운 문화와 역사도 인도의 유산이 아니라는 주장이었다. 오히려 다 파괴하고 없애야 할 잔재이다! 극우 힌두 세력과 손잡은 야당이 정권을 잡기 위해 취한 더러운 방편은 이후 20년 넘게 인도 전체를 피바다로 만들었다.

광신도 힌두 정치깡패들의 폭력에 일부 무슬림은 죽음으로 저항했다. 소수인 그들이 취할 수 있는 수단은 테러밖에 없었다. 사람들이 많이 다니는 곳에 폭발물을 터트리는 방식으로 다수를 향한 테러를 하면, 힌두 극우 세력은 무슬림이 많이 사는 지역을 찾아가 학살을 하고, 다시 테러와 학살로 응징하는 역사가 20년 넘게 지속되었다. 가장 큰 사건은 2002년 구자라뜨주에서 벌어졌다. 극우 힌두 행동대원이 탄 기차가 작은 무슬림 마을에서 정차했는데, 이내 문이 잠기고 기차에 불이 붙어 그 안에 탄 사람들 58명이 다 타죽었다. 당시 구자라뜨의 주 수상이던 모디 현

연방 정부 수상은 무슬림을 다 잡아 죽여야 한다는 일부 극우 세력에 동조하고, 그들의 학살을 사실상 방조하여 약 5천 명이 학살당했다. 기차 방화가 무슬림 테러리스트의 소행인지 힌두 극우 세력이 벌인 일인지는 정확하게 밝혀지지 않았지만, 그 정치적 이득은 힌두 극우 세력이 얻었다. 그 덕분에 모디는 이후 선거에서 주 수상에 다시 당선되었고, 그곳에서 경제 발전을 이루었다는 평가를 받아 2014년 연방 정부 수상이 되었다.

구자라뜨 학살 이후에도 무슬림의 테러가 이어졌지만, 이상하게도 힌두 극우 세력의 무슬림 대량 학살은 일어나지 않았다. 이제 권력 장악용 학살이 필요하지 않게 되었기 때문일까. 모디의 야당 세력은 오로지 경제 발전만 집중적으로 부각시켰고, 2014년도 선거에서 압승했다. 그런데 최근 인도국민당의 움직임이 심상치 않다. 비록 일부지만 정치인들이 다시 이슬람 건축물에 시비를 걸고 있다. 인도의 대표적 이슬람 건축물인 따즈마할이 원래 힌두 신 쉬바를 모신 사원이었다는 주장까지 나왔다. 아직은 따즈마할을 없애고 쉬바 사원으로 복구시켜야 한다는 주장까지 나오지는 않았지만, 1992년 아요디야 사태를 떠올려 보면 그렇게 발전하지 말란 법도 없다. 우리도 김영삼 정부 때 조선총독부 건물로 쓰인 옛 중앙청 건물을 해체한 경험이 있지 않은가. 모디는 수상 취임 이후 노골적으로 힌두 근본주의를 부추기지는 않았다. 그러나 소고기 도살, 불가촉천민 재개종, 히말라야와 갠지스강 인격권 부여 등 여러 부분에서 힌두교 색깔이 짙은 정책을 펴고 있다. 여차하면 힌두 근본주의를 정치 이데올로기화하려는 전술로 보인다.

그나마 다행인 점은, 인도의 상황이 1992년 당시와는 많이 달라졌다는 것이다. 이제는 종교공동체 폭력이 과거처럼 큰 정치적 파급력을 발휘하기 어려워졌다. 이제 인도 국민들에게 중요한 것은 이데올로기가 아니라 먹고 사는 문제이다. 힌두고 무슬림이고 간에 누가 나를 잘살게 해 줄 것인가로 표를 행사하는 경향이 짙어졌다. 모디가 쓰고 있는 경제 발전 중심 정책이 그의 정치적 기반인 힌두 근본주의 정치를 몰아내 버린 셈이다. 세상은 무섭게 변하고, 그 중심에 돈이 있다. 그 돈의 세상에서 돈 되는 따즈마할을 부술 일은 없을 것이다. 다만 정치적 전술 차원에서, 특히 인도국민당이 궁지에 몰리거나 하면 그런 '협박'은 얼마든지 다시 등장할 수 있다.

97

소 도축이 왜 정치 문제?

2014년 모디 정부가 들어선 이후 인도의 각 주에선 소 도축법을 제정하느라 난리가 아니다. 현재로서는 소 도축에 관한 규정은 크게 세 범주로 나뉘어 있다. 우선 암소든 황소든 물소든 상관없이 도축이나 판매에 문제가 없는 주가 있다. 동북부의 아루나짤 쁘라데시, 메갈라야, 미조람, 나갈랜드, 뜨리뿌라와 남부의 께랄라, 그리고 연방 영토 락샤드위쁘다. 반면에 마하라슈뜨라, 구자라뜨, 라자스탄, 뻔잡, 하리야나, 뻔잡, 히마짤 쁘라데시, 웃따라칸드, 잠무 카시미르 그리고 델리에서는 모든 소의 도축이 완전히 금지되어 있다. 여기서 문제는 '소'의 범위다. 이 기준이 주마다 다르다. 예를 들어 델리에서는 '농사를 짓는 소', 즉 암소와 황소, 송아지까지 소의 범위에 들어가서 물소는 제외된다. 웃따르 쁘라데시, 비하르, 오디샤, 따밀나두, 까르나따까 등에서는 암소만 도축이 금지되어 있다. 더 들어가면 더 복잡해진다. 앗삼과 웨스트 벵갈에서는 암소라도 나이가 10~14년이면 도축해도 된다고 되어 있다.

이렇게 주에 따라 도축법 규정이 다른 것은 헌법에서 그에 대한 권한을 주에 넘겼기 때문이다. 인도 헌법에는 본문 외에 목록 schdule이라는 게 있다. 총 열두 개의 목록에 걸쳐 연방 정부와 주 정부 관료들의 행정과 정책 범주를 소개하는 내용이다. 이 중 제 7목록의 주써 항목 15번은 "가축의 보존, 보호, 양육 향상 그리고 동물의 질병, 가축의 훈련과 실습"에 관한 것이다. 이에 따라 연 방 정부 헌법은 가축에 관한 절대적인 권한을 행사하지 않고 이 를 주 정부에 넘기게 되어 있다. 이에 근거해 각 주 정부가 소의 도축에 관한 법률을 주 의회에서 독립적으로 제정한다. 헌법 제 48조에 의거한 주정책지시원칙Directive Principles of State Policy 또 한 "주는 근대적이고 과학적 선상에서 농업과 목축을 조직하도 록 노력할 것이고, 특히 가축 양육을 향상시키고 보호하며 우유 를 제공하거나 일을 하는 암소와 송아지의 도축을 금지하는 조 치를 취할 것"이라고 되어 있다. 소 도축이 절대 금지 사항은 아 니라는 말이다. 다만, 주 정부가 법을 제정하여 구체적으로 규정 하되 이런 식으로 하라고 인도하고 있다. 헌법을 제정할 당시 인 도는 농업 의존도가 매우 높았고, 농업에서 소의 필요성이 컸기 때문에 식용으로 도축하지 못하게 했다고 보는 것이 합리적이 다. 즉, 종교적 이유가 아니라 경제적 이유에서 도축을 금했다는 말이다. 당시 인도는 철저하게 세속 국가를 지향했기 때문에 이 조항을 힌두교 근본주의로 해석해서는 안 된다.

문제는 모디 정부가 들어선 이후 여러 지역에서 본격적으로 발생했다. 특히 께랄라 지역이 눈에 띄는데, 소 도축이 자유로운 이 지역으로 따밀나두, 까르나따까, 안드라 쁘라데시 등 이웃한 지역에서 암소를 몰래 밀반출하다가 힌두 근본주의자들에게 적발되어 죽임을 당하는 일이 벌어진 것이다. 그 피해자는 대부분 무슬림이다. 소 도축은 그들에게는 생계가 걸린 문제다. 사실 인도는 세계 1위의 소고기 수출국이다. 각 주마다 특히 뭄바이와 첸나이에선 무인가 도축장이 엄청나게 성업 중이고, 여기서 도축한 소고기가 전 세계로 수출되면서 인도 경제에 크게 이바지한다는 사실은 공공연한 비밀이다. 정식 인가를 받은 도축장에서 도축되어 세계 시장으로 수출되는 물소의 양도 세계 1위다. 그런데 왜 소고기 도축을 가지고 온 나라가 이렇게 시끄러울까?

철저히 정치적인 문제다. 사실 역사적으로 볼 때 고대 베다 시대에는 소고기를 아주 널리 먹었다. 소고기는 최고의 음식이었다. 이후에도 일부 브라만들만 소고기를 먹지 않았을 뿐 나머지 하층민과 께랄라 지역에서는 널리 먹었다. 그런데 반영 민족주의 운동이 일어나는 과정에서 힌두 민족주의로 기운 세력이 소를 성물로 숭앙하면서 대 무슬림 갈등의 씨앗을 뿌렸다. 바로 마하뜨마 간디를 암살한 자가 속한 세력이다. 현 모디 수상이 반反무슬림 힌두 근본주의자임은 널리 알려진 사실이다. 그는 권력을 잡기 전에는 노골적으로 무슬림을 핍박해 힌두의 몰표를 받는 전술을 썼는데, 수상이 된 후에는 노골적인 폭력보다는 종교 근본주의에 기운 정책을 많이 사용하며 갈등을 줄이는 중이다. 언제 또 종교 감정을 자극할 필요가 생길지 모르니 미리미리 분위기를 조성해 두는 차원으로 보인다. 일할 때는 두들겨 맞고, 마지막 한 방울의 우유까지 다 빼앗기는 소는 정치 세계에서만 어머니로 추앙받는다.

98

선거와 폭력의 상관관계?

2017년 하반기부터 2018년 상반기 사이에 인도에서는 희한한 폭력이 연일 터졌다. 그 첫 번째 사건은 〈빠드마와뜨Padmavat〉라는 영화로 촉발되었다. 도대체 뭔 영화이길래? 〈빠드마와뜨〉는 인도 영화사상 제작비가 가장 많이 투입된 영화로, 특히 컴퓨터 그래픽이 대거 들어간 대작이다. 13세기 이슬람을 종교로 가진 아프간 출신들이 델리에 도읍을 정하면서 성립한 술탄 왕조가 지금의 라자스탄주에 있는 어느 작은 힌두 왕국을 침략하면서 벌어진 이야기를 담았다. 무슬림들이 왕국을 침략한 이유는 엄청나게 아름다운 왕비를 빼앗기 위함이고, 이 전쟁에서 힌두교를 믿는 라즈뿌뜨족 왕은 장렬하게 전사하고 왕비는 남편을 따라 사띠(과부 화장 순장)를 행했다는 스토리의 중세 서사시를 각색하여 영화화했다. 전체적으로 볼 때 힌두 쪽을 미화하고 이슬람 쪽을 나쁘게 그렸다는 평이 지배적이다.

모디와 인도국민당이 위치하고 있는 '힌두 근본주의'라는 것은 엄밀히 말해 존재할 수 없는 개념이다. 힌두교는 기독교나 이슬람과 달리 정해진 경전이 없고, 그러니 정해진 근본이라는 것

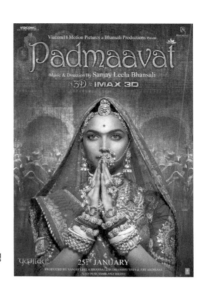

무슬림의 힌두 왕국 침략기를 담은 영
화 〈빠드마와뜨〉

도 없기 때문이다. 기독교나 이슬람은 신학적으로 그 근본을 논
하는 것이 가능하겠지만, 힌두교는 논쟁 자체가 말이 안 된다.
그런데 정치하는 사람들이 힌두교의 극히 일부분을 끄집어내어,
그마저도 왜곡하여 무슬림을 적으로 만들어 미워함으로써 반反
무슬림 전체를 지지자로 삼으려는 정치 전술을 펴고 있다. 실제
로 그들의 의도대로 종교 감정에 불이 붙어 그들의 지지층은 걸
핏하면 왜곡된 '힌두 근본주의'를 외치고 있다. 집권당이 정치적
으로 불리해질 때마다 무슬림이나 기독교도를 핍박함으로써 지
지층을 결집시키고 위기를 모면함은 물론이다. 따라서 힌두 근
본주의라는 것은 철저히 정치권력의 문제로 경제 문제와는 아무
런 관계가 없다.

그런데 느닷없이 힌두교 수구 세력인 인도국민당의 일부 정치인들이 이슬람 왕과 힌두 왕비가 꿈에서 사랑을 나눈다는 설정을 받아들일 수 없다면서 정치 공세를 폈다. 그러자 힌두 단체들이 뒤따라 상영금지 가처분 신청을 냈고, 당국은 사띠를 미화하는 듯한 표현 등 몇 가지를 수정하고 영화 제목을 바꾸는 조건으로 영화 상영을 허가했다. 이 결정에 힌두 극우 단체들이 반발하면서 폭력 시위가 일어난 것이다. 극우주의자들은 감독에게 사형 선고를 내리고, 왕비 역을 한 배우에게도 살해 협박을 했다. 정말 웃을 수도 울 수도 없는 일이 일어난 것은 그 다음이다. 극장에 걸린 영화를 직접 관람한 폭력 시위 주도 단체가 시위 철회를 공식 선언한 것이다. 영화를 직접 보니 영화 속에 문제가 될 만한 장면은 나오지 않고, 오히려 라즈뿌뜨족의 일원이라는 데에 자부심을 느꼈다나 뭐라나. 몇 개월간 진행된 심각한 폭력 사태는 이렇게 일단락된다.

이런 코미디가 없다. 그런데 이 폭력 사태가 진정된 배경에는 집권당의 정치적인 속내가 감춰져 있다. 2019년 총선을 둘러싼 일반 유권자들의 기류 변화가 감지된 것이다. 알려졌다시피 인도의 현 집권 여당인 인도국민당은 반反이슬람 힌두 극우주의를 기치로 내건 정당이다. 인도국민당의 모디 수상은 경제 발전을 전면에 내세우고 있으나, 여차하면 정국을 다시 종교공동체 갈등으로 몰아 갈 태세다. 모디와 인도국민당은 2014년 정권을 잡자마자 쉬지 않고 힌두주의 정책을 펴서 나라 분위기를 '힌두국가' 조성 쪽으로 몰고 갔다. 모디는 이번에도 총선을 앞두고 반反이슬람 힌두 극우주의 패를 꺼내 들어 '우매한' 국민을 선동하고 표를 긁어모으려 했다. 그런데 불꽃이 이상하게 튀었다. 2018년 2월, 영화의 배경이 된 지역인 라자스탄에서 주 의회 보궐선거가 치러졌다. 전통적으로 인도국민당의 표밭인 이곳에서 세 지역 모두 여당이 패배하는 이변이 일어난 것이다. 영화까지 끌어들여 선거 분위기를 띄웠는데 이게 무슨 일이란 말인가. 이 지역 유권자들은 이런 신성모독 영화를 극장에 걸리게 한 집권당을 심판해야 한다는 여론이었다. 물론 유권자의 다수를 차지하는 농민들이 모디 정부의 농업정책에 불만을 품은 것이 더 큰 이유이지만, 이제는 과거와 같은 어처구니없는 힌두—무슬림 폭력 사태가 쉽게 촉발되기 어렵다는 점이 드러났다. 이 변화를 간파한 집권당이 영화를 이용한 힌두 극우주의 운동을 그만둔 것이다.

그러나 비슷한 시기에 터진 불가촉천민에 대한 폭력 사건은 힌두 극우주의 세력의 준동이 쉽게 사그라들지 않을 것임을 보여 준다. 2018년 1월 1일 마하라슈뜨라주 뿌네Pune의 꼬레가온 비마Koregaon Bhima 지역에서 승전 200주년 기념일 행사가 열렸다. 이때 행사에 참석한 달리뜨(불가촉천민)들과 극우 힌두 집단이 충돌하여 달리뜨 한 명이 사망하였다. 이후 이 지역에서 폭력 충돌 사태가 여러 차례 이어졌다. 사태의 발단은 영국 동인도회사가 인도 전역에서 전쟁을 치르며 식민지를 확장해 나가던 200년 전으로 거슬러 올라간다. 당시 불가촉천민들은 자신들의 근거지 마하라슈뜨라 지역에서 인도 토착 세력 가운데 가장 강력했던 마라타동맹 편에 서지 않고, 영국 편에 서서 마라타동맹과 전쟁을 벌였다. 그들은 자신들을 무시하고 인도 민족의 일원으로 받아주지 않는 브라만 주도의 마라타동맹에 심한 반감을 가졌고, 그래서 영국 편에서 그들에 맞서 싸웠다. 1월 1일의 행사는 바로 이 싸움의 승전 기념 행사였다. 영국의 식민 지배가 끝난 후 네루 등 인도 정부는 하나의 인도 민족 형성을 위해 꾸준히 노력했고, 그 덕분에 달리뜨도 인도 민족의 일원으로 자리 잡아 가고 있었다. 그런데 2014년 집권한 인도국민당이 반反달리뜨 정책을 노골적으로 펴면서 충돌이 일어난 것이다. 물론 총선을 앞두고 다시 힌두주의 바람을 일으켜 정권을 이어 가려는 인도국민당의 간계이다.

달리뜨에 대한 핍박은 소 도축 금지 정책과 깊은 관련이 있다. 모디 정부가 들어선 이후 소 도축 금지 법안이 각 주마다 만들어지고 있다. 현재 소 도축에 관한 규정은 몇 개의 범주로 나뉜다. 암소든 황소든 물소든 관계없이 도축이나 판매에 문제가 없는 주가 있고, 모든 소의 도축이 완전히 금지된 주가 있고, 어떤 곳은 암소만 도축이 금지되어 있다. 세부 규정도 주마다 달라서 소 도축을 업으로 삼고 사는 무슬림이나 불가촉천민들이 주 경계를 넘어 다른 주에 가서 도축을 하거나 아예 소를 다른 업자에게 넘기는 일이 비일비재하다. 이렇게 되자 힌두 극우 집단에서 일명 '소 자경단'을 조직해 주 경계의 길목을 지키면서 무슬림이나 불가촉천민에게 폭력을 휘두르는 일이 종종 일어나고 있다. 문제는, 공식적으로 도축 허가증을 받은 사람들에게까지 폭력을 행사한다는 것이다. 더 근본적인 문제는, 이처럼 폭력을 휘두르는 사람들이 법적·행정적 권한이 전혀 없는 일반인이라는 점이다. 즉, 그들은 백색테러 집단이다.

힌두주의에 기반한 힌두 극우 세력의 난동은 2014년 이후 모디 정부가 꾸준히 추진한 힌두교색 짙은 여러 정책을 발판으로 삼고 있다. 모디는 소고기 도살, 불가촉천민 재개종, 히말라야와 갠지스강 인격권 부여 등 여러 부분에서 힌두교 색깔이 짙은 정책을 입안했다. 힌두 근본주의를 정치 이데올로기로 삼으려는 계산된 전술이다. 이런 분위기에서는 카스트 위계나 암소 보호가 중요한 사회 의제로 떠올랐다. 그러면 자연히 달리뜨 문제가 불거진다. 전통적으로 달리뜨는 힌두 사회에서 카스트조차 부여받지 못한, 그래서 넓게 보면 힌두 사회의 일원이지만 본인들은 스스로 힌두임을 부정하며 기존 사회 질서에 저항하는 사람들이다. 식민 시기에 그들이 그들의 사회적 지위를 개선하려 한 영국 정부에 우호적이었던 이유가 여기에 있다. 물론 당시 영국이 카스트 힌두와 불가촉천민 분리지배 정책을 편 것은 인도 민족운동을 약화시키기 위함이었다. 그렇지만 불가촉천민들에게는 식민 지배 극복보다 그들의 사회적 지위 개선이 더 시급하고, 기존의 힌두 질서 안에서는 그것이 어렵다고 본 것이다. 소위 "민족이 우선이냐 계급이 우선이냐"이다.

2018년 현재, 인도에서는 여전히 해묵은 폭력 사태가 수시로 일어나고 있다. '오래된 미래'라고나 할까, 아니면 다가올 과거?

80년대 말부터 시작되어 2000년대까지 거의 20년간 지속된 종교 공동체 간의 갈등과 불가촉천민에 대한 폭력이다. 이 갈등과 폭력은 서로 달라 보이지만, 모디와 인도국민당의 집권 이후 재점화됐다는 공통점이 있다. 총선을 앞두고 집권 여당의 방계 세력인 극우 힌두주의자들이 정치 전술로 국민을 선동하는 것이다. 90년대 이후 끊임없이 재현되는 선거의 풍경, 인도에서 목격되는 폭력의 정치학이다.

99

왜 모디 수상을 지지할까?

2018년 현재 모디 인도 수상의 인기가 식을 줄 모른다. 2014년 연방 정부 수상에 취임한 이후 벌어진 여러 차례의 중간선거에서 그가 이끈 인도국민당은 큰 패배 없이 선전해 왔다. 사실 그는 수상 직에 오르기 전까지 '도살자the butcher'라는 별명을 달고 다닌 사람이다. 2002년 구자라뜨주의 아흐메다바드 등에서 일어난 힌두 광신도들의 무슬림 학살을 사주한 혐의였다. 사주까지는 아니더라도 최소한 그가 속했던 힌두 극우 조직의 일원으로서 주 수상의 의무를 방기하고, 사흘간이나 진행된 학살을 무책임하게 방조했거나 부추겼음은 분명하다. 그리고 이어진 힌두 근본주의자들의 난동과 학살, 모디가 그 덕분에 주 수상에 연임된 것은 누구나 다 아는 사실이다. 그런데 모디는 주 수상을 연임하며 구자라뜨주의 경제를 눈부시게 발전시켰다는 평가를 받았다. 2002년 학살 사건 관련 혐의에 대해 법원이 '증거 없음' 결정을 내린 이상, 이제 그에게는 '구자라뜨주 경제 발전의 주역'이라는 타이틀만 남았다. 모디는 이 여세를 몰아 2014년 인도 의회 선거에서 거의 30년 만에 절대 다수의 집권 여당을 이루어 냈다. 인도 국민들은 모디를 도살자가 아닌 구세주로 받아들인 것이다.

인도 사람들은 매우 정치적이다. 고대부터 카스트 체계 아래에서 자신이 속한 지역 단위의 여러 일을 구성원들의 의견을 모아 정치적으로 해결하는 전통을 유지해 왔다. 물론 브라만이 대부분의 권력을 행사하고 그들이 결정을 좌지우지했지만, 어쨌거나 형식적으로는 그렇다. 이 전통의 토대 위에서 현재의 인도 정부가 구성된 이후에는 빤짜야뜨가 중앙 정부의 행정을 일정 정도 분담하고 있다. 그러니 아주 작은 일까지 구체적이고 실용적으로 처리하는 전통이 아주 강하다. 인도를 잘 모르는 사람들이 말하는 '신비의 나라' 같은 건 없다. 매사가 실질적이고 실용적으로 해결된다. 나라의 가장 작은 단위에서 만들어진 여론이 연방 선거 전체의 판세에 영향을 미친다. 그래서 세계 최대의 민주주의가 유지되고, 전체 인구의 35퍼센트 정도가 문맹자이지만 선거를 통해 꾸준히 정권 교체가 이루어지는 것이다.

현재 인도 사람들이 정치에 가장 바라는 것은 "잘살아 보세"다. 그리고 이를 이루려면 민관에 만연한 부패를 척결해야 한다. 모디가 부패 척결에 팔을 걷어붙이고, 국민들이 그런 모디에게 기대를 거는 이유다. 전통적으로 모디의 인도국민당은 현재 제1야당인 회의당에 비해 청렴 반反부패의 이미지가 강하다. 여기에 인도 인구의 80퍼센트를 차지하는 힌두가 무슬림과 파키스탄에 대해 품고 있는 뿌리 깊은 원한이 모디의 인기를 뒷받침하고 있다. 한국 사람들이 틈만 나면 수구적 민족주의를 상기시켜 일본을 적대시하고 그것이 일본의 혐한 현상과 맞물리면서 더욱 강화되듯이, 인도의 다수인 힌두들은 무슬림에 적대감이 있거나 적어도 '힌두 제일주의'라는 '뽕'을 맞고 있다고 해도 과언이 아닙니다. 모디는 바로 이 같은 두 가지 확고한 지지 기반(부패 척결과 힌두 근본주의) 위에서 경제 발전에 총력을 쏟고 있다. 2014년 수상 취임 이후 '메이크 인 인디아'라는 구호 아래 제조업 육성에 엄청난 공력을 들이고 있고, 이것이 눈에 띄는 경제 발전 지표로 이어지는 중이다. 모디 이전에는 IT산업이 인도 경제 발전의 견인차 역할을 해 왔다. 그런데 이 IT라는 게 경제는 성장시켜도 대규모의 고용은 이끌지 못해 빛 좋은 개살구였다. 이를 모디가 과감하게 바꾼 것이다. 중국의 제조업이 임금 상승으로 한계에 다다랐음을 간파하고 인도를 중국의 대체지로 부상시키겠다는 야심이다. 모디의 실용주의 외교도 좋은 평가를 받고 있다. 미국, 중국, 영국, 일본 등 그가 돌아다니며 벌이는 실용주의 외교에 국민들은 환호한다. 최근에는 중국과 국경 분쟁으로 전쟁 분위기까지 돌면서 국민들이 모디에게 거는 기대가 거의 신神 급이다.

인도 사람들은 실용적이다. 그리고 모디는 타고난 비즈니스맨이다. 국민들이 원하는 바를 동물적으로 잡아내는 정치인이다. 그들은 사람을 수천 명 죽이든 수만 명 죽이든 별로 개의치 않는다. 인권 같은 건 개나 주라는 식이다. 잘살게만 해 주면 영혼이라도 내줄 기세다. 그런데 여기에도 역설은 있다. 기대가 충족되지 않으면 또 금세 등을 돌리는 게 인도 사람들이다. 2018년 2월 치러진 라자스탄 보궐선거에서 모디의 인도국민당이 패배했다. 2014년 집권 이후 첫 심각한 패배이다. 새해 예산 편성에서 농업 부문을 홀대한 데 대한 농민들의 반발이다. 실용주의의 양날이다.

377

100

힌두 근본주의와 시장경제가 왜?

왜 그러는지는 모르겠지만, 인도를 좀 아는 사람들 중에는 지금의 모디 정부가 자본주의와 잘 맞지 않을지 모른다고 염려하는 이들이 많다. 이는 힌두교와, 모디-인도국민당이 기반한 '힌두 근본주의'를 혼동해서 생긴 우려이다. 우선, 힌두교는 모든 것이 다 섞여 있는 종교다. 흔히 생각하는 탈물질이나 깨달음 혹은 탈속의 문화가 나름의 영향력이 있지만, 그것이 인도에서 주류는 아니다. 인도의 주류는 기복 혹은 구복이라 하는 물질 지향의 속성이다. 사회 내에서 자기에게 주어진 여러 종류의 법과 도덕을 지켜야 사회가 유지되고, 그래야 다 같이 잘 먹고 잘 산다는 것이 근본 이치다. 그래서 카스트는 카스트대로, 여성은 여성대로, 어른은 어른대로 각자 해야 할 일이 있는 것이다. 그 안에서 물질을 멀리하거나 배척하는 분위기는 없다. 류시화가 말한 정신적 힌두교는 극히 일부인데 마치 전체인 양 잘못 알려져 있을 뿐이다. 우리는 알게 모르게 오리엔탈리즘의 영향을 너무 많이 받아 힌두교를 탈물질·정신의 종교라고 생각하는데, 현재의 모디 정부가 힌두 근본주의를 표방한다 하니 그러면 자본주의와 거리가 멀겠거니 생각하는 듯하다.

기독교가 유럽의 자본주의 발흥에 큰 영향을 끼쳤다는 베버의 주장도 모든 기독교의 속성을 말하는 것이 아니다. 기독교 또한 양면을 다 가지고 있는데, 그 가운데 세속화된 기독교가 자본주의와 잘 맞아떨어진 것뿐이다. 루터와 칼뱅이 주장한 직업을 신의 소명으로 인식하는 것도 기본적으로 자본주의와 관련이 없지만 자본주의 발흥의 촉매제로 작용했다. 1990년대 들어 주요 논쟁거리가 된 동아시아 경제 성장과 유교와의 관련성도 마찬가지다. 과연 근본이란 것이 있는지 없는지를 떠나, 유교의 근본과 동아시아 경제 발전이 어떤 상관관계가 있는가. 본질적으로 없다. 경제 발전을 맞이하는 상황에서 유교의 일부분이 촉매 역할을 했을 뿐이다. 힌두교도 마찬가지다. 현재 인도 경제의 발전 양상은 문자 그대로 우후죽순이다. 정부는 시장 개방을 완전하게 이행하여 백 퍼센트 자본주의 국가의 면모를 갖추었고, 정책은 이를 철저하게 뒷받침하고 인력도 준비되어 있다. 설사 집권당이 힌두 근본주의 정책을 과도하게 시행하더라도 그것은 친親시장경제이지 반反시장경제가 되지는 않을 거라는 이야기다. 그럼에도 힌두 근본주의와 시장경제를 연관짓는 것은 반미 반자본의 기조를 택한 이슬람 근본주의의 영향이 아닐까. 힌두 근본주의가 그런 기조를 택할 확률은 제로다.

인도는 의원내각제가 국가권력 체계다. 더군다나 연방제이고, 모든 지역이 내각제 체계를 운영하고 있다. 수상 한 사람의 힘으로 정책이 180도 바뀌고 나라의 기틀이 완전히 바뀔 수 있는, 권력이 대통령에게 집중되어 있는 한국과는 다르다. 어떤 정치적 위기가 와서 모디 정부가 힌두 근본주의를 정책의 기조로 삼을 수는 있다. 그렇지만 그것이 탈물질, 반자본주의, 반시장주의의 정책은 아니다. 모디가 계속 하든지 그 뒤를 누가 잇든지 간에, 인도가 자본주의 시장경제 체제를 향해 미친 듯이 돌진할 것임은 의심할 여지가 없다. 다만, 그것이 과연 나라와 인민에 도움이 될지는 평가하는 사람의 기준에 따라 다를 것이다.

　어릴 때 《삼국유사》에 나오는 '김현과 호랑이 처녀' 이야기를 읽고서 얼마나 설렜는지 모른다. 신라 원성왕대에 탑돌이 행사에서 우연히 만난 처녀와 정을 통했는데 알고 보니 그 처녀가 호랑이였고, 호랑이 처녀의 희생으로 벼슬까지 하게 된다는 이야기다. 수도 없이 읽고 듣고 나중에는 여러 가지로 각색된 드라마로도 보았다. 어쩌면 이 땅에서 자란 60이 다 된 어른들의 마음밭은 그 이야기들로 갈아엎어졌는지 모른다. 그런데 우리는 이러한 '이야기로 전하는 역사 인식'이라는 것이 인도에서 만들어져 불교를 통해 이 땅에 전해졌다는 사실을 알고나 있을까?

　우리가 인도에 빚을 졌네 아니네 하는 유치한 이야기를 하자는 것이 아니다. 인도 사람들이 오랫동안 가지고 키워 온 세계관을 우리도 오랫동안 갖고 있었다는 말을 하려는 것이다. 지금은 이성과 과학, 이분법으로 무장한 서구의 세계관이 그 자리를 차지하고 있지만, 우리가 처음부터 이분법적 세계관 안에서 살았던 건 아니다. 불과 몇 십 년 전까지만 해도 우리는 이성과 감성, 논리와 이야기가 하나로 섞여 있는 세계에서 살았다. 지금 인도라는 나라에 사는 수많은 사람들이 그런 것처럼. 그런데도 인도를 먼 나라라고 외면만 하겠는가.

　인도라는 나라를 냉정하게 바라봐도 달라질 건 없다. 인도의 카스트는 사회학이나 인류학 혹은 정치학 연구자들의 좋은 연구 대상이다. 그 체계가 옳든 그르든, 인류가 살면서 만들어 오랫동안 유지해 온 가장 강고하고 넓고 변화무쌍한 집단 구조 체계가 지금까지도 이어지면서 기능을 한다면 사회학자든 인류학자든 좀 더 관심을 기울여야 하는 건 아닐까? 힌두교도 마찬가지다. 세계의 여러 종교 가운데 가장 폭이 넓고, 역사적으로도 가장 오래됐으며, 지금도 근본주의 및 정치 이데올로기와 관련하여 수많은 연구 주제들이 쏟아져 나오고 있지만 어쩐 일인지 한국의 종교 연구자들은 거들떠보지도 않는다. 역사학은 또 어떤가? 《삼국유사》를 만들어 낸 불교의 역사 인식에 누가 관심을 갖는가? 그 불교사관의 뿌리가 되는 고대 인도의 역사 인식도 제대로 파악하지 못하면서 《삼국유사》를 금과옥조로 삼는 것은 분명 어불성설이다. 식민 지배, 민족주의, 분단 등 우리와 유사한 근현대사 과정을 거친 인도 역사에 아무도 관심을 갖지 않는 이유와 같을까?

전통이고 학문이고 경제성이고 다 떠나서 이제 중국 경제만 믿고 살던 시대는 끝났다. 중국 경제 하나만 믿고 한국 경제가 살던 시대는 지났다. 이런 마당에 중국 다음으로 생산력 있고, 자원 풍부하고, 시장 크고 인력도 넘치는 나라가 인도 말고 어디 있는가? 인도가 향후 몇 년 안에 세계경제 몇 위로 올라가네 어쩌네 하는 구체적인 통계치를 들이밀지 않더라도, 앞으로 인도라는 나라를 빼고 세계시장을 도모하는 것 자체가 어려워졌다. 그런데 우리는 어떤 준비를 하고 있는가? 이 나라에 대해 무슨 관심을 가지고, 무슨 연구를 하고 있는가? 인도를 움직이는 구도는 어떻고, 어떤 사람들이 나라를 이끌고 있는가? 기업은 그렇다 치자. 도대체 한국 정부는 뭘 하고 있는가? 두 나라가 수교를 맺은 지 50년이 넘었는데 아직 '인도통'이라고 할 만한 전문가 하나 양성하지 못했다면 변명의 여지가 없는 것 아닐까?

인도로 밥 벌어 먹고 산 지 28년째, 이 미스터리한 판을 깨고자, 적어도 흔들기라도 해야 한다는 학자의 의무감으로 이 책을 썼다. 그런데 홀가분하기는커녕 착잡하기만 하니 어인 일일까.

인도 100문 100답

2018년　 6월　15일　초판 1쇄 발행
2024년　12월　15일　　　 3쇄 발행

지은이 ⏐ 이광수
펴낸이 ⏐ 노경인 · 김주영

펴낸곳 ⏐ 도서출판 앨피
출판등록 ⏐ 2004년 11월 23일 제2011-000087호
주소 ⏐ 01541 경기도 고양시 덕양구 향동로 218(향동동, 현대테라타워DMC) D동 942호
전화 ⏐ 02-710-5526 팩스 ⏐ 0505-115-0525
블로그 ⏐ bolg.naver.com/lpbook12
전자우편 ⏐ lpbook12@naver.com

ISBN 979-11-87430-27-8